Ursula und Manfred Schmidt

# Hörendes Gebet

## Grundlagen und Praxis

Ursula und Manfred Schmidt

# Hörendes Gebet

## Grundlagen und Praxis

**Impressum**

Ursula und Manfred Schmidt
Hörendes Gebet. Grundlagen und Praxis
13. Gesamtauflage 2025


Arbeitskreis für Geistliche Gemeinde-Erneuerung
in der Evangelischen Kirche e.V., Schlesierplatz 16,
34346 Hannoversch Münden

www.gge-deutschland.de
www.gge-verlag.de

ISBN 978-3-9808340-4-9

Titelbild: Manfred Schmidt
Autorenfoto: Privat (Fotograf Kent Krußig)
Umschlaggestaltung und Satz: Katja Gustafsson
Druck: Finidr, s.r.o., Český Těšín, Tschechische Republik

# Inhalt

# Vorworte

## Reden Gottes konkret und direkt wahrnehmen

Wie redet Gott heute? Kann ich die Stimme Gottes überhaupt hören und wahrnehmen? Wie ereignet sich Prophetie? Diese Grundfragen christlicher Existenz wollen Beachtung finden und sorgfältig beantwortet werden, und das nicht allein im Bereich charismatischer Praxis und Frömmigkeit.

Als theologisches Bekenntnis, insbesondere im Umfeld reformatorischer Theologie, wird stets festgehalten, dass Gott redet und wir Menschen auf Gottes Wort zu hören und ihm zu gehorchen haben. In Jesus Christus offenbart sich Gott selbst und in der Heiligen Schrift können wir Gottes Wort wahrnehmen. Aber wo sind die konkreten Erfahrungen, dass Gott auch heute noch spricht? Wo und wie können Menschen das Reden Gottes konkret und direkt wahrnehmen? Wie geschieht Führung und Leitung durch den Heiligen Geist? Eben in diesem Bereich leisten das Buch und die entsprechenden Seminare über das „Hörende Gebet" von Ursula und Manfred Schmidt Grundlagenarbeit. Sie gehen das Thema theologisch reflektiert, biblisch begründet und anthropologisch relevant an. Hinzu kommen zahlreiche Anleitungen für die konkrete Praxis im gemeindlichen Leben. Dabei wird verantwortlich und gut über die prophetische Dimension des biblischen Glaubens nachgedacht.

Bei der GGE-Westfalen haben die Seminare „Hörendes Gebet" deutliche Segensspuren hinterlassen. Die Erfahrungen waren ausnahmslos positiv: Es wurden dabei nicht nur die intellektuellen Fragen der Teilnehmenden berücksichtigt, sondern auch konkrete und teilweise überwältigende Erfahrungen mit der Praxis des „Hörenden Gebetes“ gemacht. Menschen waren zutiefst angerührt und bewegt, da sie erleben durften, dass Gottes Reden nicht nur für andere gilt, sondern auch sie selbst trifft, indem es ermutigt, herausfordert, korrigiert und Perspektiven vermittelt.

Ich kann dieses Buch und die Seminare zu diesem Thema uneingeschränkt empfehlen und freue mich über die breite Aufnahme in sehr verschieden geprägten christlichen Gemeinschaften, die diese erweiterte Neuauflage notwendig gemacht hat.

*Pfarrer Udo Schulte, Rahden, Vorsitzender der GGE-Westfalen*

## Fundierte biblische Lehre

„Ich sah innerlich ein Bild von einem größeren Raum. Der Raum war verwaist. Mitten im Raum stand ein Teekessel. Es war ein großes Drängen hinein in diesen verwaisten Raum.“

Diesen Eindruck hatte eine junge Frau empfangen, als wir während eines Seminars zum „Hörenden Gebet“ für mich beteten und hörten. Die junge Frau kannte mich nicht. Sie konnte nicht ahnen, wie sehr dieses Bild in meine momentane Situation hineinsprach. Zu dem Zeitpunkt des Seminars standen wir als Schwestern der Jesus-Bruderschaft im Begriff, uns in den kommenden Monaten neu in Gnadenthal zu sammeln. Damit war auch die Wiederinbetriebnahme der großen Küche verbunden, die seit vielen Jahren verwaist war. So wurden mir das gemeinsame Beten und Hören in der Stille und die Worte der anderen zu einer starken Ermutigung, auf dem eingeschlagenen Weg des Glaubens weiterzugehen. Umgekehrt waren auch die anderen Gruppenteilnehmer sehr ermutigt, dass Gott wirklich heute spricht, wenn wir Ihn darum bitten und uns Seinem Wirken öffnen, ohne selbst etwas machen zu wollen.

Auch in Gnadenthal haben wir mittlerweile mehrere Seminare mit Ursula und Manfred Schmidt durchgeführt. Sie führen uns in ihrer ruhigen und angenehmen Art durch fundierte biblische Lehre und konkrete Anweisungen, den Gott vor Augen, der von Seinem Wesen her ein Gott ist, der spricht. Durch Sein Wort hält Er alles am Leben. So auch uns. Auch wir können voll Vertrauen erwarten, dass Er uns heute durch Bilder, Bibelworte oder Liedverse Weisung geben will und uns so von innen her immer neu erschafft und lebendig macht.

Oft war ich erstaunt über die Zuversicht, die Ursula und Manfred vermittelten, als sie uns in das Abenteuer der kleinen Übungsgruppen schickten, um gemeinsam das „Hörende Gebet“ zu üben.

Und noch erstaunter war ich, dass Gott so konkret erfahrbar wurde, als wir uns in der Stille Seinem Heiligen Geist öffneten. Menschen, die sich nicht kannten, mit unterschiedlichen Prägungen und Alter empfingen Bilder und Worte füreinander, die oft genau in die Situation des Einzelnen hineinsprachen. Es gab viele Momente der Ergriffenheit über unseren Gott, der so nahe ist, sich uns mitteilt und uns für unsere Mitchristen zum Segen werden lässt.

*Sr. Michaela Klodmann, Jesus-Bruderschaft Gnadenthal*

## Eine Fülle von praktischen Hilfestellungen

„Es ist doch eigenartig. Ich glaube auch an Gott, aber ich habe wirklich Schwierigkeiten seine Stimme zu hören!" Mein Gegenüber ist ein gestandener Mann, der viele Jahre im Segen für die Gemeinde gewirkt hat. Wir kommen ins Gespräch. Ja, es stimmt, Jesus, der gute Hirte hat seinen Jüngern verheißen, dass sie seine Stimme hören (Joh 10,10). Und da gibt es auch immer wieder diesen „inneren Frieden, der höher ist als alle Vernunft" (Phil 4,7). Dennoch bleibt eine Unsicherheit. Die Bibel aber ist voll von herausfordernden Aussagen, dass Gott offenbar zu den unterschiedlichen Zeiten immer wieder zu seinen geliebten Menschen gesprochen hat. Im Alten Testament geschieht das vorrangig durch die von Gott erwählten Propheten. Im Neuen Testament wird uns auch von prophetisch begabten Menschen berichtet, etwa von Agabus oder den Töchtern des Philippus. Waren das nur Ausnahmen oder vielleicht noch die letzten Ausläufer aus alttestamentlicher Zeit? Sicher nicht, denn gerade die Zunahme des Prophetischen erhält durch die vom Apostel Petrus in seiner Pfingstpredigt zitierten Worte aus dem Prophetenbuch Joel eine herausragende Bedeutung. „Und es wird geschehen in den letzten Tagen, spricht Gott, dass ich von meinem Geist ausgießen werde auf alles Fleisch, und eure Söhne und Töchter werden weissagen, und eure jungen Männer werden Gesichte sehen, und eure Ältesten werden Traumgesichte haben und sogar auf meine Knechte und auf meine Mägde werde ich in jenen Tagen von meinem Geist ausgießen, und sie werden weissagen (Apg 2,17+18).

Es ist schon bemerkenswert, dass gerade dieses Wort zur Deutung des Pfingstereignisses herangezogen und überliefert wird, zumal in dem Bericht über die Ausgießung des Geistes (Apg 2,1-13) nicht ausdrücklich von prophetischen Äußerungen die Rede ist. Die Vermutung, dass die prophetischen Gaben, wie das Wort der Weissagung, das Wort der Erkenntnis, oder auch die prophetisch geprägten Deutegaben, wie die Unterscheidung der Geister oder auch die Auslegung von Sprachengebet, mit dem Abschluss des biblischen Kanons auch aus der Kirchengeschichte verschwunden seien, lässt sich weder kirchenhistorisch belegen, noch wird eine solche Annahme biblisch zu begründen sein. Die viel zitierte Aussage des Paulus „Denn wir weissagen stückweise, wenn aber das Vollkommene kommt, wird das, was stückweise ist, weggetan werden“ (1. Kor 13,9+10) in dieser Weise auszulegen, halte ich schlichtweg für eine verhängnisvolle Fehlinterpretation. Das Vollkommene deutet vielmehr auf die Wiederkunft und den neuen Himmel und die neue Erde Gottes hin. So lange werden Prophetie und auch die anderen vom Geist Gottes gewirkten Gaben in der Gemeinde Jesu Christi wirksam sein.

Mit großer Freude dürfen wir feststellen, dass durch ein neues, intensives Wirken des Heiligen Geistes, wie wir es mit dem Aufbrechen der pfingstkirchlichen und charismatischen Bewegungen in den letzten Jahrzehnten erleben konnten, auch die prophetisch geprägten Geistesgaben neu freigesetzt wurden. Hierdurch wurden und werden bis heute unzählige Menschen und Gemeinden gesegnet. Leider ist es hier und da auch zu einem unreifen Umgang mit der Gabe der Prophetie gekommen. Prophetisch begabte Frauen und Männer haben die Gaben missbraucht und sie nicht im Einklang mit der Heiligung und ohne Einbindung in eine gute intakte christliche Gemeinschaft praktiziert. Umso mehr schätze ich die Hilfestellung, die durch die vorliegenden Ausführungen von Ursula und Manfred Schmidt hier weitergegeben werden. Sie zeigen eine Hilfe auf, wie auch in Gemeinden die Praxis des „Hörenden Gebetes" unter Einsatz der prophetischen Gaben wirksam werden kann. Die vielen Erfahrungen, die sie hier sammeln konnten, führen zu einer Fülle von praktischen Hilfestellungen.

In der Braunschweiger Friedenskirche haben wir nach gleichen Grundlagen einen Dienst „Hörendes Gebet" eingeführt. Zunächst habe ich einiges an biblischer Lehre weitergegeben, wie Gott redet und wie wir es lernen können, seine Stimme zu hören. Nicht jeder Christ hat auch eine ausgeprägte prophetische Begabung, aber jeder kann es mehr und mehr lernen, auf Gott zu hören. Sodann habe ich auch über die prophetische Gabe gelehrt. Aus diesen Seminarabenden hat sich eine Dienstgruppe von etwa 20 Personen gebildet, die wöchentlich den Dienst des „Hörenden Gebetes" anbietet, besonders auch für Menschen, die Hilfe brauchen, um Gott zu hören. Dieser Dienst besteht nunmehr seit über fünf Jahren in der Gemeinde. Weit über 1000 Menschen haben ihn inzwischen in Anspruch genommen. Wir sind immer wieder dankbar, dass Gott nicht aufhört, auch heute noch zu uns zu sprechen.

Ich freue mich sehr, dass Ursula und Manfred Schmidt ihr Wissen und ihre Erfahrungen über das „Hörende Gebet" in diesem Themenheft weitergeben. Ich wünsche allen Lesern, dass sie neu Mut empfangen, auf die Stimme des guten Hirten zu hören! Denn daran habe ich keinen Zweifel: Gott spricht auch heute noch. Es ist an uns, das Hören auf seine Stimme neu zu lernen.

*Pastor Dr. Heinrich Christian Rust (†)*

# Einleitung

## 1. Von Gott und den Menschen

Es gibt im Alten Testament eine gewaltige Verheißung für die Zeit, in der Gott etwas Neues beginnt, das alles bisher Dagewesene in den Schatten stellt. Diese Verheißung greift eine uralte Sehnsucht im Volk Gottes auf, die einmal mit folgenden Worten beschrieben wird:

*Wenn nur das ganze Volk des Herrn zu Propheten würde, wenn nur der Herr seinen Geist auf sie alle legte!* (4. Mose 11,29)

Von Anfang an wird deutlich, dass das Volk Gottes immer wieder ins Stolpern kommt und scheitert, weil es Gott nicht reden hört – oder nicht hören will. Deshalb beruft Gott im Alten Testament immer wieder Einzelne dazu, ihm ihr Leben ganz zu weihen, um sein Reden zu hören und das Gehörte zu verkünden. Ein Großteil des Alten Testaments besteht aus den Worten und Bildern, die diese Menschen wahrgenommen haben. Gewöhnlich werden sie „Propheten" genannt, ein Begriff, der für viele von uns etwas ganz Außergewöhnliches bezeichnet. Doch eigentlich handelt es sich dabei um etwas ganz Schlichtes: ein Mensch „hört" Gottes Stimme, und sagt dann das, was er gehört hat, den anderen weiter. Das Wesen von „Prophetie" hat also zunächst einmal überhaupt nichts mit der Zukunft zu tun, wie man sich das landläufig gerne vorstellt, sondern damit, dass jemand wahrnimmt, was Gott redet, und dann den Mut aufbringt, das seiner Umgebung weiterzusagen, selbst wenn es ihn persönlich Opfer kostet.

Wenn man es sich genauer überlegt, dann ist dieser Vorgang natürlich gar nicht so „schlicht“, wie gerade behauptet. Die Aussage, Gott zu hören, mag uns als Christen vielleicht vertraut klingen, aber sie ist im Grunde eine unglaubliche Provokation. Man braucht nur folgenden Test zu machen: Erzählen Sie einem flüchtigen Bekannten am Gartenzaun, dass Gott zu Ihnen geredet hat – und beobachten Sie dabei sein Gesicht! Nur äußerst wohlwollende Zeitgenossen werden sich dann noch die Mühe machen, Sie ernst zu nehmen ...

Und das ist ja auch verständlich: Der Gedanke, dass der Schöpfer des Universums mit Ihnen – oder mir! – geredet haben soll, verschlägt einem den Atem – hoffentlich! Denn wenn es das nicht tut, dann nehmen wir weder Gott ernst, noch das, was wir soeben behauptet haben. Leider ist das genau das, was man in christlichen Kreisen inzwischen recht häufig antrifft, besonders in den sogenannten „charismatischen“ (zu denen ich mich im Übrigen auch zähle). Menschen behaupten, Gott habe ihnen dieses oder jenes gesagt, aber man kann sich dabei des Gefühls nicht erwehren, dass hier eigentlich ihre eigene Persönlichkeit oder, schlimmer noch, ihre eigene unbearbeitete Problematik zu Wort kommt. Es soll auch vorkommen, dass dabei der gesunde Menschenverstand über Bord geworfen wird; in solchen Fällen muss man allerdings nicht mehr lange warten, bis das ganze Boot sinkt. Das kann dann, je nach Situation, komische oder tragische Konsequenzen haben ... So gestand zum Beispiel der Mörder der schwedischen Außenministerin Anna Lindh im Jahr 2003, dass er bei seiner Tat auf die Stimme Jesu hin gehandelt habe. Wer so eine Behauptung hört, wird sich entsetzt abwenden, und den Gedanken vom Reden Gottes für Spinnerei halten – nicht ganz zu Unrecht.

Aber zurück zu der eingangs erwähnten Verheißung. Sie spricht von etwas Neuem, das Gott tun wird, etwas Umstürzendem, das alles, was vorher an Beziehung zu Gott dagewesen ist, für immer verändert. Sie spricht davon, dass die Begegnung mit Gott nicht mehr äußerlich im Tempel oder vermittelt durch Propheten oder Priester erfolgen wird, sondern unmittelbar im Innersten jedes einzelnen, der zu Gottes Volk gehört:

*Das wird der Bund sein ...: Ich lege mein Gesetz in ihr Innerstes hinein und schreibe es auf ihr Herz. Ich werde ihr Gott sein, und sie werden mein Volk sein. Keiner wird mehr den andern belehren, man wird nicht zueinander sagen: Erkennt den Herrn!, sondern sie alle, klein und groß, werden mich erkennen.(Jer 31,33-34)*

Hier trifft das zu, was Jesus mit dem Bild beschrieben hat:

*Die Schafe erkennen seine Stimme ... und sie folgen ihm, weil sie seine Stimme kennen. (Joh 10,3-4)*

Deshalb sagt er zu seinen Nachfolgern im Blick auf die Zeit nach seinem Tod (also auf die Zeit, in der wir leben):

*Der Vater wird euch in meinem Namen den Helfer senden, der an meine Stelle tritt, den Heiligen Geist. Der wird euch alles Weitere lehren und euch an alles erinnern, was ich selbst schon gesagt habe. (Joh 14,26)*

Auch hier wird keinerlei Mittler erwähnt, weder spezielle Propheten noch geistliche Leiter, Pastoren, Seelsorger oder dergleichen. Seine Zusage gilt allen, denen der Heilige Geist gegeben ist. Diese Zusage dürfen wir nicht nur in Anspruch nehmen, wir müssen es sogar, wenn wir in unserer Zeit Jünger

Jesu sein wollen. Dann gilt für uns das, was Jesaja im Blick auf den Diener Gottes so formuliert:

*Alle Morgen weckt er mir das Ohr, dass ich höre, wie Jünger hören. (Jesaja 50,4)*

Also gibt es das doch, dass ich Gottes Stimme hören kann, und nicht nur meinen eigenen Impulsen ausgeliefert bin. Und um das besser zu lernen – denn es ist tatsächlich eine erlernbare Kunst – haben wir dieses Buch geschrieben, das Hilfen für die ersten Schritte eines verantwortlichen Hörens auf Gott gibt. Diesem Buch liegt ein 1 1/2-tägiges Seminar mit dem Titel „Hörendes Gebet" zugrunde, das wir zunächst für unsere Gemeinde entwickelt haben, inzwischen aber in vielen verschiedenen Gemeinden und Gruppen halten. Inspiriert wurde es durch Erfahrungen, die wir schon vor vielen Jahren gemacht hatten: Als einmal ganz kurzfristig ein Prediger absagte, verfielen wir auf die „Notlösung", die Leute in kleinen Gruppen hörend füreinander beten zu lassen. Das Resultat war verblüffend: die meisten waren tief berührt durch das, was dabei herauskam. Die Notlösung war ein Volltreffer! Das haben wir dann immer wieder einmal gemacht, nicht nur, wenn Prediger ausfielen. Bei solchen Gottesdiensten haben meist mehr Leute etwas für sich persönlich mitgenommen als durch eine normale Predigt.

Eine weitere Inspiration stellte das „Prophetische Gebet" dar, das schon seit vielen Jahren von unseren Freunden der Stiftung Schleife in der Schweiz praktiziert wird. Und schließlich sind auch die Impulse von Leanne Payne zum Thema „Hörendes Gebet" von unschätzbarem Wert.

## 2. „Up and out“[1] oder: Wegschauen von sich selbst

Es gehört zu den verblüffendsten, aber durch die Erfahrung immer wieder bestätigten Tatsachen: Oft fällt es uns leichter, das Reden Gottes für andere zu hören, als für uns selbst. Bevor wir für uns selbst Gottes Stimme klar hören, müssen wir nämlich in der Lage sein, sie von den anderen Stimmen in uns zu unterscheiden. Das aber lernen wir leichter, wenn wir für Menschen beten, von denen uns wenig bis gar nichts bekannt ist. Hier können sich einfach nicht so viele andere Dinge ins Bild drängen. Das hat zum einen psychologische Gründe: Uns selbst kennen wir recht gut – genauer gesagt: wir meinen es. Wir haben nämlich über Jahre hinweg ein Selbstbild entwickelt, das uns prägt und bestimmt, das aber deshalb noch längst nicht richtig sein muss. Außerdem haben wir alle möglichen Filter von bewussten und unbewussten Vorlieben und Abneigungen, Ängsten und Wünschen in uns aufgebaut, die allzu häufig die Stimme Gottes überlagern, zensieren oder ganz ausfiltern. Wir hören nur noch das, was diesen Filtern entspricht. Dazu kommt als weiteres großes Problem unser oft verzerrtes Gottesbild. Das führt dann dazu, dass wir von ihm unbewusst nur das erwarten und zulassen, was diesem Bild entspricht. Das ist dann irgendwo auf einer Skala von permanenter Kritik bis zur permanenten geistlichen Verhätschelung und Selbstbestätigung angesiedelt, hat aber mit Gottes Reden nicht mehr viel zu tun.

Es gibt aber auch geistliche Gründe, warum wir uns leichter tun, die Stimme Gottes zunächst für andere zu hören. Wenn wir unseren Blick auf Gott richten wollen, müssen wir notwendigerweise von uns selbst wegschauen, was uns nicht so leicht fällt. Allzu oft sind wir nämlich in der „Krankheit der Selbstbespiegelung“[2] gefangen. Dieses Wegschauen von uns selbst fällt uns natürlich umso leichter, wenn unser Blick nicht gleich wieder auf uns selbst zurückgelenkt wird („Herr, was sagst du mir?“), sondern „draußen“ bleibt: beim Anderen, bei dem, was Gott ihm sagen möchte.

Und dann gelingt auch der nächste Schritt: Wenn wir mehr und mehr darin geübt sind, von uns weg zu Gott aufzublikken und sein Reden zu empfangen, dann sind wir immer besser in der Lage, die Stimmen in uns von der Seinen zu unterscheiden. Und dann hören wir auch sein Reden zu uns immer klarer.

So wird das Hören auf Gott zu einem entscheidenden Akt seelischer Gesundung in unserer selbstbezogenen Zeit. Im Wegblicken von uns selbst stellen wir uns dem großen Gegenüber, der die Realität und Wahrheit ist und uns in sie hineinnehmen möchte.

## 3. Der Vorteil einer Gruppe

In den unterschiedlichsten Zusammenhängen praktizieren wir das Hören auf Gott in kleinen Gruppen von fünf bis acht Teilnehmern. Eine Person bittet die andern, für sie zu hören. Alle versuchen dann in einigen Minuten der Stille das Reden Gottes für diese Person zu empfangen und teilen anschließend mit, was sie empfangen haben. Solch eine Gruppensituation bietet zwei unschätzbare Vorteile. Zum einen kann ich mich entspannen: Nachdem noch andere da sind, die ebenfalls auf Gott hören, liegt nicht mehr der ganze Erwartungsdruck auf mir. Weder muss ich jedes Mal einen Eindruck haben (es sind ja noch andere da!), noch muss mein Eindruck gleich immer hundertprozentig richtig sein (ich darf Fehler machen!). Denn der Austausch über das, was jeder von uns empfangen hat, stellt eine wichtige Rückmeldung dar. Sollte ich danebenliegen, wird das durch andere Eindrücke sanft ausgeglichen oder korrigiert. Sollte ich richtig gehört haben, dann ist es eine enorme Ermutigung festzustellen, dass andere genau das Gleiche von Gott gehört haben. Manchmal werden auch eigene, mir unverständliche Eindrücke durch die Aussagen anderer erläutert und bekommen plötzlich einen Sinn. So lerne ich allmählich, wie es sich „anfühlt", wenn Gott zu mir spricht, und lerne, das von meinen eigenen Empfindungen zu unterscheiden. Ich lerne aber auch ein Weiteres: das Hören auf Gott habe ich nie im Griff, sondern ich muss mich jedes Mal neu aufs Wasser wagen und das Risiko des Glaubens eingehen ...

In der Gruppe können wir auch leicht eine Rückmeldung von der Person einholen, für die wir gebetet haben. Sie muss die manchmal unterschiedlichen Eindrücke und Impulse selbst für sich auswerten und kann dann Feedback geben, was ihr wichtig wurde, und was nicht. Das erhöht den Lerneffekt für die Beter ungemein. Manches, was einem zunächst völlig unsinnig vorkommt (und was man nur sagt, weil man Fehler machen darf!), ergibt für den Empfänger einen tiefen Sinn. So merken wir dann recht nachdrücklich, dass auch in diesem Zusammenhang Gottes Gedanken höher sind als unsere.

## 4. Der Vorteil der Anonymität

Wenn wir das Hören auf Gott lernen wollen, können wir zu einem weiteren „pädagogischen Hilfsmittel" greifen: Wir beten zunächst für Menschen, die uns möglichst unbekannt sind. Denn hier gilt Ähnliches wie beim Beten für sich selbst: Von Menschen, die wir näher kennen, haben wir uns „ein Bild gemacht", das dann wieder als ein Filter wirkt, der das Reden Gottes überlagert, zensiert oder ganz ausfiltert. Hinzu kommt noch ein wichtiger Faktor: Je besser wir jemand kennen, umso stärker werden unsere Ängste und Wünsche eine Rolle spielen, wenn wir versuchen, für diese Person zu beten. Im Extremfall kann es dazu kommen, dass wir ihr „unsere Meinung sagen", unbewusst natürlich und verbrämt als „Eindruck".

Es gilt also, die Rolle von Vorurteilen, Sympathie oder Antipathie möglichst gering zu halten – und das gelingt leichter bei jemand, den wir nicht kennen. Deshalb ist es empfehlenswert, eine Übungssituation in einer Gruppe zu schaffen, bei der der Empfänger des Gebets möglichst wenigen bekannt ist.

## 5. Eine Form des Orakels?

Verschiedene Gemeinden in Deutschland haben nach einem Seminar so einen anonymen „Gästeabend" angefangen: Menschen, von denen die Beter nur den Namen kennen, kommen und erhalten persönlich Hörendes Gebet in einer Gruppe von Mitarbeitern.

Nun fragen manche: Wenn man andere für sich hören lässt, missbrauchen wir da nicht Gottes Reden als Orakel? Machen wir nicht eine Art Hellseherei daraus? Oder instrumentalisieren wir es für unsere Zwecke oder zur Befriedigung unserer Neugier? Die Erfahrung von tausenden solcher Gebete für Gäste zeigt, dass eine Begegnung mit dem Reden Gottes immer auch eine Begegnung mit dem lebendigen, redenden Gott selber ist. Er und sein Reden entziehen sich jeder Instrumentalisierung. Er wählt souverän die Themen, über die er zu uns spricht. Und oft genug sind das nicht die Fragen, die wir gerne beantwortet hätten.

Immer wieder erzählen uns Gäste nach dem Gebet: „Ich bin mit zwei konkreten Fragen gekommen. Dazu hat Gott gar nichts gesagt. Aber er hat mir gezeigt, wie sehr er mich liebt – und das geht viel tiefer!“ Häufig hören wir aber auch: „Gott hat genau das Thema angesprochen, das mich zur Zeit am meisten umtreibt. Ihr Beter wusstet doch gar nichts davon!“

*Anna kam mehrfach hintereinander zu so einem Gästeabend zu uns. Immer wieder war sie tief bewegt von dem Reden, dem Zuspruch, der Wegweisung Gottes in den Eindrücken der Mitarbeiter. Irgendwann war dann aber Schluss; es kam nichts Neues mehr. Enttäuscht und verärgert ging sie nach dem Gästeabend heim. Am nächsten Tag rief sie aber bei uns an: „Ich weiß jetzt, warum Ihr für mich nichts Sinnvolles mehr bekommen habt. Gott hat mir heute Nacht gesagt, ich soll selber hören lernen!“ Heute ist sie eine Frau, die regelmäßig und sicher die Stimme Gottes in ihrem Alltag hört.*

Gott ist ein Vater, der sich um seine Kinder kümmert, aber keine anonyme Auskunftsstelle für Fragen. Deshalb kann das Hörende Gebet nicht zum Vorwand für permanente geistliche Unselbständigkeit werden. Das Hören auf die Stimme Gottes mit Hilfe einer Gruppe darf auch nie zum Ersatz für meine eigene Begegnung mit Gott werden. Und den Mund lässt Gott sich schon gar nicht verbieten; er sagt auch Dinge, die wir nicht hören wollen. Für uns heißt das: Wenn wir uns als Beter nicht die Last aufladen, eine Antwort auf die Nöte (oder auch nur Wünsche oder Fragen) der Menschen finden zu müssen, sondern „lediglich“ auf das hören wollen, was Gott heute sagt, dann ist die Gefahr des Missbrauchs des Hörenden Gebets sehr klein.

Beim Beten hören wir auf Gott – nicht auf die Fragen der Menschen!

# 1. Gott spricht

Wenn wir uns mit den Grundlagen des Hörenden Gebetes beschäftigen wollen, dann müssen wir uns die beiden Kommunikationspartner, nämlich Gott (Kapitel 1) und uns selbst (Kapitel 2), näher ansehen.

Zunächst aber müssen wir uns ehrlich eingestehen, dass die meisten von uns in ihrem Herzen oft tiefe Zweifel empfinden. Es ist der Zweifel, ob Gott wirklich mit mir spricht. Er mag mit allen möglichen Leuten reden, aber mit mir eher nicht. Wieso auch? Wenn ich meine, ihn zu hören, dann ist das vielleicht doch nur Einbildung, Fantasie, eine psychologische Fata Morgana. Der Zweifel nagt an uns, ob Gott im Letzten nicht doch ganz anders ist, unerkennbar und rätselhaft. Ist er nicht tatsächlich unendlich fern (so wie es vielleicht mein Vater einst war ...)? Ist nicht das, was er über mich denkt und was er von mir will, letztlich unerforschlich? Und dann ist da auch das beunruhigende Gefühl, es ihm nicht wirklich recht zu machen, ihm nicht zu genügen, weshalb er dann auch schweigt und uns uns selbst überlässt ...

Wenn wir so empfinden, dann müssen wir uns neu mit der Bibel beschäftigen. Denn sie ist letztlich die einzig verlässliche Quelle, die uns Auskunft darüber geben kann, wie Gott wirklich ist. Wenn wir das tun, dann werden wir einige erstaunliche Wahrheiten neu durchbuchstabieren, vielleicht sogar neu entdecken müssenDie eine dieser Wahrheiten hat mit dem ureigensten Wesen Gottes zu tun, wie es in der Bibel deutlich wird. Das Gottesbild des biblischen Glaubens unterscheidet sich beträchtlich von dem aller anderen Religionen. Dabei sticht ein Merkmal besonders heraus. Dieses spezifische

Wesensmerkmal Gottes ist nicht zufällig, es ist nicht eines unter vielen anderen, sondern es ist das Grundmerkmal seines Wesens überhaupt. Das wird von der ersten Seite der Bibel bis zur letzten sichtbar. In diesem Wesensmerkmal Gottes liegt dann auch der Grund dafür, dass es überhaupt so etwas wie die Bibel gibt. Gemeint ist die für uns heute so unglaubliche Tatsache, dass Gott spricht!

## 1. Gott spricht grundlegend – in der Schöpfung

Schon auf der ersten Seite der Bibel passiert es. Das allererste, was nach der Überschrift („Im Anfang schuf Gott Himmel und Erde“, 1. Mose 1,1) überhaupt von Gott berichtet wird, lautet:

*Und Gott sprach … (1. Mose 1,3)*

Es wird noch nicht einmal erklärt, wer Gott eigentlich ist, oder wo er herkommt.

Er ist schon da, bevor alles losgeht. Und das erste, was es von ihm zu sagen gibt, ist, dass er spricht. Mit seinem ersten Wort geht alles los, die Schöpfung beginnt. Und was er spricht, geschieht auch prompt: „Es werde Licht! – Und es ward Licht.“ Es ist höchst aufschlussreich, dass Gott alles erschafft, indem er es ins Dasein *spricht* – angefangen vom Ur-Licht bis hin zum letzten Grashalm. Zehnmal heißt es in den sechs Schöpfungstagen: „Und Gott sprach“. (Zehnmal wird Gott später auch das Wort ergreifen, wenn er am Sinai seinem Volk die grundlegende Ordnung des Lebens anvertraut: die Zehn Gebote, auf Hebräisch: „die Zehn Worte“.) Bei der Erschaffung der Welt wird oft nach dem Sprechen Gottes noch von einem Handeln berichtet. Das verdeutlicht, dass sein Sprechen immer etwas *wirkt.*

Man kann diese ersten Beobachtungen nicht hoch genug veranschlagen. Hier spiegelt sich nämlich eine Grundwahrheit über Gott: Gott handelt, indem er spricht. Gott spricht – und nur deshalb existiert überhaupt etwas.

Was in 1. Mose 1 über Gottes Reden „am Anfang" ausgesagt wird, ist mehr als nur eine theologische Beschreibung des Beginns der Schöpfung. Wir finden hier ein ganz grundlegendes Reden Gottes, das wie eine Grundmelodie, die alles durchzieht, auch im Leben jedes Einzelnen immer wieder hörbar wird. Oder besser: hörbar werden soll, denn oftmals tun wir uns – auch als Christen – schwer, dieses Reden Gottes wahrzunehmen. Und dennoch ist es unendlich wichtig: Hören wir nämlich dieses grundlegende Reden Gottes nicht, so stehen wir in der großen Gefahr, sein konkretes, individuelles Reden in unserem Leben verzerrt, falsch, oder überhaupt nicht zu hören. Wir wollen versuchen, dieses grundlegende Reden Gottes für uns persönlich zu verstehen:

## Du sollst sein!

*Und Gott sprach: „Es werde ...!" (1. Mose 1,3)*

Das ist der Zuspruch unserer Existenz: Wir dürfen, ja wir sollen sein. Gott spricht zu mir persönlich „ICH will, dass du bist!" Niemand darf mir mein Existenzrecht absprechen, weder die Eltern, die mich vielleicht gar nicht wollten, noch irgendwelche anderen Menschen, und schon gar nicht „die Gesellschaft". Denn Gott selbst hat mich gewollt und erschaffen.

Damit bin ich ein für allemal der Verfügungsgewalt anderer entzogen. So dürfen, ja müssen wir immer wieder von Gott hören: „Ich habe dich gewollt und geschaffen. Niemand darf das in Frage stellen. Keiner hat das Recht, dir dein Dasein streitig zu machen, dir den Raum zum Leben zu verweigern!"

Gott hat unser Leben so eingerichtet, dass wir diesen Zuspruch am Anfang unseres Lebens in besonderer Weise erfahren, nämlich durch unsere Eltern. Kaum halten Eltern ihr Baby nach der Geburt in den Armen, *reden* sie mit ihm. Dabei wissen sie ganz genau, dass das Neugeborene keines ihrer Worte „versteht". Aber darauf kommt es gar nicht an: Dieses Reden ist nämlich durchdrungen von einer tiefen Liebe und Freude über das neue Leben in der Familie. Genau das kommunizieren ihre Worte (was immer sie auch sagen), ihre Stimme, ihre Berührung, ihre Zuwendung. Und genau das erfährt das Baby. In diesem permanenten Reden, dieser tiefen Zuwendung hört es die Stimme des Einen Vaters und Schöpfers, der ihm zuspricht: „Du sollst sein!" Denn Gott hat es so eingerichtet, dass die Eltern für das Neugeborene die Stelle Gottes einnehmen. Tatsächlich kommt in dieser Lebensphase alles von ihnen: Nahrung, Versorgung, Wärme, Annahme, Liebe ... ja, das Leben selbst.

All das trifft für eine einigermaßen normale und „heile" Familie zu. Leider machen aber manche Menschen eine ganz andere Erfahrung: Sie haben diese Stimme nie gehört, oder jedenfalls nicht ausreichend oder dauerhaft genug. Die Gründe dafür können höchst unterschiedlich sein. Eltern sind in den ersten prägenden Monaten nicht präsent genug; vielleicht ist die Mutter oder das Baby schwer krank, was zum Krankenhausaufenthalt und zur Trennung führt. Oder das Kind wird von Anfang an abgelehnt, weil es unerwünscht ist oder das falsche Geschlecht hat; oder es kommt früh in eine Krippe zu wechselnden Bezugspersonen; oder ..., oder ...

Es gibt eine Vielzahl von Gründen, warum dieses Reden, in dem unser tiefstes Sein wurzelt, nicht oder nicht ausreichend ankommt. Das kann schwerwiegende Auswirkungen auf unser späteres Leben haben. Tief im eigenen Inneren existiert dann ein schwarzes Loch, das wie die schwarzen Löcher im Universum alles Licht verschluckt. Und so fallen wir immer wieder in dieses schwarze Loch, verzweifeln am Leben, am Sinn unserer Existenz, an der Welt und an Gott. Es fühlt sich an, als ob wir immer tiefer stürzen, ohne je Grund unter die Füße zu bekommen. Beten nützt nichts: Gott ist weit weg, Gott ist überhaupt nicht mehr da, es hat ihn vielleicht nie gegeben, das Universum ist leer ...

Doch es gibt auch eine gute Nachricht: Gott spricht sein „Du sollst sein!“ immer noch zu uns, jeden Tag, jede Stunde, jeden Moment unseres Lebens. Deshalb ist es so wichtig, seine Stimme zu hören und sie *wahr-zu-nehmen*. Dann werden seine Worte des Lebens uns mehr und mehr soliden Boden unter unseren Füßen schaffen, bis wir es glauben: „Es ist gut, dass ich bin!“

## Du bist einzigartig!

*Und Gott nannte ... (1. Mose 1,5)*

Wieder stehen wir mit dieser Aussage am Anfang unseres menschlichen Lebens. Eltern geben ihrem Neugeborenen einen Namen – warum eigentlich? Um deutlich zu machen: „Du bist absolut einzigartig. Es gibt niemand wie dich!“

Wieder handeln die Eltern hier an der Stelle Gottes, ob ihnen das bewusst ist oder nicht. Und in diesem „Mit-Namen-angesprochen-Werden" reifen wir, werden wir zur Person. Unsere Eltern schlagen damit stellvertretend die Brücke hin zu dem Einen Vater, von dem her alles seinen Namen empfängt (Epheser 3,15)

Letztlich ist es Gott selbst, der allem und allen einen Namen gibt, auch uns. Letztlich ist es er, der uns unsere tiefste und bleibende Identität zuspricht. Denn der „Name" ist biblisch der Ausdruck unserer eigentlichen Identität. So gibt Jesus uns einen neuen Namen, den nur er und wir selbst kennen (Offenbarung 2,17) – ein Bild dafür, dass wir neu geworden sind.

Das ist aber nicht nur eine „geistliche" Realität; es hat tiefe Auswirkungen auf unser Selbstbild und unsere Beziehungen. Nur dann, wenn wir selbst vernehmen, wie Gott uns unsere Identität zuspricht, werden wir heil. Denn erst dann können wir aufhören, unsere Identität von *anderen* Menschen einzufordern – und diese damit zu überfordern (etwa in der Ehe). Oder sie in Dingen wie Erfolg, Macht, Geld oder Status zu suchen, und uns so auf Dauer immer zu verlieren.

## Du hast einen Platz!

Wir haben in unserem Kulturkreis normalerweise zwei verschiedene Namen, einen Vor- und einen Nachnamen. Darin kommen die beiden Seiten unserer Identität zum Ausdruck: Der Vorname symbolisiert meine Einzigartigkeit und Unverwechselbarkeit innerhalb der Familie – deshalb wird niemand mehreren seiner Kinder den gleichen Vornamen geben. Der Nachname hingegen macht deutlich, dass wir uns nicht uns selbst verdanken, sondern Teil eines größeren Ganzen sind. Wir sind eingeordnet in eine konkrete Familie mit ihrer Geschichte, wir leben zu einer bestimmten Zeit, in einem bestimmten Land, in einer bestimmten Kultur. Genau das ist Gottes Botschaft an mich: „Du bist einzigartig und unverwechselbar – und das in alle Ewigkeit! Und ich habe dir deinen ureigensten Platz in dieser Welt gegeben, der meinem Plan für dich entspricht und den dir niemand streitig machen darf."

## Du bist gut!

*Und Gott segnete sie ... (1. Mose 1,28)*

Die Grundbedeutung von „segnen" ist schlicht und einfach „Gutes reden". Das wird in manchen Sprachen, wie Latein oder Griechisch deutlich; dort heißt segnen wörtlich „gut reden". Deshalb können in den Sprachen der Bibel „segnen" und „loben" mit dem gleichen Wort ausgedrückt werden: „Meine Seele *lobe* den Herrn ..." (Psalm 103,1) und „... der Herr *segne* dich" (4. Mose 6,24) verwenden denselben Begriff.

Wenn Gott mich segnet, dann bedeutet das, dass er vorbehaltlos zu mir sagt: „Du bist gut!" Viele Christen tun sich mit diesem Gedanken schwer, denn der Mensch ist ja auch Sünder. Wenn man ihn so einfach „gut" nennt, käme man vielleicht auf die Idee, das der Mensch Gott gar nicht braucht. Das klingt dann alles verdächtig nach einem modernen Humanismus. Natürlich ist die Bibel nicht naiv: Sie weiß um das Sündersein des Menschen. Aber das wird denen vorgehalten, die diese Realität leugnen oder sich ihr verweigern. Aber diejenigen, die unter ihrer Sünde und ihren Defiziten leiden, müssen eine tiefere Wahrheit hören: dass Gott uns

„gut" gemacht hat, und dieses Urteil nicht einfach durch die Sünde zunichte gemacht wird. Er bereut es nicht, uns geschaffen zu haben. Dieses existentielle „Gutsein" (im Unterschied zum moralischen) bildet die Grundlage für die Liebe. So schreibt der katholische Philosoph Josef Pieper:

*„In jedem denkbaren Fall besagt Liebe soviel wie Gutheißen. Das ist zunächst ganz wörtlich zu nehmen. Jemand oder etwas zu lieben heißt: diesen Jemand oder dieses Etwas ‚gut' nennen und zu ihm gewendet sagen: Gut, daß es das gibt; gut, daß du auf der Welt bist!"*[3]

Deshalb setzt Gott alles daran, diesen Satz „Du bist gut!" wieder wahr zu machen. Dafür gibt er alles hin, was er hat: seinen einzigen Sohn. Durch ihn wird dieser Satz in alle Ewigkeit wahr.

## Du darfst dich entfalten!

*Und Gott segnete sie und sprach zu ihnen: „Seid fruchtbar, vermehrt euch und füllt die Erde …" (1. Mose 1,28)*

Betrachten wir den Segen, den Gott dem Menschen zuspricht, so sehen wir, dass noch ein weiterer Aspekt hinzukommt: die immer weitergehende Entfaltung des Guten. Zunächst ist das „Seid fruchtbar und mehrt euch und füllt die Erde" natürlich biologisch gemeint – und die Menschheit hat das ja auch sehr erfolgreich umgesetzt. Aber es geht hier auch um etwas noch Tieferes. Gott spricht jedem von uns zu: „Du bist so gut, dass du das nicht für dich behalten sollst! Deine Person, deine Gaben, deine Möglichkeiten sind so gut, dass du sie weitergeben und so zur Entfaltung bringen sollst!" In einem seiner bekanntesten Gleichnisse, dem von den anvertrauten Talenten, bringt Jesus denselben Gedanken zur Sprache. Der Herr, der drei seiner Verwalter große Summen Geld für die Zeit seiner Abwesenheit anvertraut hatte, ist entsetzt, als er sieht, dass einer das Geld nur vergraben hatte, statt damit zu wirtschaften – aus Angst es zu verlieren (Matthäus 25,14ff).

## Du bist begabt! Du hast eine Aufgabe!

Als der Mensch dann erschaffen ist, spricht Gott ihm diesen Aspekt auch ausdrücklich zu: „Macht euch die Erde untertan und herrscht …" Die alttestamentliche Wissenschaft ist sich einig, dass damit nicht Ausbeutung, sondern die Bewahrung und Entfaltung der Schöpfung gemeint ist. Für uns persönlich bedeutet das, dass jeder nicht nur eine Gabe an die Welt ist, sondern selbst Gaben hat. Und mit diesen Gaben geht die große Aufgabe einher, unsere Welt zu gestalten. Das fängt bei unserer persönlichen Lebenswelt zuhause, in Familie und Beruf an und geht weiter über die Gesellschaft bis hin zur Verantwortung für künftige Generationen und die Welt insgesamt. In diesem „Wirken" kommen wir zur „Ver-wirklichung" unseres ureigensten Seins.

## Du bist mein Gegenüber!

*Und Gott sprach: „Lasst uns Menschen machen … !" Und Gott schuf den Menschen zu seinem Bilde, zum Bilde Gottes schuf er ihn; und schuf sie als Mann und Frau. (1. Mose 1,26+27)*

Der Mensch wird in der ersten Schöpfungserzählung als letzter von Gott ins Dasein gesprochen, es ist der Höhepunkt des ersten Kapitels der Bibel. Gott geht zunächst mit sich zu Rate – er spricht mit sich selbst. Da Gott hier von sich in der Mehrzahl spricht („uns"), hat die christliche Theologie hier immer schon einen Hinweis auf die Dreifaltigkeit gesehen, also die Vorstellung, dass Gott in sich mehrere Personen ist. Was aber meint die Tatsache, dass der Mensch zum Ebenbild Gottes erschaffen ist? Man kann es sich vielleicht so verdeutlichen: Wenn ich in einen Spiegel blicke, dann sehe ich da eine Person, die mir in allem gleicht – außer dass sie zweidimensional ist. Mein Gegenüber macht alles, was ich ihm „vormache". Und er tritt mir auf Augenhöhe entgegen. Damit nähern wir uns der gewaltigen Aussage dieses Textes: Der Mensch ist von Gott als sein Gegenüber – auf *Augenhöhe* – erschaffen. Er will ihm in die Augen blicken und sich selbst darin erkennen. Das heißt, der Mensch ist von Gott als Partner und Freund gedacht, als einzigartiges Gegenüber, dem nichts sonst in der Schöpfung gleicht. Das ist unsere letzte und tiefste Berufung; dazu sind wir alle erschaffen. Natürlich ist dieses Ebenbild zerbrochen – aber Gott hat es in dem Menschen Jesus wiederhergestellt, der das vollkommene Ebenbild Gottes ist (vgl. Kolosser 1,15) – und in sein Bild werden wir verwandelt (Römer 8,29).

## Du bist mein Freund!

Letztlich bedeutet dieses Gegenüber Freundschaft – die einzige Beziehung, die nur auf Augenhöhe möglich ist. Diese Beziehung ist zwar seit dem Fall zerbrochen (1. Mose 3) – aber Jesus erneuert sie. Beim Abendmahl sagt er seinen Jüngern:

*Ich nenne euch nicht mehr Diener, sondern Freunde. (Johannes 15,15)*

Das gilt unabhängig von der Bedeutung oder Wichtigkeit des Dienstes – egal ob jemand Apostel oder Gemeindemitglied ist, Wirtschaftsboss, Hilfsarbeiter oder Arbeitsloser. Die letzte und tiefste Berufung unseres Lebens ist die Freundschaft mit Gott.

Es gibt in der Bibel eine Reihe von Beispielen, die die Bedeutung solch einer Freundschaft vor Augen führen. In einem geht es um Abraham, der im Hören auf Gott alles verlassen und ein neues Leben begonnen hatte. Er ist interessanterweise die einzige Person in der Bibel, die namentlich als „Freund Gottes" bezeichnet wird. Von ihm wird berichtet, wie Gott ihn nach vielen Jahren seines Umherziehens leibhaftig besucht – in Gestalt dreier Männer – und mit ihm Tischgemeinschaft hält (1. Mose 18). Dabei bekräftigt er zum letzten Mal die Verheißung eines Nachkommens. Und dann eröffnet er ihm unvermittelt seinen Plan für die Stadt Sodom mit der Begründung:

*Wie könnte ich Abraham verbergen, was ich tun will? (1. Mose 18,17)*

Sodom – bis heute sprichwörtliches Beispiel einer völlig verkommenen Gesellschaft – wird zum Untergang verurteilt. Abraham aber, der damit eigentlich nichts zu tun hat, stemmt sich dem mit seiner hartnäckigen Fürbitte entgegen. Sie bleibt letztlich erfolglos, weil die Basis dafür nicht gegeben ist. Aber das wirklich Erstaunliche an dieser Geschichte ist: Gott ist – sogar mehrfach – bereit, auf die Fürbitte seines Freundes hin seine Pläne zu ändern. Eine unglaubliche Perspektive! Ähnliches, diesmal allerdings erfolgreich, geschieht zwischen Mose und Gott: Mose erbittet und erreicht die Verschonung Israels (2. Mose 32,9-14). Auch mit ihm redet Gott „wie mit einem Freund" (2. Mose 33,11)!

Dabei zeigt sich im übrigen, dass Freundschaft ein Dem-andern-ähnlich-Werden bedeutet. Abraham und Mose sind Gott ähnlich geworden, der immer und immer wieder als „barmherzig und gnädig, langsam zum Zorn und reich an Gnade“ beschrieben wird (z. B. 2. Mose 34,6). Und zwar so ähnlich, dass sie in diesem Sinn beten. Aus dem gleichen Grund hat auch Jesus seinen Freunden die Erhörung ihrer Gebete verheißen:

*Dann wird euch der Vater alles geben, um was ihr ihn in meinem Namen bittet!*

So lautet die Fortsetzung des Freundeswortes in Johannes 15,16. In seinem Namen zu beten meint ja viel mehr als eine Gebetsfloskel: im Letzten geht es um eine Angleichung an sein Wesen und seinen Willen.

Abraham ist der Prototyp des Freundes Gottes, des Menschen, der Gott hört. Das bestimmt sein ganzes Leben. Jahrzehntelang richtet er sein Leben danach aus, durch alle Höhen und Tiefen hindurch, und doch bleibt die eine, entscheidende Verheißung Gottes unerfüllt: der eigene Sohn. Als dieser dann endlich nach vielen Irrungen und Wirrungen doch geboren wird, hat das Leben Abrahams seine Erfüllung gefunden. Aber nun kommt es zu einer dramatischen Entwicklung. Gott spricht erneut, in ganz ähnlichen Worten wie beim ersten Mal in 1. Mose 12, aber mit einer völlig unerwarteten Fortsetzung.

*Nimm deinen Sohn, deinen einzigen, dem deine Liebe gilt, den Isaak! Geh ins Land Morija auf einen Berg, den ich dir nennen werde – und opfere ihn dort! (1. Mose 22,2)*

Diese „Prüfung“ ist so erschütternd, ja brutal, dass wir uns an Abrahams Stelle wahrscheinlich geweigert hätten, darin das Reden Gottes zu erkennen. Es widerspricht allem, was er zuvor gesagt hat. Es macht alle seine Verheißungen und Pläne mit Abraham zunichte. Eher hätten wir darin die Stimme des Versuchers erkannt, als die Gottes. – Abraham aber, geprägt durch ein Leben des Hörens auf Gott und so zum *Freund Gottes* geworden, erkennt seine Stimme, trotz der unfassbaren Botschaft. Ohne zu verstehen, erschüttert bis ins Mark, macht er sich auf den Weg, steigt auf den Berg, fesselt seinen Sohn, legt ihn auf den selbst gebauten Altar und hebt das Messer. Erst in diesem Moment spricht Gott wieder und gebietet Einhalt: Isaak wird verschont. Es ist die vielleicht erschütterndste Erzählung des Alten Testaments, und doch findet sie keinerlei Echo; nirgendwo wird sie erklärt, nirgendwo weitergeführt, nirgendwo fruchtbar gemacht.

Im Neuen Testament aber gibt es eine Stelle, die verhüllt darauf Bezug nimmt. Als Jesus im Jordan getauft wird, empfängt er den Heiligen Geist und mit ihm seine Berufung zum Messias. Und hier spricht Gott zu ihm:

*Du bist mein Sohn, dir gilt meine Liebe, dich habe ich erwählt! (Markus 1,11)*

In diesem Wort klingen drei verschiedene alttestamentliche Stellen an – darunter die von der Opferung Isaaks. In diesem Moment erkennt Jesus: Mein Weg als Messias und Knecht Gottes wird der Weg Isaaks sein: der geliebte Sohn, der einzige, der als Opfer hingegeben wird – für das Leben der Welt. Mit einem Unterschied – am Ende gibt es keine Verschonung, niemand wird den Henkern in den Arm fallen. Entscheidend ist: Es ist die Stimme seines geliebten Vaters im

Himmel, die ihm das offenbart. Und hier kommen wir vielleicht der Geschichte von Gott, Abraham und Isaak auf die Spur: Könnte es sein, dass der ewige Gott, der weiß, dass ihm das Opfer seines einzigen, geliebten Sohns bevorsteht, einen *Freund* gesucht hat, der diese furchtbare Erfahrung mit ihm trägt? Der bereit ist, den gleichen Weg zu gehen und das Unerträgliche auf sich zu nehmen? Ohne zu verstehen? – Gott hat diesen Freund gefunden. Und so wird verständlich, warum Abraham als einziger *Freund Gottes* genannt wird: er hat Anteil am tiefsten Schmerz Gottes bekommen.

Freundschaft mit Gott – das ist der tiefste Zweck, das Ziel, mit dem der Mensch erschaffen worden ist. Es ist der Inhalt seiner Gottesebenbildlichkeit.

## Du hast eine Grenze!

Gehen wir nun zur zweiten Erzählung von der Erschaffung des Menschen in 1. Mose 2-3. Im Unterschied zur ersten Erzählung liegt ihr daran, aufzuzeigen wieso der Mensch trotz seiner Erschaffung als Ebenbild Gottes so ist, wie er nun einmal ist. Hier werden dann auch neben der Größe des Menschen seine Grenzen und seine Gefallenheit deutlich aufgezeigt.

*Und Gott sprach: „Von diesem Baum darfst du nicht essen ...!" (1. Mose 2,16)*

Das Wesen des Menschen und seine Würde liegen darin, dass der Mensch von Gott angesprochen ist, und antworten kann. Als Gegenüber und Partner aber hat er einen eigenständigen Willen, und kann und muss sich deshalb auch ver-antworten. Gott ernennt den Menschen nicht nur zu seinem Stellvertreter und vertraut ihm die wohlgeordnete Erde an, sondern er gibt ihm auch ein Gebot. Er redet mit ihm und nennt ihm eine Grenze, jenseits derer der Mensch sich selber als Geschöpf und Gegenüber Gottes zerstört.

### Du bist nicht Gott!

Hier wird es zum ersten Mal deutlich ausgesprochen: Der Mensch ist trotz seiner Hoheit, trotz seines Ebenbildcharakters gerade nicht Gott! Er ist, mit dem obigen Vergleich gesprochen, eben nur ein zweidimensionales Spiegelbild und nicht dreidimensionaler Ursprung; er ist „Abbild“, nicht „Urbild“. Dieser Unterschied ist die entscheidende Grenze. Sie wird durch ein einziges Verbot markiert.

*Du sollst nicht ...! (1. Mose 2,17)*

Eine einzige, aber wichtige Einschränkung des „alles ist euer“ von 1. Mose 1 und 2. Sie zielt auf den Kern des Problems. Denn es ist die Ur-Versuchung des Menschen, wie Gott sein zu wollen. Ob es sich dabei um Diktatoren handelt, die sich gottgleich verehren lassen, oder um die Anmaßung der modernen gesellschaftlichen Eliten, die sich zum unumschränkten Herrn über die Schöpfung und unser Menschsein aufschwingen wollen, bleibt sich gleich. Letztlich steckt diese Versuchung in uns allen. Das zeigt sich ganz simpel darin, dass jeder von uns der Mittelpunkt seiner Welt (und sei diese noch so bescheiden) sein möchte, dem sich alle und alles unterzuordnen haben. In der Postmoderne rechtfertigen wir das inzwischen auch philosophisch unter dem Banner der absoluten Selbstbestimmung des Individuums.

Gott als absolute Grenze ist zugleich aber auch ein großes Geschenk. Das wird allzu leicht verkannt. Denn wenn ich nicht Gott bin, muss ich es auch nicht sein. Ich bin nicht allzuständig; ich muss nicht alle und alles retten und zum Erfolg führen – weder mein eigenes Leben, noch das meiner Familie, weder die Gesellschaft noch die Welt. Das schafft eine heilsame Balance für die Verantwortung, die Gott mir in allen diesen Bereichen anvertraut hat. Gott bleibt immer noch Gott – was für ein befreiender Gedanke!

## Du bist frei!

Das „Du sollst nicht!" Gottes hat aber noch eine weitere wichtige Seite: Gott will, dass ich frei bin! Denn „Sollen" bedeutet immer auch: Es gibt einen anderen Weg, den ich wählen kann. Gott selbst hat diese Freiheit für den Menschen gewollt; er hat uns die Gabe und die Fähigkeit verliehen, eigenständig seinen – oder einen anderen – Weg zu wählen. Diese Freiheit geht so weit, dass wir uns auch von Gott, der Quelle unseres Seins, abwenden können. Nur eine solche totale Freiheit macht Liebe überhaupt möglich. Eine Liebe, die sich nicht verweigern, die nicht „Nein" sagen kann, verdient diesen Namen nicht; sie wäre nichts anderes als Konditionierung. Jesus hat es in einem seiner bekanntesten Gleichnisse so ausgedrückt (Lukas 15,11-32): Der „verlorene" Sohn bekommt alles vom Vater – selbst die Mittel, um von ihm wegzulaufen und sein Leben zu ruinieren.

Der Mensch ist also nicht „programmiert", sondern kann selbst überlegen und wählen, was er will. Dadurch wird er zum freien Gegenüber Gottes – und nur so zu einem echten Partner. Nur so wird er nicht zu einer Marionette. Nur so kann er lieben; nur so kann er ge-„horchen“. Deshalb ist es für uns entscheidend, den Raum dieser Freiheit unter allen Umständen zu bewahren. Ein erzwungener Gehorsam, ein erzwungener Glaube haben nichts mit Gott zu tun; sie verdienen diesen Namen nicht. Biblischer Glaubensgehorsam ist immer in der Freiwilligkeit der Liebe begründet; er ist niemals „blind“, erzwungen oder fremdgesteuert. Deshalb spricht Gott zu uns: „Du hast eine Grenze: du bist nicht Gott. Aber du bist auch frei! Niemand darf dir diese Freiheit nehmen. Auch du selbst darfst sie nicht an jemand anderen abtreten.“

## Ich suche dich!

*Und Gott sprach: „Wo bist du?“ (1. Mose 3,9)*

Die Erzählung geht weiter: Der Mensch hat Gottes Gebot missachtet. Er hat damit nicht nur seine Beziehung zu Gott, sondern auch die zu sich selbst, zu den anderen und sogar zur Schöpfung zerstört; das wird im Folgenden deutlich. Es gehört zu den erstaunlichen Seiten dieser Geschichte, dass hier nicht einfach Schluss ist. Man würde erwarten, dass Gott sich völlig abwendet und den Menschen sich selbst überlässt. Stattdessen geht Gott ihm nach, sucht ihn, und redet immer noch mit ihm. Auch da, wo der Mensch sich aus der Gemeinschaft mit Gott ausgeschlossen hat, schlägt Gott eine Brücke, und sei es in einem Ruf zur Umkehr. Ein wichtiger Teil der Bibel verdankt sich dieser Haltung Gottes. Die prophetischen Bücher des Alten Testaments schildern, wie Gott sein Volk, das Jahrhundert um Jahrhundert falsche Wege geht und ihn ablehnt, vor den Konsequenzen warnt und zur Umkehr aufruft. Dasselbe gilt bei uns. Selbst wenn wir unser Leben ruiniert haben, macht Gott sich auf die Suche nach uns. Er geht uns nach und versucht, uns zur Umkehr zu bewegen. Das tut er mit einer Leidenschaft und Intensität, die ihn auf Golgatha das Leben gekostet hat. Und so spricht er zu uns: „Ich suche dich auch da, wo du dich völlig verrannt hast! Weil du dich verfehlt hast, musst du die Konsequenzen tragen – denn ich habe dir mit der Freiheit auch die Verantwortung gegeben. Aber ich will mit dir darüber reden: Ich kenne einen Weg der Umkehr für dich, auf dem alles neu werden kann."

## Gottes Reden trägt das All

Soviel zu dem grundlegenden Reden Gottes und wie es für uns vernehmbar wird. Zum Schluss möchte ich noch einmal kurz zur Schöpfung zurückkommen. Die Bibel macht an vielen Stellen deutlich, dass Gott nicht nur einmal und nicht nur in den Anfängen gesprochen hat, sondern dass diese Welt nur deshalb weiterexistiert, weil er sie durch sein Wort erhält.

*Er trägt das All durch sein machtvolles Wort. (Hebräer 1,3)*

Das wird von dem ewigen Sohn Gottes ausgesagt, durch den die Welt erschaffen ist. Das heißt nichts anderes, als dass die Grundlage all dessen, was existiert, darin zu suchen ist, dass Gott permanent und unaufhörlich zu dieser Welt spricht. Nur dieses machtvolle Sprechen erhält sie im Dasein. Würde Gott verstummen, und sei es auch nur für den Bruchteil einer Sekunde, so hörte die Welt zu existieren auf.

### Das Reden Gottes macht den Menschen zum Menschen

Das Fazit dieses kurzen Blicks auf die Grundlagen unseres Seins lautet deshalb: Würde Gott nicht sprechen, so gäbe es buchstäblich nichts. Würde er auch nur einen Moment aufhören zu sprechen, so fiele die ganze Welt in sich zusammen, sie fiele zurück ins Nichts. Würde Gott nicht den Menschen ansprechen, so würde er zurückfallen auf die Stufe eines bloßen Lebewesens – eines Tieres; er wäre keine „Person" mehr. Daran wird deutlich, dass jeder Mensch aus der Anrede Gottes heraus lebt. Und deshalb ist zu erwarten, dass Gott auch in der konkreten Geschichte der Menschen nicht einfach verstummt.

## 2. Gott ruft – in der Geschichte

Am Anfang der Bibel werden in den Kapiteln 1-11 des 1. Buchs Mose die Grundlagen unserer heutigen Welt geschildert: Schöpfung, Sündenfall, Sintflut und Entstehung der Völker. Mit Kapitel 12 treten wir in die uns vertraute Welt der Geschichte ein. Und hier begegnet uns als erstes Abraham, von dem wir schon gesprochen haben. Sein Auftreten ist ein ähnlicher Neueinsatz wie die Schöpfungserzählung: mit ihm beginnt die Geschichte Israels, des Volkes Gottes. Es gibt keine großen Hintergrundberichte; wir erfahren lediglich die dürren Fakten seines Stammbaums, bevor es heißt:

*Und der HERR sprach zu Abram. (1. Mose 12,1)*

Die „Heilsgeschichte", also die Geschichte des rettenden und erlösenden Eingreifen Gottes in unsere Welt, beginnt damit, dass er spricht!

## Abraham hört

Diesmal ist es ein Ruf an einen Menschen, der in einer jahrtausendealten heidnischen Kultur lebt und plötzlich die Stimme eines Gottes hört, den er nicht kennt. Gott wählt ihn sich zum Gegenüber – und verlangt von ihm als erstes einen Akt bedingungslosen Vertrauens!

*Verlass deine Heimat, deine Sippe und die Familie deines Vaters und zieh in das Land, das ich dir zeigen werde! (1. Mose 12,1)*

Abraham geht das Wagnis ein, dieser Stimme Gehör zu schenken – er wagt den Gehorsam, und wird dadurch für immer zum Vater des Glaubens (Römer 4; Galater 3). Kein Wunder, dass Gott ihn ins Vertrauen zieht: „Wie könnte ich Abraham verbergen, was ich tun will?“ (1. Mose 18,17). So kann Abraham mit Gott über dessen Pläne verhandeln (1. Mose 18). Und das unbeschadet aller Defizite und Charakterschwächen Abrahams, von denen uns im 1. Buch Mose auch berichtet wird. Das Geheimnis liegt darin: Gott spricht, und Abraham hört. Er hört und antwortet, erwidert und gehorcht. Dadurch tritt er in ein Gespräch mit Gott ein. So entsteht eine Tiefe der Gemeinschaft zwischen beiden, die ihresgleichen sucht.

## Mose lässt sich rufen

Abraham ist aber nicht der Einzige, der eine solche Erfahrung macht. Nehmen wir Mose, der am nächsten großen Wendepunkt der Geschichte Gottes mit dieser Welt steht. Auch bei ihm wird überdeutlich, dass es Gott ist, der die Initiative ergreift und ihn anspricht. Während er in den Steppen

Midians seine Schafherden weidet, sieht er ein erstaunliches Naturschauspiel. Als er hingeht, um es sich aus der Nähe anzusehen,

*... rief ihm Gott mitten aus dem Dornbusch zu und sprach: „Mose! Mose!" Er antwortete: „Hier bin ich!" (2. Mose 3,4)*

Wieder sehen wir zweierlei. Das eine ist, dass Gott eine persönliche Beziehung zu diesem Mann sucht, denn er spricht ihn mit seinem Namen an. Das ist nicht die Stimme des Besitzers, der seinem Sklaven Befehle erteilt; es ist die Stimme eines Gottes, der ein Gegenüber sucht, weil er Freundschaft will. Und Mose, der sich im weiteren Verlauf der Geschichte zunächst recht schwerfällig anstellt, reagiert in diesem Moment genau richtig: „Hier bin ich!" Das heißt soviel wie: „Ich weiche nicht aus. Ich laufe nicht weg. Ich stelle mich Dir, auch wenn das mein Leben aus der Bahn werfen kann. Ich wage es, mich auf Dein Reden einzulassen!" Gott befreit mit Hilfe dieses Mannes ein ganzes Volk aus der Sklaverei einer Großmacht und schenkt ihm einen eigenständigen Platz in der Welt. Und nicht zu vergessen: Er offenbart sich diesem Volk, um ihm ein Leben in der Fülle des Segens zu ermöglichen.

## Gott spricht Ordnung hinein

Damit sind wir bei dem Reden Gottes am Sinai. Die Lebensordnung, die Gott dort seinem Volk schenkt, die „Gebote", die das Leben schützen, sind nämlich in erster Linie Ausdruck einer Beziehung. So werden diese Gebote im Hebräischen als zehn „Worte" bezeichnet:

*Und Gott redete alle diese Worte und sprach ... (2. Mose 3,1)*

Das macht eines deutlich: Die Ordnungen Gottes sind nicht unpersönliche Vorschriften eines fernen Gesetzgebers, sondern persönliche Anrede eines Freundes und Liebhabers (vgl. Hosea 2,16-21). Sie sind Teil eines Gesprächs.

## Selbst hören – statt hören „lassen“

Noch eine weitere Beobachtung lässt sich bei diesem Reden Gottes am Sinai machen, und sie ist ernüchternd: Vielen im Volk war es zu anstrengend, Gottes Stimme zu hören. Sie scheuten das Risiko, sie hatten Angst, sie wollten lieber in ihrem kleinen Horizont bleiben, als einen Gott zu hören, der ein verzehrendes Feuer ist und jeden Rahmen aufsprengt. Und deshalb schickten sie Mose vor:

*Geh du allein hin! Höre alles, was der Herr, unser Gott, sagt. Berichte uns dann alles, was der Herr, unser Gott, dir gesagt hat, und wir werden es hören und halten. (5. Mose 5,27)*

Der Verantwortliche soll es richten. Der Leiter muss ran; schließlich hat man dafür ja einen geistlichen Leiter (Priester, Propheten, Pastoren ...). Er soll die Mühe auf sich nehmen, auf den Berg zu steigen, zu fasten, und was sonst noch nötig sein mag, um Gottes Stimme zu hören. („Dafür wird er ja schließlich auch bezahlt!“) Für das Fußvolk ist das einfach zu riskant – und natürlich auch zu anstrengend. Und so *lassen* wir lieber hören. Wir verschlingen die Predigten und Bücher von Leuten, die Gottes Stimme gehört haben. Und oft entmündigen wir uns dann gleich selbst, indem wir ohne groß zu prüfen an ihren Lippen hängen. Oder aber, wenn es unbequem wird, schieben wir es einfach beiseite: „zu fromm, überzogen, übergeistlich ...“ Das lässt sich ganz gut machen, weil wir ja selbst Gott gar nicht gehört haben. Aber Gott sehnt sich danach, mit uns zu reden!

### Propheten für taube Ohren

Diese Haltung war in der weiteren Geschichte des Volkes Gottes im Alten Testament immer wieder anzutreffen. Gott klagt über sein Volk:

*Aber sie haben nicht gehorcht, sie haben nicht einmal richtig zugehört. Sie haben stattdessen getan, was ihnen in den Sinn kam und was ihr böses Herz ihnen eingab zu tun. Sie wandten sich von mir ab und kehrten mir den Rücken zu. (Jeremia 7,24)*

Deshalb hat Gott ein ums andere Mal „Propheten" geschickt, um diesem Volk sein Reden zu vermitteln. Diese Propheten waren Menschen wie du und ich: einfache Menschen wie der Bauer Elisa oder der Hirte Amos, Intellektuelle wie Hesekiel, Priester wie Jesaja. Sie taten nichts anderes, als auf Gott zu hören und das Gehörte weiterzusagen. Das, was sie hörten, war dabei so wichtig und kostbar, dass es gesammelt und aufgeschrieben wurde. Heute macht es einen großen Teil des Alten Testaments aus. Ohne hier weiter auf das Thema der alttestamentlichen Prophetie einzugehen, lässt sich doch schon jetzt erkennen, wie zentral die Rolle ist, die das Hören auf Gott schon damals spielte. Und so ist auch der Seufzer des Mose verständlich, der schon Jahrhunderte zuvor meinte:

*Ich wünschte, der Herr würde seinen Geist auf das ganze Volk legen und alle wären Propheten! (4. Mose 11,29)*

## 3. Gott tut sich kund – im Herzen der Menschen

### Gott spricht durch die Weisheit des Lebens

Mit dem bisher Gesagten ist aber das Thema des Redens Gottes im Alten Testament noch längst nicht erschöpft. Denn Gott redet nicht nur zu den Angehörigen seines Volks, nicht nur zu Juden und Christen, sondern zu allen Menschen. Denken wir daran, was wir bei der Schöpfung über das Reden Gottes gesagt haben: es hält diese Welt zusammen und macht den Menschen zum Menschen. Deshalb ist zu erwarten, dass Gott zu allen Menschen spricht.

Dafür finden wir viele Belege im Alten wie im Neuen Testament. Im Alten Testament gibt es eine besondere Gruppe von Schriften, die sogenannte „Weisheitsliteratur". Zu ihr gehören das Buch der Sprüche, Hiob, Prediger und verschiedene Psalmen. Unter den „Apokryphen"[4] sind hier vor allem die „Weisheit Salomos" und „Jesus Sirach" zu nennen, die beide für das Neue Testament eine große Bedeutung besitzen.

Die Weisheitsliteratur hat ein gemeinsames Kennzeichen: Sie weiß darum, dass die Menschen die gottgegebene Ordnung der Welt und des menschlichen Lebens erkennen können. Sie sind in der Lage, zunächst einmal äußere Strukturen wahrzunehmen; damit ist die Weisheitsliteratur der Beginn unserer wissenschaftlichen Welterkenntnis. Sie sind aber auch dazu fähig, die innere Ordnung und Struktur des menschlichen Lebens zu „vernehmen" und zu erkennen, wie der Mensch richtig leben soll, um Erfüllung zu finden.

Das Ergebnis wird dann in „Weisheitssprüchen" formuliert, die als moralische Verhaltensregeln in Gestalt von Sprichworten ein gelingendes Leben sichern sollen. Der weise Mensch kennt diese Regeln nicht nur, sondern lebt auch danach – im Unterschied zum „Narren“, der um scheinbarer Vorteile willen gegen diese Weisheit verstößt.

Das Faszinierende ist nun, dass diese Literatur zur Zeit des Alten Testaments international ist; man findet sie in Ägypten ebenso wie in Babylon, Israel und allen umliegenden Ländern. Quer über alle kulturellen und religiösen Grenzen hinweg werden hier die gleichen Erkenntnisse formuliert: Damit Leben gelingt, ist es notwendig, die Eltern zu ehren, nicht die Ehe zu brechen, den Umgang mit Prostituierten zu meiden, integer zu leben, nicht zu betrügen, usw. Deshalb ist es auch nicht verwunderlich, dass einige Abschnitte der Sprüche Menschen zugeschrieben werden, die gar nicht zum Volk Gottes gehörten, wie etwa Agur (Sprüche 30,1-14) oder Lemuel (Sprüche 31,1-10). Ein anderer Teil der Sprüche (22,17-23,11) stimmt überein mit einem Text aus dem ägyptischen Weisheitsbuch des Amenemope, das etwa zur Zeit Davids oder Salomos verfasst sein dürfte. Zugespitzt gesagt: Durch die Aufnahme „heidnischer“ Weisheit in die Bibel wird deutlich, dass sie um ein grundlegendes Reden Gottes zu allen Menschen weiß.

Im Alten Testament wird dann aber diese Sicht der Weisheit noch einmal vertieft: Gott selbst ist es, der durch die Weisheit zum Menschen spricht; deshalb ist die Ehrfurcht vor ihm die Grundlage aller rechten Erkenntnis:

*Die Ehrfurcht vor dem Herrn ist der Anfang der Erkenntnis. (Sprüche 1,7)*

### Das Gewissen – ein Reden Gottes

Paulus bringt das dann in Römer 2,14-15 auf den Punkt: Der Mensch weiß, dass Gott zu ihm spricht, und zwar vor allem in seinem Gewissen:

*Auch wenn die anderen Völker das Gesetz Gottes nicht haben, gibt es unter ihnen doch Menschen, die aus natürlichem Empfinden heraus tun, was das Gesetz verlangt. Ohne das Gesetz zu kennen, tragen sie es also in sich selbst. Ihr Verhalten beweist, dass ihnen die Forderungen des Gesetzes ins Herz geschrieben sind, und das zeigt sich auch an der Stimme ihres Gewissens und an den Gedanken, die sich gegenseitig anklagen oder auch verteidigen.*

Und Paulus geht sogar noch weiter. Nicht nur die Ordnungen Gottes, sein Gesetz, sind für den Menschen erkennbar, sondern auch seine Existenz. Der Mensch weiß also tief in seinem Innersten, dass es Gott ist, der hier zu ihm spricht:

*Denn was Menschen von Gott wissen können, ist ihnen bekannt. Gott selbst hat ihnen dieses Wissen zugänglich gemacht. Weil Gott die Welt geschaffen hat, können die Menschen sein unsichtbares Wesen, seine ewige Macht und göttliche Majestät mit ihrem Verstand an seinen Schöpfungswerken wahrnehmen. Sie haben also keine Entschuldigung. (Römer 1,19-20)*

## 4. Gott selbst ist das Wort

*Viele Male und auf vielerlei Weise hat Gott einst zu den Vätern gesprochen durch die Propheten; in dieser Endzeit aber hat er zu uns gesprochen durch den Sohn. (Hebräer 1,1)*

Mit dieser Aussage kommen wir zum zentralen Dreh- und Angelpunkt des biblischen Zeugnisses: Gott selbst wird Mensch, um uns zu erlösen. Der Verfasser des Hebräerbriefes erkennt darin ein Sprechen Gottes. Am Anfang des Johannesevangeliums steht ein gewaltiger Text, der in seinen Formulierungen bewusst auf die Schöpfung zurückgreift:

*Im Anfang war das Wort, und das Wort war bei Gott, und das Wort war Gott. Im Anfang war es bei Gott. Alles ist durch das Wort geworden, und ohne das Wort wurde nichts, was geworden ist … Und das Wort ist Fleisch geworden und hat unter uns gewohnt, und wir haben seine Herrlichkeit gesehen. (Johannes 1,1-2.14)*

Das sind zunächst einmal Aussagen über Jesus Christus. Um es mit späteren Begriffen auszudrücken: Der Sohn, die zweite Person der göttlichen Trinität, ist *Das Wort.* Das heißt dann aber eben auch: Gott ist in sich selbst Das Wort (und ist als solches Mensch geworden). Deshalb heißt es in Johannes 1,18 von Jesus Christus:

*Niemand hat Gott je gesehen. Der Einzige, der Gott ist und am Herzen des Vaters ruht, er hat Kunde gebracht.*

Jesus, das Wort, hat Gott „ausgelegt", interpretiert, be-greifbar gemacht. In ihm redet Gott selbst ein für alle Mal mit uns. Und Jesus verdeutlicht das, wenn er sagt:

*Denn was ich gesagt habe, habe ich nicht aus mir selbst, sondern der Vater, der mich gesandt hat, hat mir aufgetragen, was ich sagen und reden soll. (Johannes 12,49)*

*„Die Worte, die ich zu euch sage, habe ich nicht aus mir selbst." (Johannes 14,10)*

Und Gott bestätigt dann alle diese Worte Jesu, in denen er selbst zu Wort kommt, indem er ihn von den Toten auferweckt und zum Herrscher über das All einsetzt.

Wenn das Wort Teil des ureigensten Wesens Gottes ist, dann lässt sich zugespitzt sagen: Gott kann gar nicht anders als reden – denn er kann sich selbst ja nicht verleugnen. Gott kann nicht schweigen – er macht höchstens einmal eine Pause, um zu warten, ob wir auf das, was er uns gesagt hat, reagieren.

Diese Erkenntnis ist die umfassende Antwort auf alle unsere tiefsitzenden Zweifel, ob Gott nicht doch im Letzten unerkennbar ist, sei es für mich, für uns, in unserer Zeit oder überhaupt. Oder ob er nicht vielleicht schweigt. Oder zumindest nicht mit *mir* redet. – Wenn Gott „Kommunikation" ist, um es mit einem modernen Begriff zu sagen, dann ist er es immer, überall und für jeden. Er lebt nicht in unerreichbarer Ferne, sondern er kommuniziert mit uns. Wenn wir ihn nicht hören, muss die Ursache anderswo liegen. – Vielleicht darin, dass wir ihn im Grunde unseres Wesens nicht hören wollen, weil er uns stört und wir lieber weiter für uns selber leben wollen? Oder weil unser Bild von Gott aus psychologischen Gründen (aufgrund unserer Lebensgeschichte) oder philosophischen Gründen (wegen unserer Weltanschauung) so verzerrt ist, dass wir „zu" sind? Oder ... oder ... oder ... An Gott jedenfalls liegt es nicht.

## 5. Gott teilt sich mit – im Heiligen Geist

Nun ist es aber nicht dabei geblieben, dass Gott ein für alle Mal Mensch geworden ist. Gott ist noch einen Schritt weiter gegangen. Er hat eine neue Schöpfung begonnen, zu der alle gehören, die ihr Leben seinem Wort unterstellen, oder, was hier das Gleiche meint, es Jesus Christus hingeben. Solchen Menschen schenkt er seinen Heiligen Geist – und damit sich selbst. Er teilt sich uns mit – eine ungeheure Vorstellung! Im Heiligen Geist nehmen der Vater und der Sohn Wohnung in uns (Johannes 14,23). Wenn man es sich recht überlegt, heißt das doch: Das Wort hat in uns Wohnung genommen. Und so spricht Gott nun zu uns sozusagen von innen heraus. Deshalb können wir ihn nun auch hören – und verstehen.

Und so können wir ihm auch in der rechten Weise antworten. Denn Gottes Geist lehrt uns das Beten. Und wenn uns aus Glück oder Not heraus die Worte ausgehen, dann betet er durch uns in einer „neuen Sprache". Oder der Geist selber tritt für uns ein „mit Seufzen, das wir nicht in Worte fassen können" (Römer 8,26). Aber vor allem macht er uns zu Kindern Gottes, unseres Vaters, den wir voller Vertrauen anrufen dürfen:

*Denn der Geist, den ihr empfangen habt, macht euch nicht zu Sklaven, sodass ihr von neuem in Angst und Furcht leben müsstet; er hat euch zu Söhnen und Töchtern gemacht, und durch ihn rufen wir: „Abba, Vater!" (Römer 8,15-16)*

## Hören führt zum Ge-horchen

Aber selbst hier hört es noch nicht auf: Gott in uns geht noch einen Schritt weiter: Er macht es möglich, dass wir seine Stimme nicht nur hören und auf sie antworten, sondern ihr auch gehorchen:

*Lebt aus der Kraft, die der Geist Gottes gibt; dann müsst ihr nicht euren selbstsüchtigen Wünschen folgen. Menschen, die zu Jesus Christus gehören, haben ja doch ihre selbstsüchtige Natur mit allen Leidenschaften und Begierden ans Kreuz genagelt. (Galater 5,16+24)*

*Aus diesem Grund mahnt uns der Heilige Geist: „Wenn ihr heute die Stimme Gottes hört, dann verschließt euch seinem Reden nicht ... !" (Hebräer 3,7)*

Kurz gesagt:

*Das alles haben wir zu bezeugen, und durch uns bezeugt es der Heilige Geist, den Gott denen gegeben hat, die ihm gehorchen. (Apostelgeschichte 5,32)*

## 6. Gott tauscht sich aus – der dreieinige Gott

Mit den tiefen Aussagen von Johannes 1 und weiteren Hinweisen des Neuen Testaments eröffnet sich uns ein Stück weit das Geheimnis Gottes. Am Miteinander und Gegenüber des „Sohns" zum „Vater" wird deutlich, dass es hier eine tiefe Gemeinschaft von Personen gibt, die sich nicht auf das Gegenüber Gott – (vollkommener) Mensch beschränken lässt, sondern die von Ewigkeit her besteht. So hat man in der christlichen Theologie Jahrhunderte lang darum gerungen, wie man die unterschiedlichen Aussagen des Neuen Testaments über den Vater, den Sohn und den Heiligen Geist zusammendenken kann, ohne sich laufend in Widersprüche zu verwickeln. Herausgekommen ist dabei eine Ahnung von dem tiefsten Geheimnis Gottes: Dass der Eine Gott in sich kein unveränderliches, unzugängliches, einförmiges Urprinzip ist, auch kein himmlischer Willkürherrscher, sondern ein Gott, der in der tiefen Liebesgemeinschaft dreier Person besteht, die doch ein Gott sind.[5]

Hier ist eine Grenze menschlichen Verstehens erreicht, die sich nur in der Anbetung überschreiten lässt. In der anbetenden Schau Gottes allerdings wird zur Gewissheit, was als theologische Theorie unanschaulich bleibt: Gott ist die Liebe, und die drei Personen in Gott sind Urbild und Quelle aller Liebe. Liebe aber ist wesentlich Kommunikation, „Austausch" – und so wird auch in der allen christlichen Kirchen gemeinsamen Theologie der Dreieinigkeit davon gesprochen, dass es zwischen den drei unterschiedlichen Personen Gottes (mit ihren jeweiligen „Eigenschaften") einen „Austausch" dieser Eigenschaften gibt, so dass jede der Personen an den Werken der anderen vollkommenen Anteil hat.[6]

Für unsere Frage nach dem Reden Gottes bedeutet dies: Gottes Wesen besteht in der Kommunikation – also im Sich-Mitteilen –, und das heißt: im Reden. Deshalb lässt sich von hier aus noch einmal mit vollem Recht sagen: Gott kann nicht anders als sich mitteilen, denn das ist sein ureigenstes Wesen. Er kommuniziert in sich (und „existiert" darin als dreieiniger Gott), und er erschafft die Schöpfung (mit dem Menschen als Krönung) mit einem Ziel: um sich mitzuteilen.

# 2. Der Mensch – Leib, Seele, Geist

Wenn nach dem vorherigen Kapitel feststeht, dass Gott spricht – wieso tun wir uns dann oft so schwer, seine Stimme zu hören? Viele Christen würden sagen, dass sie noch nie Gott gehört haben, oder zumindest, dass sie nicht sicher sind, jemals seine Stimme gehört zu haben. Das kann ja eigentlich nicht sein, oder? Andere sehnen sich zurück in eine Zeit, als sie Gottes Reden mehr oder weniger klar vernommen haben; jetzt allerdings scheint ihnen die Fähigkeit, ihn zu hören, völlig verloren gegangen zu sein.

Deshalb wollen wir uns jetzt anschauen, wie Gott den Menschen erschaffen und strukturiert hat. Erst wenn wir verstehen, wie wir gebaut sind und wo unser „geistliches Gehör" sitzt, können wir anfangen, es zu trainieren. Dabei müssen wir dann auch in den Blick nehmen, dass Gottes Schöpfung beschädigt wurde, so dass es in diesem Bereich oft zu einem großen Durcheinander kommt.

## 1. Der Mensch: Gottes Ebenbild

Unter allen Lebewesen, die Gott geschaffen hat, nimmt der Mensch eine einzigartige Stellung ein. Das wird in der ersten Schöpfungserzählung (1. Mose 1) daran deutlich, dass Gott ihn zu „unserem Bild und zu unserer Ähnlichkeit" erschafft. Im Hebräischen wird oft ein größeres Ganzes durch zwei unterschiedliche Aspekte beschrieben. So dürfte auch hier die besondere Rolle des Menschen in der Welt im Blick sein, und zwar unter zwei entgegengesetzten Aspekten. Zum einen im Hinblick auf sein Gegenüber zur Welt: Als „Standbild"

Gottes (so die ursprüngliche Bedeutung des Wortes „Bild“) ist er Repräsentant und Vertreter Gottes gegenüber dem Rest der Schöpfung.

Deshalb vertraut ihm Gott anschließend die Erde und die dazugehörigen Lebewesen an; der Mensch soll wie ein Hirte und König über sie herrschen. Der andere Aspekt aber beschreibt seine Hinordnung auf Gott. Ihm ist er „ähnlich“. Was immer das sonst noch meinen mag, eines muss es auf jeden Fall bedeuten: So wie Gott in Beziehung besteht und „Kommunikation“ ist, so lebt auch der Mensch als Beziehungswesen aus der Kommunikation – und zwar nicht nur mit seinesgleichen, sondern vor allem mit Gott. Mit anderen Worten: Der Mensch ist zum Gespräch mit Gott erschaffen.

Darin besteht das entscheidende Kernstück der „Gottesebenbildlichkeit“ des Menschen: Er ist zum Gegenüber, das heißt Gesprächspartner, Gottes erschaffen, zum Hören und Antworten. Deshalb finden wir in der Geschichte des Alten wie des Neuen Testaments einen durchgehenden Zug: Die Geschichte Gottes mit einem einzelnen Menschen beginnt immer damit, dass er ihn anspricht, und der Mensch darauf antwortet und sich auf Gott einlässt. In Kapitel 1 haben wir bereits einige zentrale Beispiele dafür gesehen. Deshalb könnten wir hier alle Aussagen des vorherigen Kapitels sozusagen „spiegelbildlich“ wiederholen, diesmal aus der Sicht des Menschen – und das muss auch so sein, denn er ist ja zum Spiegelbild Gottes geschaffen.

In der jüdisch-christlichen Tradition hat sich aus der Erkenntnis des dreieinigen, „kommunikativen“ Gottes der Begriff der menschlichen „Person“ entwickelt. Vorher gab es den Begriff in dieser Bedeutung überhaupt nicht; der

Mensch wurde im Wesentlichen als Exemplar und Vertreter der Gattung Mensch gesehen, aber nicht in seiner einzigartigen, unverwechselbaren Würde als Gegenüber zu Gott und zu den anderen „Personen". Dieser revolutionäre, für die moderne Welt so grundlegende Schritt konnte nur deshalb im Christentum erfolgen, weil hier die Erkenntnis der drei Personen in Gott (Vater, Sohn und Geist) entstanden ist. Und diese wurzelt wiederum, wie im vorigen Kapitel gezeigt wurde, in der Kommunikation Gottes, in seinem Mit-sich-selber-Sprechen und in seinem Sprechen mit seinem Ebenbild und Gegenüber.

## 2. Der Mensch: Ein Geheimnis

Obwohl die Schriften der Bibel in einem Zeitraum von weit über 1.000 Jahren entstanden sind, wurde doch niemals der Versuch unternommen, den Menschen zu „definieren", also wissenschaftlich-rational festzustellen, was der Mensch ist, wie er sich zusammensetzt, in welchem Verhältnis seine verschiedenen Teile und Aspekte nun genau zueinander stehen usw. Das ist eine wichtige Erkenntnis, denn sie verhindert, aus der Bibel einen simplen „Bauplan" des Menschen abzuleiten (wie es manchmal versucht wird), so dass man dann meint, man hätte ihn nun methodisch im Griff (sei es geistlich, psychologisch oder sozial). Nach dem Motto: „Wenn man den Bauplan kennt, kann man in der Betriebsanleitung nachlesen, wie man die gewünschten Ergebnisse erzielen kann."

In der Bibel verhält es sich anders. Hier finden wir nämlich immer wieder neue Blickwinkel, aus denen der Mensch betrachtet wird. Das Interessante ist dabei: Diese verschiedenen Blickwinkel lassen sich nicht zu einem geschlossenen

System zusammenfügen, mit dem man dann den Menschen restlos erklären könnte. Die unterschiedlichen Aspekte betonen zwar jeweils eine bestimmte Seite des Menschen, wobei aber immer der ganze Mensch gemeint ist, nicht ein bestimmter „Teil".

## Die Seele – „näfäsch"

Tritt uns in den biblischen Büchern einer dieser Aspekte des Menschen entgegen, dann muss man zudem noch damit rechnen, dass er in unterschiedlichen Zusammenhängen auch unterschiedlich verstanden wird. Nehmen wir als Beispiel den Begriff „Seele", im Hebräischen *näfäsch*. Der Begriff bedeutet zunächst einfach „Kehle"[7]. Daraus entsteht in manchen Zusammenhängen die Bedeutung „(atmendes) Lebewesen" (z. B. 1, Mose 2,7) – denn mit der Kehle atmen wir.[8] Da die Kehle zugleich auch das Organ des Essens und Trinkens ist, ergibt sich auch der Aspekt des Verlangens und Begehrens.[9] Dann erweitert sich der Begriff auf weitere Gemütszustände, vor allem solche der Bedürftigkeit und der Ruhelosigkeit.[10] Der Zusammenhang ist meist eine durch äußere Zwangslagen (Verfolgung, Unterdrückung, Krankheit, Armut) verursachte Not, bei der der Beter sein Innerstes vor Gott ausspricht. Hier geschieht der Übergang zu dem, was auch wir mit „Seele" bezeichnen würden.

Dann bedeutet *näfäsch* in vielen Zusammenhängen soviel wie Individuum oder Person, um schließlich gleichbedeutend mit „ich" verwendet zu werden.[11] – Eines aber bedeutet „Seele" im biblischen Denken nicht: ein körperloses Wesen, das den Leib verlassen und separat weiterleben kann. Damit ist klar, dass das deutsche Wort Seele, bei dem dieser Aspekt ja oft (meist unbewusst) mitschwingt, uns eigentlich in die Irre führt.

## Das Herz – „leb"

Der Begriff „Herz" (hebräisch *leb* und *lebáb*) wiederum ist ein anderer zentraler Begriff in der Bibel. Neben dem Körperorgan meint er nicht etwa, wie im modernen Deutsch, den Sitz der Gefühle, sondern die Mitte der Person, ihr Bewusstsein mit Wille, Verstand und Emotionen. „Seele" und „Herz" aber werden im biblischen Denken nicht systematisch aufeinander abgestimmt, so dass es immer wieder Überschneidungen gibt. Und auch für das „Herz" gilt: Es ist auch hier der ganze Mensch im Blick, einschließlich seines Leibes.

## Der Leib und der Geist – „basár" und „rúach"

Umgekehrt bedeutet der Begriff „Fleisch" (hebräisch *basár,* griechisch *sarx*) in der Bibel keineswegs nur den bloßen Leib, sondern zum einen unsere gesamte Existenz in ihrer Hinfälligkeit, also in ihrer Anfälligkeit für Schwachheit, Krankheit, Sünde und Tod. Damit ist es der Gegensatzbegriff zum biblischen „Geist" (hebräisch *rúach,* griechisch *pneuma*), der in erster Linie die (göttliche bzw. gottgeschenkte) Lebenskraft meint. Zweitens kann „Fleisch" aber auch die Selbstsucht des Menschen bezeichnen, denn in ihr verschließt er sich für Gottes Geist, die Quelle des Lebens. Damit steht „Fleisch" dann auch wieder im Gegensatz zu Gottes Geist, der eine heiligende, auf Gott hin ausrichtende Kraft ist.

### Weitere biblische Begriffe

Außerdem verwendet die Bibel noch weitere Begriffe, um Aspekte des Menschseins zu beschreiben, zum Beispiel die „Nieren“ (als Sitz des Gewissens; Psalm 16,7) oder die „Gebeine“ (oft verknüpft mit Angst; Psalm 6,3), die „Gedanken“ des Menschen, sein „Sinn“, das „Innere“ etc.

So müssen wir als Ergebnis zunächst einmal festhalten: Der Mensch ist in der Bibel ein ganzheitliches Wesen, das man zwar aus verschiedenen Blickwinkeln beschreiben kann, aber nie vollständig „begreifen“ – „in den Griff bekommen“ – oder „definieren“ (also eingrenzen und analysieren) kann. Es bleibt ein Rest, ein Geheimnis – und auch hierin ist der Mensch Gott ähnlich!

## 3. Und trotzdem: Ein Modell des Menschen?

Behält man das bisher Gesagte im Hinterkopf, dann stößt man in der Bibel aber dennoch auf Ansätze, die eine gewisse Zusammenschau verschiedener Aspekte des Menschen andeuten. Für das Hörende Gebet hat sich besonders ein Ansatz als fruchtbar erwiesen, der auch in der christlichen Theologiegeschichte eine lange Tradition hat. Dabei muss man aber wie gesagt beachten, dass es nur ein *Modell* ist, das – wie alle Modelle – im Hinblick auf eine bestimmte Fragestellung Antworten sucht. Ein Modell kann aber per Definition nie die Fülle der Realität abbilden.

In der christlichen Theologiegeschichte hat es zwei klassische Modelle gegeben. Das eine, bei uns vorherrschende, hat den Menschen in zwei Dimensionen gesehen, nämlich

Leib und Seele, bzw. Leib und Geist. So denken wir im Allgemeinen auch heute noch: Unser Körper auf der einen Seite, unser innerer Mensch mit Bewusstsein (und Unterbewusstsein) auf der anderen. In der ostkirchlichen Theologie aber ist ein anderes Modell vorherrschend, das den Menschen in drei Dimensionen sieht, eben Leib, Seele und Geist.[12] Dieses Modell erweist sich für das Hörende Gebet, aber auch für das Verständnis des geistlichen Lebens allgemein, als das fruchtbarere. So werden wir uns ihm im Folgenden anschließen, wobei wir in der Näherbestimmung der einzelnen Aspekte teilweise andere Wege gehen.[13]

## Ein Mensch in drei Dimensionen

Jedes geistliche Verständnis des Menschen orientiert sich an den Schöpfungstexten von 1. Mose 1 und 2 und nimmt das Miteinander des aus Materie geschaffenen Körpers des Menschen und des Geistes, den Gott ihm einhaucht, in den Blick. In 1. Mose 2,7 heißt es wörtlich:

*Da bildete Gott, der HERR, den Menschen, aus Staub vom Erdboden und hauchte in seine Nase Atem des Lebens; so wurde der Mensch eine lebende Seele.*

Wahrscheinlich waren hier ursprünglich nur zwei Aspekte im Blick, da „lebende Seele“ einfach „Lebewesen“ meint (vgl. z.B. 1. Mose 1,20.24; 2,19). Der „Lebens-atem“ (*níschmat chájjim*) hingegen wird im Alten Testament gleichbedeutend mit dem Wort „Geist“ (*rúach*) verwendet; beide Begriffe sind austauschbar. Wirkungsgeschichtlich bedeutsam im Sinne eines dreifach differenzierten Menschenbildes wurde diese Stelle durch ihre Aufnahme bei Paulus in 1. Thessalonicher 5,23:

*Der Gott des Friedens heilige euch vollständig; in vollem Umfang bewahre er euch im Blick auf euren Geist, Seele und Leib, damit an euch kein Makel gefunden wird, wenn Jesus Christus, unser Herr, wiederkommt.*

Hier geht es darum, dass die einzelnen Christen in Thessaloniki *vollständig* bewahrt werden für die Zeit der Wiederkunft Christi; der Akzent liegt dabei auf dem vollständig[14], das deshalb auch weiter erklärt und entfaltet wird: nach Geist, Seele und Leib. Hier sollen offenbar die wesentlichen Aspekte oder Dimensionen des Menschseins angesprochen werden; aus ihrer Zusammenschau ergibt sich der „vollständige Mensch". Damit haben wir hier ansatzweise ein Modell vom Menschen vorliegen (das leider nirgends weiter entfaltet wird).

## Immer ist der ganze Mensch gemeint

Als erstes müssen wir uns bei diesem „dreidimensionalen" Modell klarmachen, dass auch hier der Mensch immer eine Ganzheit ist. Er besteht nicht aus drei übereinander liegenden Stufen, sondern in drei Dimensionen: Geist, Seele und Leib. Das wird an den beiden griechischen Begriffen deutlich, die hier mit „völlig" bzw. „in vollem Umfang" übersetzt werden: *holotelés* und *holókleros*. Sie bedeuten soviel wie „vollständig, vollkommen", „nach allen Teilen", „alles zusammen", eben: ganzheitlich, „als eine Person". Diesen ganzheitlichen Ansatz (*hólos* heißt „ganz"!) gilt es festzuhalten, sonst kommen wir auch im Hörenden Gebet schnell auf Abwege. Es ist wie bei einer dreiseitigen Pyramide: Man kann von drei Seiten aus eine je unterschiedliche Sicht gewinnen, immer sieht man dabei jedoch die ganze Pyramide. Die drei begrenzenden Dreiecke auf der Außenseite sind nur „Aspekte", unter denen die eine Pyramide erscheint.

Mit diesen Aspekten wollen wir uns jetzt näher beschäftigen.

## 4. Der Leib

In der traditionellen christlichen Theologie hat der Leib unter dem Einfluss griechischer Philosophie eine untergeordnete, um nicht zu sagen minderwertige Rolle gespielt. Das steht in krassem Gegensatz zum biblischen Denken. Für das Alte wie das Neue Testament ist wichtig, dass der Mensch nicht einen Leib *hat,* sondern ein Leib *ist!* Anders formuliert: Ohne unseren Leib sind wir keine Menschen – höchstens Gespenster (wenn es denn so etwas gibt). Nur durch unseren Leib sind wir überhaupt in dieser Schöpfung Gottes da. Unser Leib ist die „Schnittstelle" zur restlichen Schöpfung Gottes. Nur weil wir Leib sind, können wir etwas tun, können denken (denn unsere Gedanken sind mit biochemischen und neuronalen Prozessen im Gehirn verknüpft), in Beziehung zueinander treten. Wir brauchen den Leib, um dieses zu Buch lesen!

### Wahrnehmung

Unser Leib hat die Aufgabe der Wahrnehmung. Sie entsteht durch das Zusammenwirken unserer fünf Sinne mit dem Gehirn, das die von den Sinnesorganen aufgenommenen Eindrücke verarbeitet und interpretiert. Mit den Sinnen nehmen ganz unterschiedliche Informationen auf, erkennen wir Dinge und Menschen. Nahezu alle Impulse, durch die wir Erfahrungen sammeln, lernen, Fähigkeiten erwerben, werden leiblich vermittelt: durch unser Sehen, Hören, Tasten, Riechen oder Schmecken. Unser Leib verknüpft uns mit der Realität dieser Welt, in die Gott uns gesetzt hat.

### Handeln

Unser Leib hat aber noch eine entscheidende Funktion: er ist die Grundlage unseres Handelns. Das hat vor Gott einen sehr hohen Stellenwert. Durchgehend geht die Bibel davon aus, dass der Mensch an seinem Wirken erkannt wird; dadurch „verwirklicht" er sich. Zugespitzt gesagt: Der Mensch ist, was er tut![15] So richtet Gott immer wieder seinen Anruf an den Menschen, dass er sein Handeln nach den Maßstäben Gottes ausrichten soll. Eine „Frömmigkeit" des Menschen ohne gerechtes Handeln nennt Gott Sünde. So ist auch Glaube, der sich nicht in Taten zeigt, eine Illusion.

*Seid aber Täter des Worts und nicht Hörer allein; sonst betrügt ihr euch selbst. (Jakobus 1,22)*

*Was nützt es, meine Geschwister, wenn jemand behauptet: „Ich glaube", aber er hat keine entsprechenden Taten vorzuweisen? (Jakobus 2,14)*

### Beziehung

Und schließlich ermöglicht unser Leib überhaupt erst Beziehung und Kommunikation. Wir brauchen unsere Ohren, um einander zu hören, wir brauchen unsere Augen, um einander zu sehen und in unserer Unterschiedlichkeit wahrzunehmen. Schon die allererste Beziehungsaufnahme zu einem Fremden wird leiblich vermittelt: wir schütteln einander die Hände (oder falten sie, verbeugen uns ... je nach kultureller Gepflogenheit). Mehr noch: Durch Berührungen, Umarmungen, Streicheln eines weinenden Kindes kommunizieren wir Nähe, Beziehung, Trost. Die tiefste Beziehung zwischen Mann und Frau findet in der Sexualität ihren leiblichen Ausdruck.

## Die Verwirklichung unseres Menschseins

Letztlich hat also unser Leib die Aufgabe, unser Menschsein zu verwirklichen – wirksam und wirklich werden zu lassen, wer wir sind. Die unglaubliche Hochschätzung des Leibes in der biblischen Tradition zeigt sich unter anderem daran, dass Jesus seine Lebenshingabe beim letzten Mahl mit zwei Symbolen zum Ausdruck bringt: seinem *Leib* und seinem Blut. Und nicht zufällig ist Christus nach Pfingsten in dieser Welt gegenwärtig durch seinen Leib, die Gemeinde. Hier ist der Ort, an dem er handelt und kommuniziert; hier gewinnen Beziehungen Gestalt; hier erfährt und erleidet er die Welt – und hier geschieht die Erlösung. Leib-Sein ist so untrennbar mit unserem Menschsein verknüpft, dass wir in der neuen Schöpfung mit der Auferstehung einen neuen Leib bekommen werden, auch wenn der von völlig neuer Qualität sein wird:

*In die Erde gelegt wird ein irdischer Leib. Auferweckt wird ein Leib, der durch Gottes Geist erneuert ist. Genauso, wie es einen irdischen Leib gibt, gibt es auch einen durch Gottes Geist erneuerten Leib. (1. Korinther 15,44)*

Hüten wir uns also davor, den Leib gering zu achten. Auch im Hörenden Gebet müssen wir ihn in unterschiedlichen Zusammenhängen mit einbeziehen, besonders dann, wenn es um die Bewertung von geistlichen Eindrücken geht.

## 5. Die Seele

### Unsere Persönlichkeit

Die Seele, das „Ich" des Menschen ist im Rahmen des dreidimensionalen Modells das, was am ehesten mit unserer unverwechselbaren Persönlichkeit gleichzusetzen ist. Als „Ort" unseres Bewusstseins und unseres Unbewussten ist sie in wesentlichen Teilen formbar. Sie wird sowohl von unseren genetisch – also leiblich! – vermittelten Anlagen her geprägt, wie auch durch Erziehung und andere soziale und geistige Einflüsse. Sie ist somit der Träger unseres „Charakters" (der griechische Begriff *charaktér* bedeutet „Prägung"). In der Seele spielen sich die grundlegenden inneren Regungen ab; sie umfasst Verstand, Wille, Gefühle und Empfindungen. In unserem Modell ist sie sozusagen der Mittler zwischen dem gottgeschenkten Geist und unserer Leiblichkeit.

### Verstand

„Verstand" bezeichnet die Fähigkeit unseres Ichs, Dinge und Sachverhalte zu analysieren, die komplexe Wirklichkeit in ihre einzelnen Bestandteile zu zerlegen, diese anzuschauen und dabei Zusammenhänge zu erkennen und Funktionsweisen zu beschreiben. Unser Verstand kann vergangene Erfahrungen speichern, mit der Gegenwart vergleichen und so einen Lernprozess in Gang setzen. Der analytische Verstand hat in den letzten Jahrhunderten einen immer schnelleren Erkenntnisprozess in Gang gesetzt, der uns ungeahnte Einblicke in die Zusammenhänge der Welt gewährt, sowohl im Mikro- wie im Makrokosmos, von der subatomaren Welt bis hin zu den Ursprüngen des Universums. Zugleich hat er der Menschheit (zumindest in der ersten und zweiten Welt) einen nie da gewesenen Wohlstand beschert.

## Wille

Der Wille bedeutet die Fähigkeit, die eigenen Kräfte mobilisieren zu können, um etwas Wichtiges oder Gutes anzustreben. Wille ist, kurz gesagt, die innere Triebkraft zum Handeln. Und zwar gerade auch dann, wenn die eigenen Gefühle (oder der müde Leib) eigentlich etwas anderes tun möchten. Der Wille blickt auf ein Ziel, das es zu erreichen gilt. So bewirkt er die Bereitschaft, Wichtiges von weniger Wichtigem zu unterscheiden und eine Wahl zu treffen. Ein willenloser Mensch wird durch die unterschiedlichen Impulse von innen oder von außen ziellos hin- und hergetrieben. Wenn der Wille etwa durch eine Depression gelähmt ist, wird der Mensch passiv, kraftlos und handlungsunfähig. Der Wille kann sich auf Wertvolles oder auch auf moralisch Verwerfliches richten. Aber in beiden Fällen kann der Mensch das Ziel nur erreichen, wenn er die innere Willenskraft aufbringt, seine menschlichen Energien für dieses Ziel einzusetzen.

## Gefühl: Emotionen und Einfühlungsvermögen

Unsere Emotionen verknüpfen unser Sein mit den Erfahrungen, die wir machen. Wenn etwas Schönes geschieht, reagieren wir mit Freude; wenn etwas Schlimmes geschieht, mit Angst oder Trauer; auf Unrecht reagieren wir mit Zorn. Emotionen kommentieren das, was wir erleben, und machen uns damit oft erst deutlich, was da nun tatsächlich „hinter den Kulissen" gelaufen ist. Gefühle können uns auf das Wesen einer Erfahrung oder eines Menschen aufmerksam machen, das wir mit dem analytischen Verstand nicht erkennen können, weil es um Zwischentöne geht, um den „Ton", der hinter den Fakten „die Musik macht". Zudem dienen starke Emotionen als Motor für unser Handeln: Wir suchen den geliebten Menschen, wir vermeiden die angstmachende Situation, wir ergreifen aus Zorn Maßnahmen gegen das Unrecht.

Emotionen sind unter Umständen aber auch Reaktionen auf längst vergangene Erfahrungen, die mit der aktuellen Situation nichts oder nur wenig zu tun haben. Auch deshalb sind Gefühle manchmal kein weiser Ratgeber.

In unserem Zusammenhang ist aber noch eine andere Seite wichtig: die Fähigkeit der menschlichen Seele, sich in andere „einzufühlen", sich in ihre Lage zu versetzen, und sie so zu verstehen. Dieses Einfühlungsvermögen erst macht uns „menschlich" und unterscheidet uns von noch so leistungsfähigen Rechenmaschinen oder Robotern, aber auch von den allermeisten Tieren. Wenn ich sehe, wie jemand auf der Straße stürzt, spüre ich den Drang, ihm zu Hilfe zu eilen. Ich kann den Drang unterdrücken; wenn ich ihn aber überhaupt nicht empfinde, werde ich „unmenschlich". Ohne dieses Vermögen würden wir andere als „Gegenstände" wahrnehmen und behandeln, nicht als personhaftes Gegenüber.

## 6. Der Geist

Wichtig ist hier zunächst eine Klarstellung: Der Begriff „Geist" meint in den Sprachen der Bibel etwas ganz anderes, als was wir landläufig darunter verstehen. Meist denken wir dabei nämlich an unseren Verstand, mit dem wir rational an die Welt herangehen. In anderen Zusammenhängen hat der Begriff den Beiklang von Esprit, also einer geistreichen, spritzig-intelligenten Haltung. Der Begriff „Geist" kann auch ein Gespenst meinen, ein mehr oder weniger böses, körperloses Wesen.

### Göttliche Lebenskraft

Die Bibel meint aber etwas anderes, wenn sie vom Geist Gottes oder dem Geist des Menschen spricht. „Geist" ist kein „waberndes Etwas", wie es jemand einmal formuliert hat, sondern eine unverfügbare, von Gott ausgehende Kraft, eine Dynamik, die Leben schafft. Die bereits erwähnte Aussage von 1. Mose 2,7 macht das klar: Geist ist „Lebensatem", also Lebenskraft. Diese Lebenskraft macht den Menschen lebendig und durchwirkt ihn ganz; wenn der „Geist" dem Menschen genommen wird, stirbt er.[16] Das geschieht spätestens im physischen Tod. Aber auch schon unser irdisches Leben ohne Gott – ohne die Fülle seines Geistes – ist ein „Leben zum Tode".

### Gottes Geist

Nun wird in der Bibel nicht nur die von Gott geschenkte Lebenskraft des Menschen mit dem Begriff des Geistes bezeichnet, sondern auch eine von Gott ausgehende Macht, die Menschen immer wieder ergreift und zu gewaltigen, manchmal übermenschlichen Taten befähigt[17]; nicht umsonst bedeuten die Begriffe *rúach* und *pneuma* zunächst einmal „(Sturm-)Wind".[18] Dieser kann einem Menschen auch besondere kreative Fähigkeiten schenken[19], ihn in die Gegenwart Gottes versetzen oder prophetische Einsicht, Weisheit und Vollmacht vermitteln.[20] Und schließlich ist der Geist Gottes, der Heilige Geist, die umstürzende Kraft der neuen Schöpfung, die sich in der „Wiedergeburt", in Geistesgaben, Wundern und Zeichen sowie einer neuen Persönlichkeit („Charakter") zeigt und letztlich die gesamte Schöpfung vollständig neu machen wird.[21]

### Der Geist des Menschen

Für das Hörende Gebet ist die Tatsache von entscheidender Bedeutung, dass es in erster Linie unser menschlicher Geist ist (die dritte Dimension des Menschseins), der in der Kommunikation mit Gott und seinem Heiligen Geist steht.[22]

## 7. Die Rolle des menschlichen Geistes

Hier kommen wir zum zentralen Punkt des Hörens auf Gott: der Rolle des menschlichen Geistes. Als von Gott geschenktes Leben ist er die Mitte, aus der heraus der Mensch leben soll. Im Geist besteht der Kern seiner Gottähnlichkeit. Mit dem Geist steht er in Verbindung zu Gott, seinem Schöpfer, und hat Anteil an der transzendenten, „geistlichen", übernatürlichen Welt.[23] Mit seinem Geist steht er in der Kommunikation mit Gott.[24] Von daher ist der Geist die maßgebliche Leit-instanz des Menschen; ihm kommt die Aufgabe zu, den Menschen zu bestimmen und zu prägen. Seele und Leib nehmen dabei eine ergänzende, vertiefende und ausführende Rolle ein. Deshalb geht es im NT immer darum, *aus dem Geist heraus* zu leben, wahrzunehmen, zu glauben und zu handeln – alles Dinge, zu denen wir im Neuen Testament permanent aufgefordert werden.

Schauen wir uns nun an, welche Aufgaben der menschliche Geist im Einzelnen hat. Im Zusammenhang mit Hörendem Gebet ist vor allem die rezeptive (empfangende) Seite des Geistes von Bedeutung.[25] Ähnlich wie die Seele sich mit den drei Grundfunktionen Verstand, Wille und Gefühl beschreiben lässt, hat auch der Geist des Menschen drei wesentliche Funktionen. Sie sind für das Hörende Gebet von allergrößter Wichtigkeit.

## Intuitive Erkenntnis

Zum einen hat unser Geist die Funktion des Erkennens: Das ist alles andere als ein rational-analytischer Prozess, mit dem wir vielleicht die Lösung einer mathematischen Gleichung bestimmen. Dieses Erkennen hat auch nichts mit der praktischen Vernunft zu tun, mit der wir die Angelegenheiten unseres täglichen Lebens ordnen. Es handelt sich hier um eine völlig andere Kategorie, die bei vielen Menschen in der westlichen Welt tief verschüttet ist.[26] Dieses Erkennen hat aber auch nichts mit psychologischer Sensibilität oder einem gefühlsmäßigen Empfinden zu tun, sondern ist von einer ganz eigenen unverwechselbaren Art.

Es handelt sich bei diesem Erkennen um eine Art innere Schau, eine Intuition einer bestimmten Realität (allerdings nicht in einem vordergründig-psychologischen Sinn). Man kann es vielleicht als ein „Vernehmen“ der Wirklichkeit bezeichnen. Diese „Schau“ ist uns nicht einfach verfügbar, sondern geschieht meist in Form eines „Ein-Falls“[27], einer „Eingebung“, die von außen kommt und uns mit Beschlag belegt: der Mensch „vernimmt“ bzw. „nimmt wahr“. Dieses Vernehmen und Erkennen spielt sich nicht auf der Ebene des Verstandes ab (es ist nicht analytisch-rational!), auch nicht auf der einer gefühlsmäßigen Wahrnehmung. Begleitet ist dieses Erkennen im Allgemeinen von einer inneren Gewissheit, dass das Erkannte so ist und nicht anders, ja, dass es gar nicht anders sein kann. Diese Gewissheit ist durch rationale (und das heißt bei dieser Ebene dann immer auch: vordergründige) Argumente nicht zu erschüttern; ihre Wurzeln reichen viel tiefer. Bei diesem „geistlichen“ Erkennen geht der Mensch bildlich gesprochen aus sich heraus und begegnet der Wirklichkeit des von Gott geschaffenen Seins. Er erkennt durch eine Art geistlicher Anteilhabe[28], oder andersherum formuliert: die Wirklichkeit „offenbart“ sich dem menschlichen Geist. Das gilt auch für das „Erkennen“ anderer Menschen, ja sogar für die eigene Selbsterkenntnis:

*Wer von den Menschen kennt den Menschen, wenn nicht der Geist des Menschen, der in ihm ist? So erkennt auch keiner Gott – nur der Geist Gottes. (1. Korinther 2,11)*[29]

Eines müssen wir aber auch gleich hinzufügen: Trotz der unmittelbaren Gewissheit eines solchen geistlichen Erkennens können hier genauso „Fehler“ passieren wie auf der logisch-rationalen Ebene unseres Verstandes. Denn auch diese Fähigkeit ist menschlich – und das heißt irrtumsbehaftet. Nicht zuletzt deshalb brauchen wir die Dimension unseres Verstandes, um solche Erkenntnisprozesse (dienend) zu begleiten, zu klären und gegebenenfalls zu korrigieren. Die (von Gott geschenkte) Vernunft spielt also auch in unserem geistlichen Leben eine wichtige Rolle. Der Mensch ist nicht umsonst ein ganzheitliches Wesen. Deshalb findet dieses geistliche Erkennen dann auch eine seelisch-leibliche Entsprechung. Wir vollziehen es mit unseren Gedanken nach, wir müssen es oftmals entfalten und erläutern, beurteilen und modifizieren, oder gegebenenfalls sogar kritisieren bzw. als falsch erweisen. Ebenso spiegelt sich solches Erkennen in vielfältiger Weise in unseren Empfindungen wider. Nur verwechseln dürfen wir diese Ebenen nicht.

Nun findet man dieses „intuitive“ Erkennen nicht nur in geistlichen oder philosophischen Zusammenhängen, sondern auch in so nüchtern-rational geprägten Umgebungen wie den Naturwissenschaften oder der Mathematik. Die meisten „bahnbrechenden“ Erkenntnisse und „Paradigmenwechsel“ gehen auf eine solche innere Schau zurück und werden dann nachträglich rational untermauert und bewiesen.[30] Ein Wissenschaftler, der an einem Problem arbeitet, bekommt einen „Einfall“, eine intuitive Vorstellung, wie die gesuchten Zusammenhänge sein könnten. Durch Forschen und Berechnen versucht er dann, diese Idee nachvollziehbar zu begründen und seine Intuition zu präzisieren und zu korrigieren.

Ein Leserbrief kann den Unterschied von rationalem und intuitivem Erkennen verdeutlichen. Er stammt von einem deutschen Professor, der darin beschreibt, wie er zum ersten Mal bewusst seine Fähigkeit zur Intuition erlebte:

*„Vor Jahren sollte ich einen Beitrag ‚Kann der Geist erkranken?' schreiben. Eigene Erfahrungen waren zu verarbeiten, allzu Persönliches auszuklammern, sorgfältige Überlegungen angebracht. Nach ein paar Absätzen ging es nicht mehr weiter. Ein neuer Anlauf führte wieder in eine Sackgasse. Was war da los? Ich überlegte hin und her, hoffte auf eine Eingebung. Nichts. Die Zeit verging, der Herausgeber fragte nach; ich kam in Druck, wartete noch einen Tag, dann ging ich zum Telefon, um mitzuteilen, daß ich passen müsse. Als ich zum Hörer griff, geschah das Unglaubliche: Ich ‚sah' mit einem ‚inneren Auge' den ganzen Beitrag vor mir. Er war fertig, alles war ‚geschrieben', ich brauchte es nur noch ‚abzuschreiben'. Aber sofort! Ich schrieb das Ganze in einem Zug, ohne nachzudenken. Und war überrascht! Das war etwas anderes, als ich mir ausgedacht hatte. Es war gut, doch ‚ich' hatte das nicht geschrieben, es war mir zugefallen – von woher? Das Phänomen ist unter kreativ Arbeitenden verbreitet. Autoren und Komponisten leben von solchen Eingebungen. Für mich war es neu, weil ich gut dreißig Jahre lang nur fachwissenschaftlich geschrieben hatte …"* [31]

## Gewissen

Eine weitere Ebene dieses geistlichen Erkennens wird herkömmlich mit dem Begriff „Gewissen" beschrieben. Das kann zunächst einmal ganz Unterschiedliches heißen. Damit ist nicht ein auf der inhaltlichen Ebene durch Familie, Erziehung, Gesellschaft und Kultur geprägtes „Oberflächengewissen" gemeint. Das spiegelt letztlich die Werte und Normen wider, die uns beigebracht wurden.[32] Es kann sich dann zwar auch heftig äußern (meist als schlechtes Gewissen), hat aber mit dem „geistlichen" Gewissen nicht unbedingt etwas zu tun. – Das wird etwa an der Tatsache sichtbar, dass auch ein Christ, dem Gott wirklich vergeben hat, sich danach immer noch „schlecht fühlen" kann oder „Gewissensbisse" hat. Andererseits erlebt ein Mensch nach seiner Bekehrung oft, dass sein von Gott her bestimmtes Gewissen in Gegensatz tritt zu dem gesellschaftlich bestimmten Gewissen. Auf der Ebene des Oberflächengewissens kann man natürlich auch viel Missbrauch treiben; totalitäre Regime und fanatische Gruppen tun das auch ganz gezielt.

Das Gewissen, das eine Funktion des menschlichen Geistes ist, ist auch auf formaler Ebene nicht gleichbedeutend mit dem „Über-Ich", dem Unterbewusstsein oder ähnlichen Dingen. Das alles sind Aspekte unserer Seele, die ihren positiven Sinn erfüllen, wenn sie in der richtigen Zuordnung stehen, aber sie sind eben nicht gleichbedeutend mit dem „geistlichen Gewissen".

Neben, oder besser hinter all dem, was wir herkömmlich als Gewissen bezeichnen, gibt es ein noch tieferes Gewissen, eine Art unmittelbares Wissen um Gut und Böse, um richtig und falsch. Diese Ebene kann zwar verkümmert sein, aber sie fehlt doch nie völlig. Erkennbar ist das schon allein daran, dass auch Menschen, die das Gewissen als hundertprozentig von der Umwelt bestimmt ansehen, mindestens in ihrem praktischen Leben (oft aber auch in ihrer Weltanschauung) bestimmte Punkte haben, denen sie sich absolut verpflichtet fühlen und die sie für allgemeingültig halten (und auf die sie deshalb andere verpflichten wollen). Man kann es auch daran erkennen, dass alle menschlichen Kulturen trotz größter Unterschiedlichkeit einen gemeinsamen Grundbestand an ethischen Überzeugungen haben. So ist es zwar umstritten, ob ein Mann eine oder mehr Frauen haben kann, aber der grundlegende Wert von Ehe und Familie wird nirgends in Frage gestellt.[33] Solche Grundwerte, -normen und -gebote werden intuitiv von unserem Geist erfasst und als verbindlich erfahren. So schreibt Paulus im Römerbrief über Menschen aus anderen Kulturen:

*Auch wenn die anderen Völker das Gesetz Gottes nicht haben, gibt es unter ihnen doch Menschen, die aus natürlichem Empfinden heraus tun, was das Gesetz verlangt. Ohne das Gesetz zu kennen, tragen sie es also in sich selbst. Ihr Verhalten beweist, dass ihnen die Forderungen des Gesetzes ins Herz geschrieben sind, und das zeigt sich auch an der Stimme ihres Gewissens und an den Gedanken, die sich gegenseitig anklagen oder auch verteidigen. (Römer 2,14-15)*

Nun ist aber diese innere Fähigkeit unseres Geistes, die wir hier mit dem Begriff „Gewissen" bezeichnen, mehr als nur eine Instanz, die die Grundlagen von Gut und Böse erkennt: Es treibt uns innerlich immer wieder dazu, das „Rechte" zu tun. Nicht zuletzt von diesen Impulsen lebt das Engagement in gemeinnützigen Organisationen, wie u. a. den humanitären Hilfsorganisationen. Hier setzen sich Menschen oft mit ihrer ganzen Kraft ein, um Benachteiligung und Unrecht in anderen Ländern zu mildern oder zu verhindern – ohne selbst „etwas davon zu haben". So ist das Gewissen zugleich auch etwas, was uns motiviert und zum Tun treibt und befähigt.

## Kraft

Ein anderer Aspekt des menschlichen Geistes ist daher eine Art innere Kraft oder Ausstrahlung, die wir in mehr oder weniger großem Maß besitzen. Bei manchen Menschen ist sie besonders auffällig. Sie können beispielsweise durch die „Kraft ihrer Persönlichkeit“ oder ihre bloße „Präsenz“ andere dazu bringen, ihnen zuzuhören oder sich ihnen anzuschließen. Dazu müssen sie sich oft gar keiner der üblichen Überzeugungs-, Beeinflussungs- oder Manipulationsmechanismen bedienen; sie sind einfach sie selbst. Diese Dimension entzieht sich zudem der Analyse und Überprüfung, da sie auf einer nicht-rationalen bzw. nicht-psychologischen Dynamik beruht. Wenn sich solche Menschen für edle Ziele einsetzen, dann hinterlassen sie oft tiefe Spuren, wie etwa der verstorbene Papst Johannes Paul II. oder Mutter Theresa. Menschen, die einen wachen Geist haben, werden immer wieder erleben, dass andere ihre Nähe suchen, um von dieser Lebenskraft etwas abzubekommen. In ihrer Gegenwart fühlt man sich belebt, erfrischt, ermutigt. Sie faszinieren andere. Umgekehrt kann es im negativen Fall zu verheerenden Auswirkungen kommen, etwa bei Demagogen wie Hitler; auch hier beschrieben Zeitzeugen immer wieder die „Macht seiner Persönlichkeit“.

## Kommunikation

Eine weitere wichtige Funktion unseres Geistes ist die Kommunikation. Sie ist ein wechselseitiger Austausch, der aber auf der Ebene des Geistes stattfindet, nicht auf der der Seele oder des Leibes (Verstand, Gefühle, Sprache, Gesten …). Das lässt sich letztlich nur schwer beschreiben. Vielleicht hilft die folgende Beobachtung: Jeder hat wohl schon einmal erlebt, dass er mit einem Menschen zusammen war, man sich ein bisschen unterhalten hat (es war vielleicht gar nichts Besonderes dabei), oder vielleicht auch nur zusammen geschwiegen hat; aber man hatte das Gefühl, innerlich tief erfüllt zu sein. Auf der anderen Seite gibt es solche Begegnungen, bei denen man sich sehr angeregt unterhält, gemeinsame Interessen bespricht und doch nach der Begegnung das Gefühl hat, irgendwie leer geblieben zu sein. Im ersten Fall ist auf einer tieferen Ebene etwas „geflossen“, wozu es im zweiten Fall nicht gekommen ist.

Auf dieser Ebene des Geistes kann man sogar mit Menschen „kommunizieren“, deren Sprache man nicht versteht, oder auch mit Kleinkindern und sogar Säuglingen; jede Mutter weiß das. Man schaut den anderen an und weiß: es „funkt“, es kommt zu einem Austausch – auch wenn man gar nicht benennen kann, „worum“ es dabei gegangen ist.

*Ein Beispiel war für mich (Manfred) ein Krankenhausbesuch als Seelsorger. Als ich dort ein Krankenzimmer mit mir unbekannten Patienten betrat, traf ich auf zwei ältere Damen. Die eine lag im Bett, war aber fit und offensichtlich bereit zum Gespräch. Die andere, vielleicht achtzigjährige Frau saß vornübergebeugt in der Mitte des Raumes an einem kleinen Tisch. Die erste begann mich sofort in ein Gespräch zu verwickeln mit den Worten: „Ach, mit der anderen da brauchen Sie gar nicht reden! Die bekommt sowieso nichts mehr mit!“ Als unsere Unterhaltung nach ein paar Minuten zu Ende gegangen war, ging ich etwas unsicher auf die alte Dame am Tisch zu und stellte mich ihr kurz vor. Sie reagierte nicht, ja sie blickte noch nicht einmal auf. Nach einem kurzen Moment der Unschlüssigkeit ging ich neben ihr in die Hocke, nahm ihre Hand, blickte ihr ins Gesicht und stellte mich noch einmal vor. Dabei schaute ich ihr in die Augen. Und in diesem Moment passierte etwas Verblüffendes: es kam zu einer wortlosen Kommunikation. Irgendetwas „floss“ zwischen uns hin und her. Diese kurzen Momente waren von höchster Intensität. Ich glaubte sogar eine Spur von Lächeln im Gesicht der Frau zu erkennen. Jedenfalls spürte ich, dass etwas bei ihr ankam und wieder zu mir zurückströmte. Es kam zu einem tiefen gegenseitigen Austausch, ohne dass ich in der Lage gewesen wäre, irgendwelche Inhalte zu benennen. Dieser Augenblick dauerte vielleicht zwei, drei Minuten; es erschien mir mindestens wie eine Viertelstunde. Als der „Funke" erloschen war, verabschiedete ich mich von ihr (wieder ohne eine Reaktion von ihrer Seite) und ging. Das Überwältigende dabei war, dass ich den ganzen restlichen Tag über innerlich wie unter Strom stand und ein tiefes Glücksgefühl empfand. Es war „Lebenskraft" zwischen uns geflossen – eine Begegnung auf der Ebene des Geistes.*

Ähnliches, genauer: noch Tieferes geschieht, wenn es gelingt, dass wir wirklich zur Anbetung Gottes gelangen. Damit meine ich jetzt nicht einen gefühlsmäßigen Überschwang, ergreifende Lieder oder Ähnliches. Das sind nur oberflächliche Momente auf seelischer Ebene, so schön und bewegend sie sind. Es geht um etwas viel Größeres. Denn die Anbetung Gottes ist die tiefste und höchste Form von Kommunikation. In der echten Anbetung Gottes verlasse ich mich selbst ganz und gar, ich verliere mich in ihm und seinem Leben.

Hier sind wir an den Punkt gekommen, an dem wir in das eintreten, wofür wir im Tiefsten erschaffen wurden. Und natürlich fließt hier höchst intensiv Leben von Gott her – aber das ist kein Selbstzweck sondern nur ein Nebenprodukt. In der echten Anbetung sind wir so von Gott in Beschlag genommen, dass alles andere um uns herum versinkt. Aus solch einer Begegnung geht man tief verändert hervor, wie „neu geboren". Oftmals fehlen einem völlig die Worte für diese Kommunikation: das ist einer der Gründe, warum dann unser Geist ins „Sprachengebet" oder einen „Sprachengesang" verfällt, um das Unaussprechliche wenigstens andeutungsweise ausdrücken zu können.

Solche Begegnungen mit Gott bildeten den Anfang der charismatischen Erneuerungsbewegung. Deshalb hat sie auch sofort alle konfessionellen und ideologischen Grenzen überschritten. Denn wer gemeinsam in die Gegenwart Gottes kommt, für den werden alle anderen Differenzen zweit- oder drittrangig.[34]

Wenn man allerdings (und diese Tendenz ist eine immer gegenwärtige Gefährdung) nach diesem Erleben als solchem sucht (egal wie subtil das auch sein mag), dann verliert man das Wesentliche und endet in gefühlsbestimmten Gottesdiensten ohne jede verändernde Kraft (vgl. Kapitel 3).

# 3. Noch mehr Anthropologie

Im Folgenden werden wir uns noch mit einigen weiteren Aspekten unseres Menschseins beschäftigen („Anthropologie" = Lehre vom Menschen).

## 1. Der Fall des Menschen und die Konsequenzen

Der Mensch, wie ihn sich Gott gedacht hat, hätte aus seiner inneren Mitte heraus leben sollen: dem Geist. Der Seele wäre dabei die Aufgabe zugefallen, seine Impulse aufzunehmen, sie zu entwickeln und ihnen Gestalt zu verleihen, während der Leib sie in konkretes Handeln umsetzen soll. Nun lebt aber der Mensch nicht mehr dem Willen Gottes entsprechend: er ist aus der Einheit mit Gott herausgefallen (vgl. die Erzählung 1. Mose 3). Dadurch ist sein ganzes Wesen in allen Dimensionen in Mitleidenschaft gezogen worden.[35]

Am wichtigsten ist in unserem Zusammenhang: Der Geist des Menschen ist nun schwer geschädigt; er ist zwar nicht „tot" (sonst wäre der Mensch ein Zombie), aber Gottes Geist hat sich von ihm zurückgezogen, und so ist der menschliche Geist „verfinstert". Er kann Gott nicht mehr einfach und ungebrochen wahrnehmen oder mit ihm kommunizieren. Der Zugang zur Transzendenz und zur Welt des Gottes ist gestört; der Mensch ist von der Quelle des Lebens abgeschnitten (vgl. den Ausschluss vom „Baum des Lebens" in 1. Mose 3,23f). Seinen vorläufigen Endpunkt findet dieser Prozess dann im physischen Tod. Da der Mensch aber diesen Mangel empfindet, unternimmt er die unterschiedlichsten Versuche, um diesen Zustand zu ändern.

## 2. Seelisches Christsein

Wir kennen alle das folgende Phänomen: Wenn ein Mensch körperlich in irgendeinem Bereich behindert ist, kompensiert er das dadurch, dass er andere Fähigkeiten stärker ausbildet, als das bei Nichtbehinderten der Fall ist. So entwickeln Blinde beispielsweise ein erheblich feineres Gehör und einen viel besseren Tastsinn als Sehende. Der Mensch kompensiert also einen Mangel, indem er andere Bereiche stärker ausbaut.

Genau das ist nun auch der Fall, wo es um den Geist des Menschen geht. Weil der Geist seine Rolle als Steuerungsinstanz des Menschen nicht mehr erfüllen kann, kommt es zur Kompensation: die seelischen Fähigkeiten werden verstärkt und dominieren auch im „geistlichen" Bereich. Die Seele übernimmt also anstelle des Geistes die Führungsrolle im geistlichen Leben. Das führt zu einer tiefen Unordnung, da der Mensch nicht mehr aus den geistlichen Lebensquellen Gottes lebt, sondern aus unterschiedlichsten Erkenntnissen, Impulsen o. ä. Manchmal ist das für alle offensichtlich (wie bei religiösen Fanatikern), aber oft gilt das als höchst respektabel.

Keine dieser Funktionen der Seele (Verstand, Wille, Gefühl) ist an sich schlecht oder gegen Gott gerichtet. Sie können geheiligt sein und Gott und den Menschen dienen. Sie können aber auch eine herrschende Rolle übernehmen und damit das Menschsein in uns ins Ungleichgewicht bringen.

### Intellektuelles Christsein

Da lebt zum Beispiel einer stark verstandgesteuert. Er zensiert alles mit seinen engen, rationalen Filtern, was seinem (seelischen!) Verstand nicht plausibel erscheint. Hier haben wir es mit einem der Hauptprobleme unserer westlichen Zivilisation zu tun; wir sind zu geistlichen Analphabeten geworden. Diese Problematik zieht sich bis in viele Gemeinden hinein. Auch bei den Frommen wird dann Gottes Wirken eingesperrt in das, was zur eigenen Dogmatik passt, was man mit dem eigenen Verstand begreifen will oder kann. Jesus bescheinigt den Pharisäern in Matthäus 22,29 im Irrtum zu sein, „weil ihr weder die Schrift kennt, noch die Kraft Gottes". Wie man an der Auseinandersetzung Jesu und der Urgemeinde mit ihrer jüdischen Umwelt studieren kann, führt selbst eine detaillierte Kenntnis der Schrift ohne die Erfahrung der Kraft Gottes im Geist nicht in die Wahrheit, sondern in menschliche Denksysteme.

## Willensstarkes Christsein

Eine Dominanz des Seelischen liegt genauso bei willensgesteuerten Menschen vor. Sie leben auch als Christen nicht aus der natürlichen Mühelosigkeit des Geistes Gottes und seiner Kraft, sondern aus der eigenen Anstrengung. Wir setzen alles daran, „gut" zu sein, nicht zu sündigen usw. – alles aus eigener Anstrengung. Das endet dann häufig in der „Gesetzlichkeit" sich selbst und anderen gegenüber.[36]

In anderer Gestalt zeigt sich das auch, wenn es um geistlich vollmächtiges „Glauben" geht: Geistliche Kraft soll mit menschlicher Power erzeugt werden. Glauben ist dann oft eine äußerste Anstrengung der eigenen Willenskraft: „Wenn ich nur *fest genug glaube,* dass ich geheilt bin/werde, dann wird es geschehen!" Das hat mit „Glauben", dem tiefen Vertrauen auf Gott, nichts zu tun; es ist eine pure Willensanstrengung.

Innere Unzulänglichkeiten, Kämpfe und Schwächen werden ignoriert: „Alles ist möglich, dem der glaubt" – sprich: ich verschließe meine Augen vor meiner Realität und verweigere mich damit vielleicht gerade den Reifungs- und Heilungsprozessen, zu denen Gott mich ruft. Natürlich gibt es Glaubensherausforderungen, Wunder und „Unmögliches" – aber übers Wasser sollte nur der gehen, den Jesus dazu konkret beruft. Sonst ertrinkt man leicht.

## Emotionales Christsein

Offensichtlicher ist die Dominanz des Seelischen bei gefühlsgesteuerten Menschen: Sie fahren auf der Achterbahn ihrer Gefühle und meinen dann oft, darin das Reden Gottes zu spüren. Natürlich kann und sollte eine Begegnung mit Gott auch Auswirkungen auf unsere Gefühlswelt haben – aber sie sind nur Reaktionen auf etwas viel Tieferes. Wenn wir aber die Gefühle als solche mit dem Handeln Gottes verwechseln, dann sind wir auf dem Holzweg. Denn dann suchen wir das Gefühl – und nicht Gott. Manches, was unter Charismatikern einmal im Geist begonnen hat, ist inzwischen leider auf dieser Ebene gelandet.Egal, was für den Einzelnen zutrifft: immer sind unsere geistlichen Funktionen gestört, so dass Gottesdienst, Anbetung, zwischenmenschliche Kommunikation, unser Wissen um Gut und Böse sowie unser ethisches Handeln in vielen Fällen nur noch auf seelischer Ebene angesiedelt sind.

Vielleicht noch eine kurze Anmerkung, um Missverständnissen vorzubeugen: Der Begriff „seelisch" beschreibt eine wunderbare, von Gott geschenkte Dimension des Menschen – schwierig wird es erst dann, wenn die seelischen Funktionen die Rolle des menschlichen Geistes einnehmen. Nur in diesem Zusammenhang ist der Begriff „seelisch“ dann negativ!

Diese Beobachtungen sind von großer Relevanz für das Hörende Gebet. Wir müssen es neu lernen, aus dem Geist heraus Gottes Reden wahrzunehmen, nicht aus unserem Verstand, noch aus unseren Gefühlen; und unsere Willenskraft darf nicht das konkrete Hören überdecken (geschweige denn das Reden Gottes erzwingen wollen). Darin liegt „die ganze Kunst“. Das werden wir dann im praktischen Teil konkretisieren.

## 3. „Geist“-Christentum?

Nun gibt es auch noch ein anderes Problem, das im Lauf der Kirchengeschichte immer wieder unter unterschiedlichen Namen aufgetreten ist. In Ermangelung einer besseren Bezeichnung möchte ich es „Geist-Christentum“ nennen. Damit ist Folgendes gemeint: Erlebt man die Dimension des Geistes im persönlichen Leben, dann kann das so überwältigend sein, dass man es für das einzig Wichtige und Wahre hält. Die anderen Seiten unseres Menschseins werden dann leicht als uneigentlich, störend oder sogar belastend empfunden. So liegt der Schritt nahe, sie zu verdrängen oder zu ignorieren.

### Wenn Leib und Seele stören

Der eigene Leib wird ja in doppelter Hinsicht als problematisch erlebt: zum einen ist er anfällig für Schwäche und Krankheiten, zum anderen für Versuchung und Sünde. Die Strategie im Blick auf *Krankheit* und Schwäche ist dann oft simpel: ich ignoriere sie einfach, weil der Geist sowieso stärker ist und sich durchsetzen wird; wichtig ist nur „im Geist" zu bleiben, die eigene Stärke und Gesundheit zu proklamieren und sich nicht von der „scheinbaren" Realität beirren zu lassen.

Gegen die *Sündhaftigkeit* gibt es zwei Strategien: Entweder ich unterdrücke und „kasteie" meinen Leib, bis er mir so gehorcht, wie ich das möchte (die sogenannte „Askese"). Oder ich stelle mich auf den Standpunkt, dass der Leib letztlich sowieso keine Rolle mehr spielt, weil das eigentliche, das wahre Leben nur im Geist stattfindet. Dann ist sündhaftes Verhalten auch kein Problem mehr: Es wird gleichgültig, oder zum Ausdruck meiner geistlichen Freiheit. Im Extremfall führt diese Haltung zu einer hemmungslosen Beliebigkeit, in der ich letztlich tun kann, was ich will (der „Libertinismus"). Beide Haltungen haben in Wirklichkeit nichts mit dem Leben aus dem Geist zu tun – und werden deshalb schon im Neuen Testament bekämpft.[37]

Auch mit der Seele hat man so seine Probleme, wenn man geistlich leben will. Welcher Christ möchte nicht den Boden der schwankenden Gefühle und Befindlichkeiten hinter sich lassen, um ganz auf Gott zu vertrauen? Hier kann die Konzentration auf geistliche Realitäten tatsächlich ausgesprochen hilfreich sein. Aber wie verhält man sich bei unangenehmen inneren Prozessen wie Schmerz, Leid und Trauer? Was macht man mit seelischen Verletzungen oder negativen Prägungen? Und wie soll man mit den Anfragen der Vernunft umgehen, die einen drängt, Aussagen und Erlebnisse auf ihre Wahrheit und Tragfähigkeit hin zu überprüfen?

Für das „Geist-Christentum" sind alle diese Dinge ausgesprochen suspekt. Denn sie führen dazu, „aus dem Geist herauszufallen“, sie stören die innere Kraft und das Glücksgefühl. Deshalb greift man dann wieder zur Strategie des Ignorierens. So kommt es häufig zu einer glatten Ablehnung von „Seelsorge“ – denn es ist ja (geistlich) alles schon geschehen. Seelsorge hingegen beschäftigt sich mit dem Alten, der Vergangenheit, und verhindert so scheinbar die Freiheit des Geistes und die Entfaltung des Neuen Menschen. Noch schlimmer kommt die Vernunft weg: mit ihren kritischen Anfragen ist sie ein permanenter „Störenfried“ im wahrsten Sinn des Wortes. Deshalb muss ihre Stimme zum Schweigen gebracht werden. Manchmal werden sogar ausdrücklich Denkverbote ausgesprochen; so habe ich einen Prediger wiederholt fordern hören: „Hört auf zu denken!“ All das in dem vielleicht wohlgemeinten Versuch, das Leben des Geistes zu fördern. Aber das genaue Gegenteil passiert: die so wichtige Prüffunktion der Vernunft geht verloren, und man wird für jeden noch so bizarren Impuls offen. Mit anderen Worten: man schneidet sich von jeder Möglichkeit ab, Unterscheidung zu lernen, die Stimme Gottes aus all den andern, z. T. auch zu Unrecht „geistlich“ erscheinenden Stimmen herauszufiltern und so zur Reife Christi zu gelangen (Epheser 4,13f). Und mit der Ablehnung von Seelsorge verhindert man genau jenes Wachstum der eigenen Person hin zum Ebenbild Christi, das man eigentlich erreichen möchte.

## Der menschliche Geist brennt aus …

Die meisten, die diesen Weg gehen, brennen irgendwann innerlich aus. Sie scheitern an der Kluft zwischen ihrem Glaubensansatz und der Realität. Zu dieser Realität gehört, dass Gott dem Leib und der Seele auch im geistlichen Leben wichtige Aufgaben übertragen hat; er hat uns nicht umsonst als ganzheitliche Menschen geschaffen. Vernachlässigen oder leugnen wir dies, so geschieht das nur zu unserem eigenen Schaden. Zu dieser Realität gehört auch unsere Fehlerhaftigkeit und Sünde, die bis zum Beginn des vollkommenen Reiches Gottes anhalten werden, trotz aller Fortschritte, die wir hoffentlich machen.

Andere, die diesen Weg gehen, scheitern scheinbar nicht so schnell. Im Gegenteil: Die oben geschilderten Aspekte des menschlichen Geistes werden stärker; der Geist wird „hypertroph" („überernährt"). Wie jemand, der nur noch permanent isst, schließlich physisch „außer Rand und Band" gerät, so lässt sich das auch hier im Geistlichen beobachten. Es bläht sich auf und wird ungesund. So führt eine ausschließliche Konzentration auf die geistliche Welt zur „Gnosis", der scheinbaren Erkenntnis tiefer geistlicher Realitäten (Himmelsreisen, Engel, Mächte und Gewalten, Dämonen usw.), oder aber zur absoluten Schrankenlosigkeit des eigenen geistlichen Ichs. Schon zur Zeit des Neuen Testaments war das zum Problem geworden.[38] Die Kraft des eigenen Geistes degeneriert dann mehr und mehr zur „Power", die einem zur Verfügung steht und den eigenen Zielen dienstbar gemacht wird. Hier verschwinden dann auch leicht ethische Grenzen. Und im Bereich der Kommunikation werden Menschen mitgerissen und überwältigt, ohne in der Tiefe ihres Innersten überzeugt zu sein. Vielleicht kann man die Dynamik so beschreiben: Bei dieser bewusst herbeigeführten Hypertrophie des Geistes hat die Missachtung der Ganzheitlichkeit und Ausgewogenheit des Menschen auf Dauer einen Rückzug des Heiligen Geistes zur Folge.

### … oder sucht andere Quellen der Kraft

Damit ist der menschliche Geist darauf angewiesen, andere transzendente Kraft- und Lebensquellen anzuzapfen, um nicht auszubrennen. Es gibt neben Gott weitere spirituelle Kräfte und Dynamiken; die meisten werden von der Bibel als „dämonisch“, d. h. geistlich destruktiv, eingestuft. Auch hier kann ein Mensch zunächst Kraft erleben, Übernatürliches, Wirksames. Aber dabei lässt er sich auf Kräfte ein, deren Quelle nicht Gott ist und deren „Nebenwirkungen“ ihn über kurz oder lang in Gefangenschaft und Zerstörung führen werden. So etwas geschieht natürlich nicht über Nacht, sondern in einem allmählichen, vielleicht sogar unmerklichen Prozess. Letztlich aber landet man in einer esoterisch-magischen Religiosität, die mit dem christlichen Glauben nichts mehr gemein hat. Die dabei häufig eingesetzten okkulten Praktiken hat Gott ausdrücklich verboten (vgl. etwa 5. Mose 18,9-13).[39]

## 4. Die neue Schöpfung

Auch Christen leiden noch in vielfältiger Weise unter den Auswirkungen des Falls. Aber Gott hat sich nicht damit zufrieden gegeben. Deshalb hat er uns durch den Tod und die Auferstehung Jesu Christi nicht nur die Erlösung geschenkt, sondern zugleich eine neue Schöpfung begonnen.

### Eine neue Geburt

Jesus spricht in diesem Zusammenhang das unglaubliche Wort von der „neuen Geburt“, der Wiedergeburt[40]:

*Was aus dem Fleisch geboren ist, das ist Fleisch; was aber aus dem Geist geboren ist, das ist Geist. Wundere dich nicht, dass ich dir sage: Ihr müsst von neuem geboren werden. (Johannes 3,6f)*

Was hier mit „Fleisch“ bezeichnet wird, ist, um es mit den Begriffen von vorhin auszudrücken, ein Leben unter der Herrschaft der Seele. Deshalb muss der Mensch (in seinem Geist) neu geschaffen werden, noch einmal neu Leben von Gott empfangen.

Bei dieser Wiedergeburt bzw. „Geburt von oben“ wird der Geist des Menschen neu belebt. Wir sind jetzt wieder in der Lage, mit Gott zu kommunizieren, unser Gewissen und unsere geistliche Erkenntnisfähigkeit werden gestärkt. Oft erfahren Menschen diese Wiedergeburt als einen tief beglückenden Vorgang; eine neue Welt tut sich ihnen auf. Jetzt sind sie in der Lage, Gottes Stimme zu hören.

## Die Erfüllung mit dem Geist Gottes

Ein weiterer Vorgang, der aufs engste mit dem menschlichen Geist verknüpft ist, ist ein Vorgang, der je nach theologischer Tradition mit unterschiedlichen Begriffen bezeichnet wird, aber das gleiche Ereignis meint: die Erfüllung mit dem Heiligen Geist, „Geistestaufe“, „Erneuerung durch den Geist“ usw. Dieser Vorgang kann mit der Wiedergeburt zusammenfallen, aber auch getrennt davon erfolgen, und sich öfters wiederholen. Was hier geschieht, lässt sich vielleicht beschreiben als eine Art Durchbruch des Geistes Gottes, der den menschlichen Geist erfüllt und dabei auch Leib und Seele ergreift. So wird das ja auch oft als eine Art „Durchbruchserlebnis“ erfahren.

Das hat Auswirkungen in den unterschiedlichsten Bereichen: Neben einem unmittelbaren Bewusstsein der Gegenwart Gottes kommt es oft zu einer Begabung mit „übernatürlichen“ Kräften (den „Geistes-gaben“[41]). Doch kann das auch körperliche Auswirkungen haben, bis hin zur Heilung von Krankheiten. Vermutlich hat eine geistgewirkte Heilung immer damit zu tun, dass die Lebenskraft des göttlichen Geistes durch den menschlichen Geist fließt und von da aus unseren Körper und unsere Seele erneuert. Aber die vielleicht wichtigste Auswirkung der Erfüllung mit dem Heiligen Geist besteht darin, dass die Leitung des menschlichen Geistes über die Seele zunehmend erneuert wird. Der Mensch kommt als ganzer wieder in Ordnung.

## Das Wachstum des Lebens Gottes in uns

Und schließlich bleibt noch eine zentrale Seite des neuen Lebens als Christ zu erwähnen: die sogenannte Heiligung. Für manche ist das ein unangenehmer Begriff, weil er das Gefühl weckt, man würde den Ansprüchen Gottes nie genügen und müsste sich immer noch mehr anstrengen. Schließlich erleben wir ja immer wieder unser Scheitern, wenn wir versuchen, aus eigener Kraft bessere Menschen zu werden. – Das Missverständnis von Heiligung liegt auch hier darin, dass wir versuchen, mit den Kräften unserer Seele etwas zu bewirken, was gar nicht zu schaffen ist. Heiligung ist nämlich nichts anderes als eine immer stärker fortschreitende Verwirklichung und Aktualisierung der Herrschaft Gottes in unserem Leben. Heiligung bedeutet deshalb: sich von Gott ganz in Beschlag nehmen lassen. Oder anders formuliert: Wir lernen es, immer mehr aus dem (erneuerten) Geist heraus zu leben.

Damit ist klar, dass es hier nicht um seelische Anstrengungen gehen kann, sondern um einen Prozess auf der Ebene des Geistes. Der entscheidende Punkt liegt darin, Gott in unserem Innersten – dem Geist – immer mehr zum Zuge kommen zu lassen. Heiligung umfasst zunächst ganz grundlegende Bereiche: Hören und Gehorchen lernen (Erkenntnis und Gewissen), Kommunizieren lernen mit Gott und anderen, und daraus folgend, Heilung und In-Ordnung-Kommen der Seele. Daraus entsteht dann das, was man herkömmlich unter Heiligung versteht: veränderte Verhaltensweisen und Einstellungen. Aber eben mit dem Unterschied, dass das dann nicht mehr „unsere Leistung“ ist.

## Die Würde der menschlichen Seele

Ein Letztes soll hier noch erwähnt werden. Wir haben weiter oben von „seelischem Christsein“ und „Geist-Christentum“ gesprochen. Zur Heiligung, zum Ganzwerden des Menschen gehört auch die Neuordnung des Verhältnisses von Seele und Geist. Einerseits lebt der Mensch nun immer stärker aus seinem (von Gottes Geist inspirierten) Geist heraus. Und andererseits wird die Seele befreit, ihre eigentliche Rolle wahrzunehmen. Es heilen unsere Gefühle und speisen sich aus Gottes Leben. Unser Wille spiegelt mehr und mehr den Willen Gottes wieder. Das bedeutet dann auch, dass die geheiligte, von Gott erleuchtete Vernunft immer besser in die Lage versetzt wird, ihre Rolle als Prüfinstanz auch gegenüber geistlichen Impulsen wahrzunehmen. Die Vernunft wird also im geistlichen Leben nicht etwa überflüssig, sondern findet mehr und mehr in ihre eigentliche Bestimmung hinein.

## 5. Zwei sich ergänzende Pole

Ein weiterer ergänzender Aspekt ist für die Kunst des Hörens auf Gott recht hilfreich. Bei der Erschaffung des Menschen wird in 1. Mose 1,27 wörtlich formuliert:

*Und Gott schuf den Menschen nach seinem Bild, nach dem Bild Gottes schuf er ihn; männlich und weiblich schuf er sie.*

Nun ist damit zunächst ganz einfach gemeint, dass „der Mensch" in Gestalt von Mann und Frau existiert. Und doch kann man sich aufgrund der ungewöhnlichen Formulierung[42] Gedanken machen, ob sich hier nicht noch eine andere Dimension andeutet.

Wenn der Mensch das Ebenbild Gottes ist, und Gott damit das „Vor-Bild" des Menschen, dann kann man vermuten, dass sich auch diese doppelte Kennzeichnung des Menschen in irgendeiner Form in Gott wiederfinden lässt. Dabei kann es sich natürlich nicht um eine Art Geschlechtsunterschied handeln, denn für einen Juden war es unvorstellbar, dem Einen Gott biologisch-sexuelle Eigenschaften zuzuschreiben. Hier stand der alttestamentliche Glaube im schärfsten Widerspruch zu den Religionen seiner Umwelt, die von Fuchtbarkeitsgöttern und den sie begleitenden sexuellen Praktiken geprägt waren. Es geht vielmehr um zwei Grundformen des Existierens (und Kommunizierens), denen traditionellerweise die Bezeichnung „maskulin" und „feminin" gegeben wurden. Diese Begriffe meinen nun nicht einfach „dem Mann zugehörig, männlich" beziehungsweise „der Frau zugehörig, weiblich"– und schon gar nicht das, was man umgangssprachlich darunter verstehen mag.

## Zwei Grundhaltungen

Am besten wir vergessen diese Assoziationen für einen Moment und überlegen uns Folgendes: Es gibt zwei Grundhaltungen, mit denen der Mensch auf die Welt zugeht.

Die eine ist die *aktive*, gestaltende: Der Mensch ergreift die Initiative, er agiert, er ist sachorientiert, er schafft neue Dinge, er baut und konstruiert, er strukturiert und ordnet, er spricht, er analysiert und seziert, er erfindet Systeme, er forscht und erobert sich neue Lebensräume usw.

Die zweite Grundhaltung ist *rezeptiv,* also empfangend. Das heißt, der Mensch nimmt wahr, was vorhanden ist, er reagiert und reflektiert, er ist personenorientiert, er lässt sich auf andere Menschen, auf die Natur und die Welt ein, er beobachtet und empfindet, er hört und sieht, er lebt aus Intuition und Einfühlungsvermögen heraus, er lässt sich (nicht nur künstlerisch) inspirieren, er hegt und pflegt, er schützt, bewahrt und sichert den Lebensraum.

Menschsein besteht immer aus beidem: Rezeption und Aktion, Empfangen und Senden, Wahrnehmen und Handeln. Jeder Mensch lebt aus beidem heraus. Jeder Mensch hat, genau wie Gott, eine aktive und eine rezeptive Seite seines Wesens. Wenn wir diese beiden Seiten nun mit den traditionellen Begriffen maskulin (aktiv) und feminin (rezeptiv) benennen, so wird deutlich, dass es hier um Grundausrichtungen geht, nicht um eine geschlechtliche Klassifizierung; beide Kategorien sind in unserem Geist verwurzelt.[43]

## Maskulin und feminin

Und erst jetzt kommen wir zum Mannsein und Frausein – und damit zur Berechtigung der Bezeichnungen maskulin und feminin. Im Allgemeinen ist bei Frauen die feminine Dimension stärker ausgeprägt, bei Männern die maskuline. Das gilt kultur- und zeitübergreifend und wird am deutlichsten in den unterschiedlichen biologischen Rollen. Aber wenn es um die konkrete Person geht, ist das nur die eine Seite, die statistische, wenn man so will. Im Einzelfall ist jeder Mensch eine unverwechselbare Person mit einer einzigartigen Mischung maskuliner und femininer Eigenschaften. So gibt es Männer mit starken femininen Qualitäten, wie es umgekehrt Frauen mit starken maskulinen Eigenschaften gibt. Das ist kein Problemfall, den man kulturell durch eine enge Rollendefinition beheben müsste, sondern gottgewolltes Design. So finden wir in der Bibel Frauen wie Debora, die als Richterin und treibende Kraft einer militärischen Auseinandersetzung sehr maskuline Eigenschaften aufweist, oder Junia, die von Paulus unter die Apostel gezählt wird.[44] Zahlenmäßig sind solche Frauen auch in der Bibel eine Minderheit; aber es gibt sie. Umgekehrt sind natürlich die großen Propheten und Seher im Alten wie im Neuen Testament Menschen mit ausgeprägt femininen, intuitiven Qualitäten.[45]

## Gebender und empfangender Gott

Nun hat man in der christlichen Theologie lange von Gott als dem actus purus gesprochen, dem reinen Handeln (gemeint ist ein tätiges Sein). Schaut man sich aber das trinitarische Wesen Gottes näher an, kann man mit gleicher Berechtigung von einer Dimension des absoluten Empfangens sprechen.

Denn der Vater schenkt sich in der Kraft des Geistes dem Sohn so völlig, dass wer ihn gesehen hat, den Vater gesehen hat.[46] Und umgekehrt schenkt sich auch der Sohn völlig dem Vater in der Kraft des Geistes, bis hin zur Hingabe seines Lebens. Das heißt aber konsequenterweise, dass dem völligen Geben auf der anderen Seite ein völliges Empfangen entspricht. Genau das aber ist das Wesen der Liebe: der Rhythmus vollkommenen, wechselseitigen Gebens und Empfangens.

Natürlich hat Gott dem Menschen (und der Schöpfung) gegenüber in erster Linie die Position der Initiative, des Handelns und Erschaffens. Deshalb tritt die aktive, „maskuline" Dimension seines Wesens meist in den Vordergrund. Aber es finden sich eben auch genügend Hinweise auf die rezeptive, „feminine" Dimension seines Wesens – etwa wenn seine mütterliche Fürsorge und sein Erbarmen in den Blick kommen. Interessanterweise sind auch zwei der wichtigsten Dimensionen Gottes, die Weisheit und der Geist, im Alten Testament grammatikalisch femininen Geschlechts.

## Die rezeptive Seite des Menschen: Gott hören

Umgekehrt, und hier sind wir jetzt beim Hörenden Gebet angekommen, ist der Mensch Gott gegenüber immer zunächst in der Haltung des Empfangens. Das fängt schon damit an, dass er Geschöpf ist und sein Sein von jemand anderem her empfängt. Und es geht soweit, dass das Volk Gottes im Alten wie im Neuen Testament immer wieder unter dem Bild der Braut bzw. Ehefrau erscheint, während Gott bzw. der Messias die Initiative hat und die Rolle des Bräutigams einnimmt. Das heißt aber, dass gegenüber Gott vor allem unsere femininen Qualitäten, also das Wahrnehmen, Hören, Empfangen,

Sich-Einlassen, gefragt sind. (Vielleicht hat es damit zu tun, dass – wieder nur statistisch gesehen – Frauen sich leichter tun, Gott zu hören und sich auf ihn einzulassen. Dementsprechend sind sie in vielen Gemeinden auch zahlenmäßig stärker vertreten.) Wie dem auch sei: Für uns alle gilt, dass wir die rezeptive Seite unseres Seins stärken müssen, um Gott besser hören zu können.

## Die aktive Seite des Menschen: Gottes Kraft proklamieren

Ergänzend noch ein paar Anmerkungen zu der maskulinen Seite des menschlichen Geistes. Sie kommt natürlich auch Gott gegenüber zum Ausdruck, etwa wenn wir die Initiative ergreifen und ihn im Gebet suchen. Hauptsächlich kommt sie aber in unserem Verhältnis zur Welt zum Ausdruck. Nehmen wir als Beispiel das Vaterunser. Die ersten drei „Bitten" („Geheiligt werde dein Name! Dein Reich komme! Dein Wille geschehe!") sind eben keine Bitten im eigentlichen Sinn, sondern „Proklamationen"[47]: Wir proklamieren im Gebet Gottes Anliegen, seine Ziele und Absichten. Hier auf Erden soll das geschehen, was in der Welt Gottes („im Himmel") schon der Fall ist. Das ist ein zutiefst „geistlicher" Vorgang! Die Ehrfurcht vor seiner Person soll wachsen, seine Herrschaft soll sich ausbreiten und sein konkreter Wille soll hier und heute Gestalt gewinnen! Mit anderen Worten: Wir setzen hier unsere ganze innere Energie dahinter, dass all das geschieht, und zwar in unserem Umfeld. Wenn wir recht beten, dann geschieht das aber nicht aus einer seelischen Willensanstrengung heraus, sondern „im Geist".

So werden diese Proklamationen zu vollmächtigen Worten, die bewirken, was sie sagen. Weder belassen wir es bei einem frommen (oder resignativen) Wunsch, noch ringen wir mit Gott darum, sondern wir „ordnen“ es als von Gott gesandte und damit autorisierte Jünger der Welt gegenüber „an“. Diese gebietende Sprachhaltung ist kennzeichnend für alle geisterfüllten und -gewirkten Worte, mit denen Jesus und seine Jünger dem gottfeindlichen Chaos der Welt gegenübertreten, sei es mit Worten der Verkündigung[48], der Heilung[49] oder der Befreiung von zerstörerischen Mächten.[50] Die unabdingbare Voraussetzung ist hier aber das Hören: es muss sich tatsächlich um Gottes Wort handeln, nicht um unsere Ideen, Wünsche oder Bedürfnisse. Deshalb betont Jesus immer wieder seine völlige Abhängigkeit vom Vater.[51]

# 4. Wie kann ich Gott hören? – Das Empfangen

## 1. Die drei Schritte des Hörens auf Gott

Um Gottes Reden besser zu verstehen, müssen wir uns zunächst klarmachen, dass es dabei um drei verschiedene Schritte oder Elemente geht:

### Eindruck, Auslegung und Anwendung

Wir müssen erstens *empfangen,* was Gott spricht. Zweitens müssen wir verstehen und *auslegen,* was das bedeutet: „Herr, was willst Du mir damit sagen?“ Und drittens müssen wir *anwenden,* was wir gehört haben: „Wie setze ich das nun praktisch in meinem Leben um?“

Es ist sehr wichtig, diese drei Schritte sauber voneinander zu unterscheiden. Viele Fehler und Verletzungen im Umgang mit dem Reden Gottes entstehen dadurch, dass Menschen zwar richtig gehört haben, aber das Gehörte falsch auslegen oder anwenden. In diesem Kapitel geht es um den ersten Schritt: das Empfangen eines Eindrucks.

## 2. Formen des Hörens

In welcher Form kommt denn nun das Reden Gottes zu uns? Schon in der Bibel wird eine Fülle von Formen deutlich.

## Gedanken

Menschen haben einen Gedanken, einen Einfall, einen inneren Eindruck, in dem sie das Reden Gottes erkennen. Die Durchkreuzung der Reisepläne des Paulus und seiner Gefährten könnte solch ein Reden Gottes gewesen sein:

*Weil ihnen aber vom Heiligen Geist verwehrt wurde, das Wort in der Provinz Asien zu verkünden, reisten sie ... und versuchten, Bithynien zu erreichen; doch auch das erlaubte ihnen der Geist Jesu nicht. (Apostelgeschichte 16,7)*

Manchmal kommt uns vielleicht ganz unvermittelt der Gedanke, wir sollten einen bestimmten Menschen anrufen. Wenn wir das tun, stellt sich dann heraus, dass unser Anruf genau zur richtigen Zeit kam, um den Menschen in einer tiefen Krise zu ermutigen. Offenbar war das nicht nur eine zufällige Idee, sondern ein Reden Gottes.

## Bibelstellen

Oft geschieht es, dass Gott uns im Gebet an einen Bibelvers erinnert und so zu uns spricht. Manchen Menschen fällt dabei der Wortlaut des Verses ein oder zumindest ungefähr das, was da steht. (Mit einer Konkordanz findet man dann die Stelle und kann sie genau nachlesen.) Manchen Menschen fallen nicht Worte, sondern Kapitel- und Versangaben ein. Sie haben keine Ahnung, was dort steht und müssen erst ihre Bibel aufschlagen und nachschauen. Aber das, was sie dann dort lesen, erkennen sie innerlich als das Reden Gottes.

Auch schon in der Bibel gibt es Situationen, in denen Gott bekannte Worte aus den älteren biblischen Schriften nimmt, um zu reden. Bei der Taufe Jesu nennt Gott Jesus seinen Sohn „an dem ich Wohlgefallen habe“ (Matthäus 3, 17). Damit zitiert er Jesaja 42,1 und deutet damit die Rolle Jesu als die des Gottesknechtes, wie ihn Jesaja beschreibt.

## Bilder

Eine weitere Form des Redens Gottes sind Bilder. Das Buch des Propheten Amos trägt die Überschrift „Was Amos ... gesehen hat über Israel“ (Amos 1,1). Die seltene Bezeichnung „Seher“ für einen Menschen, der von Gott hört, zeugt auch von dieser Form des Redens Gottes.

In den Gebetsgruppen auf den Seminaren ist das eine der häufigsten Formen der Eindrücke, zusammen mit Versen aus der Bibel. So sieht zum Beispiel eine Beterin in der Stille ein Bild von einem Menschen, der unter und in einer Glocke von Licht steht – eine kostbare Zusage der Gegenwart und des Schutzes Gottes für den Betreffenden.

Diese Bilder haben eine gewisse Ähnlichkeit mit Traumbildern, die in unserem Kopf entstehen. Das Reden Gottes in Bildern ist manchmal sehr eindrücklich, manchmal aber auch ganz sacht und leise, so dass man versucht ist, es gar nicht ernst zu nehmen. So wie John Wimber einmal sagte: Das Reden Gottes ist oft ein ‚Flüs‘ ... – ein halbes Flüstern.

## Worte

In der Bibel sind uns sehr viele prophetische Worte Gottes überliefert: „So spricht der Herr ..." oder „Das Wort des Herrn erging an mich ..." oder „Der Herr redete und sprach ...". Obwohl es akustisch hörbares Reden Gottes gibt (so wie auch anscheinend für die äußeren Augen sichtbare Bilder, sogenannte „offene Visionen"), spricht Gott doch seine Worte meistens ebenfalls in unserem Herzen. Unsere Beter haben immer Zettel und Stift dabei, um mitzuschreiben, wenn sich in ihnen solche Worte und Sätze formen. So bekommt vielleicht ein Gast im Hörenden Gebet zugesprochen: „Ich, dein Gott, habe dich geschaffen. Ich habe dich nicht vergessen. Ich kenne deine Situation und ich bin mit dir in jeder Minute des Tages. Vertraue mir!"

## Körperliche Empfindungen

Manches Reden Gottes empfangen wir mit unserem Körper: Wir spüren fühlbar etwas.

*Helga hatte im Gebet für Sabine das Gefühl, als wollte ihre rechte Hand schreiben. Sie war sehr verwirrt über dieses ungewöhnliche Empfinden. Als sie Sabine davon erzählte, sagte die: „Oh ich weiß, was das bedeutet. Gott ermutigt mich seit einiger Zeit, ein Gebetstagebuch zu führen. Aber ich habe mich immer davor gedrückt. Vielleicht sollte ich doch damit beginnen."*

Manchen Hinweis auf eine Krankheit, für die um Heilung gebetet werden soll, gibt Gott, indem einer der Beter einen Schmerz empfindet, der sicher nicht sein eigener ist. Dadurch können dann Menschen mit einem vergleichbaren Schmerz gezielt zum Gebet eingeladen werden.[52]

*Ich selber (Ursula) wurde einmal tief berührt, als bei einem Gebet für mich ein Mitarbeiter körperliche Herzschmerzen bekam. Weil er wusste, dass er gesund war, bat er Gott um Erklärung, was diese Schmerzen bedeuten sollten. Gott zeigte ihm, dass er für einen konkreten Schmerz in meiner Seele (meinem „Herzen") um Heilung beten sollte.*

## Ereignisse

Gott spricht zu uns durch Dinge, die wir erleben. Beispielsweise spricht Gott durch das Haus, in dem wir wohnen, immer wieder zu mir von der bergenden und versorgenden Liebe des himmlischen Vaters. Ein Blumenstrauß, den jemand verschenkt, kann neben der menschlichen Freundlichkeit auch zu einem Zuspruch der Liebe Gottes werden.

*Eine Gebetsgruppe saß im Garten zusammen, um für Holger, einen jungen Mann aus ihrer Mitte, zu beten. Während der Stille kam eine Katze daher und sprang ausgerechnet bei Holger auf den Schoß und kuschelte sich dort gemütlich ein. Während er noch überlegte, wie er denn nun auf diese „Störung" reagieren sollte, merkte er, wie Gott dadurch zu ihm sprach und ihn einlud, sich ebenso auf den Schoß des himmlischen Vaters zu kuscheln.*

Auch Jeremia erlebte das Reden Gottes durch ein äußeres Geschehen: Bei einem Besuch in der Töpferei sah er, wie der Töpfer aus einem Tonklumpen ein Gefäß zu formen begann. Plötzlich misslang ihm irgendetwas; er nahm das angefangene Gefäß, knetete es erneut zu einem Tonklumpen zusammen, um noch einmal von vorne zu beginnen. Im Zusehen empfing Jeremia eine starke Warnung Gottes: Auch Gott würde mit seinem Volk so umgehen, wenn es nicht von seinen bösen Wegen umkehren würde (Jeremia 18).

## Gefühle

Ein Gefühl des Friedens, das beim Gebet auf uns kommt, kann ein Reden Gottes sein, ebenso ein Gefühl innerer Unruhe.

*Am Ende der Schule war ich mir im Verlauf von monatelangen Überlegungen sicher geworden, dass ich Psychologie studieren würde. Als ich zehn Tage vor Anmeldeschluss vor den Formularen saß, überfiel mich eine innere Unruhe, die mich nicht mehr losließ. Ich war fast gezwungen, Tag und Nacht alle meine Argumente noch einmal zu durchdenken. Am Schluss stand die klare Erkenntnis: Ich will noch tiefer! Ich will in meinem zukünftigen Beruf nicht nur nach den Vorgängen der Seele fragen, sondern nach dem tiefsten transzendenten Sein des Menschen, seinem Woher und seinem Wohin: nach Gott. Ich meldete mich also stattdessen zum Studium der Theologie an und bin bis heute zutiefst dankbar, dass Gott mir keine Ruhe ließ, ehe ich diesen Weg eingeschlagen hatte.*

## Zeichnung

Manchen Menschen gibt Gott sein Reden in Form einer Inspiration zu Bildern oder Zeichnungen. Wer das öfter schon erfahren hat, hat vielleicht in einem Gebetstreffen einen Zeichenblock dabei. In manchen Gemeinden gibt es vorne in einer ruhigeren Ecke einen Tisch mit Papier und Malkreiden, so dass während des Gottesdienstes solche Eindrücke umgesetzt werden können.[53]

## Lied

Vielleicht gibt Gott ein neu komponiertes geistliches Lied spontan während einer gemeinsamen Anbetungszeit. Vielleicht hat Gott aber auch schon in der Vorbereitung zu einem der Musiker gesprochen, der nun das empfangene Lied in den Gottesdienst mitbringt. Von Jesaja ist uns ein *prophetisches Lied* überliefert (Jesaja 5).

## Zeichenhandlung

Eine prophetische „Zeichenhandlung" ist eine Aktion, in der das Reden Gottes handgreiflich verdeutlicht wird. Sie muss allerdings vom Geist Gottes inspiriert sein und nicht willkürlich gewählt werden – sonst verkümmert sie zu einem „pädagogischen Trick". Bei einer echten Zeichenhandlung geht es nämlich um mehr als um eine bloße Veranschaulichung: sie führt das herbei, was sie aussagt. Natürlich kann man auch Aussagen veranschaulichen – nur sollte das dann nicht als prophetisch deklariert werden.

Diese Form des Redens Gottes durch eine Zeichenhandlung sehen wir in dem schon erwähnten Vorfall, als Paulus nach Jerusalem reisen wollte:

*Da kam von Judäa ein Prophet namens Agabus herab und besuchte uns. Er nahm den Gürtel des Paulus, band sich Füße und Hände und sagte: So spricht der Heilige Geist: „Den Mann, dem dieser*

*Gürtel gehört, werden die Juden in Jerusalem ebenso fesseln und den Heiden ausliefern." (Apg. 21,10-11)*

Das war so eindrücklich, dass diese Situation sogar Eingang in die Apostelgeschichte des Lukas fand!

## Gottes vielfältiges Reden

Bei Amos spricht Gott gar durch ein *Wortspiel.*

*Er fragte mich: „Amos, was siehst du?" Ich antwortete: „Einen Korb mit reifem Obst." Da sagte der Herr: „Ja, reif ist mein Volk – zum Gericht!" (Amos 8,2)*

Ebenso können *Gedichte, Gemälde, Gerüche,* ja nahezu alles, zu einem Reden Gottes für uns werden. Manche *Träume* tragen Botschaften von Gott.[54]

Gottes Reden ist unglaublich vielfältig und kreativ. Legen Sie Gott nicht fest, wie er zu Ihnen sprechen soll. Öffnen Sie alle Ihre Sinne, stellen Sie ihm die ganze Breite Ihres Erlebens zur Verfügung, dass er darin sein Wort an Sie richten darf. Selten allerdings ist es unwiderstehlich.

## Gottes leises Reden

Es gibt zwar Menschen für die in manchen Situationen das Reden Gottes akustisch hörbar ist, als ob wirklich einer in ihr Ohr sprechen würde. Manche sehen Bilder so, als würde wirklich etwas im Raum stehen und für ihre äußeren Augen sichtbar sein. Aber das sind Ausnahmen. Ich selber habe so etwas noch nie erlebt. So ein für unsere Sinne äußerliches und deutliches Reden Gottes scheint vor allem dann zu kommen, wenn es wirklich wichtig ist, dass der Mensch sich des Redens Gottes sicher ist: weil Gott ihm nämlich etwas ganz besonders Riskantes oder Gefährliches aufträgt oder etwas, was diesen Menschen sehr viel kosten wird.

Viel öfter aber kommt sein Reden leise und unauffällig zu uns. Wir müssen aufmerksam sein, wenn wir seine leise Stimme nicht verpassen wollen. So wie Elia am Sinai, dem Ort dramatischer Gotteserscheinungen (1. Könige 19,11f):

*Ein starker, heftiger Sturm, der die Berge zerriss und die Felsen zerbrach, ging dem Herrn voraus. Doch der Herr war nicht im Sturm. Nach dem Sturm kam ein Erdbeben. Doch der Herr war nicht im Erdbeben. Nach dem Beben kam ein Feuer. Doch der Herr war nicht im Feuer. Nach dem Feuer kam ein sanftes, leises Säuseln. Als Elija es hörte, hüllte er sein Gesicht in den Mantel, trat hinaus und stellte sich an den Eingang der Höhle. Da vernahm er eine Stimme …*

Meistens redet Gott in unseren *Gedanken,* vergleichbar diesem sanften, leisen Säuseln: ein leiser Satz in meinem Kopf, ein schnell wieder vergehendes Bild, ein unsicherer Einfall.

## 3. Das Reden Gottes empfangen

### „Vorwissen“ und „Vorurteil“: Den ersten Eindruck bewusst machen!

Die äußeren Umstände, in denen wir uns befinden, können unbewusst unsere Gebetseindrücke prägen. Unser Hören für andere ist immer in Frage gestellt durch eigene seelische Prozesse. Vor allem dann, wenn wir unser Gegenüber näher kennen oder gar emotional an ihn gebunden sind – sei es in positiver oder in negativer Weise –, haben wir „ein Bild“ von ihm, das unser Hören ungeistlich beeinflussen kann. Ich weiß einfach zu viel: mein „Vor-Wissen“. Meine damit verbundenen Wünsche oder Ängste wirken wie ein Filter für das, was ich hören oder nicht hören kann.

Aber auch bei jemandem, dem wir gerade zum ersten Mal begegnen, entsteht in den ersten Sekunden ein Eindruck, kaum dass wir ihn erblicken. Dieser Eindruck bleibt meist unbewusst, bestimmt aber unsere Einstellung und Erwartungen und wird so zu einem „Vor-Urteil“. Wenn jemand mit müdem Schritt und hängenden Schultern ins Gebet kommt, haben wir unwillkürlich den Eindruck, dieser Person gehe es schlecht und sie brauche Hilfe. Wir sind dann leicht versucht, etwas Ermutigendes zu hören (was ja nicht schlecht ist – nur: ist es das, was Gott jetzt sagen möchte?).[55] Dieses „innere Bild“, das wir uns vom anderen machen, kann unser Hören auf Gott stark beeinflussen. Deshalb müssen wir uns unsere Empfindungen über den anderen bewusst machen und sie dann an Gott abgeben, unabhängig davon, ob sie zutreffend sind oder nicht. Es kann trotzdem so sein, dass Gott uns etwas gibt, was auf der Linie unseres Ersteindrucks liegt, aber wir gehen dann damit sehr viel behutsamer und vorsichtiger um.

Eine Möglichkeit, um uns innerlich von unseren Vorstellungen zu lösen und uns auf Gottes Sicht einzustimmen, wäre zum Beispiel, sich innerlich vorzustellen, wie der andere ins Licht Gottes kommt und von ihm umstrahlt wird. Dann lassen wir dieses Bild los und warten darauf, was wir empfangen.[56]

## Hinhören und Zuschauen

Um dieses Reden zu empfangen, kann ich nur still werden und „auf Empfang“ schalten: wach sein, mit den inneren Ohren zuhören, mit den inneren Augen zuschauen. Es gibt nichts, was ich dazu tun könnte, dass Gott redet. Wenn ich will, dass sich ein Schmetterling auf meine Hand setzt, kann ich nur die Hand ausstrecken und still halten. Wenn ich versuche, nach ihm zu greifen, vertreibe ich ihn oder mache ihn kaputt. Genauso ist es, wenn ich das Reden Gottes herbeiziehen will: Ich zerstöre es. Deswegen ist das Reden Gottes auch immer unverfügbar, nie ist es meine Leistung. Gottes Reden empfangen wir, ohne dass wir dazu in eigene innere Aktivität treten müssten. Wir müssen nichts überlegen, uns nichts ausmalen, nicht nachdenken, nicht assoziieren, nicht analysieren … Gottes Reden bekommen wir geschenkt, wenn wir die Hand offen haben und still halten, so dass Gott etwas hineinlegen kann.

Wenn mich ein Mensch bittet: „Höre mal, ob Gott dir etwas für mich sagt“, kann ich nur antworten: „Ich will es versuchen!“ Ob ich dann tatsächlich etwas empfange, liegt nicht in meiner Verantwortung. Wenn ich etwas bekommen habe, kann ich es weitergeben. Wenn ich nichts empfange, ist es Gottes Problem. Er wird auf andere Weise für diesen Menschen sorgen und ihm alles sagen, was nötig ist.

*Katharina waren grundsätzliche Zweifel an ihrer Fähigkeit Gott zu hören gekommen, als in ihrer Familie völlig überraschend ein Unglück geschah. Sie meinte, es sei Beweis für ihre Taubheit gegenüber Gott, dass sie nicht gewusst hatte, was da auf sie zukam. Es war eine große Erleichterung für sie, als sie verstand, dass es Gott war, der ihr dieses Wissen nicht offenbart hatte. Es war seine Verantwortung gewesen, nicht ihre.*

So können wir als Beter nie versprechen, dass wir ein Wort Gottes für den anderen haben werden. Wir können nur anbieten, in der Stille hinzuhören, ob Gott uns etwas gibt. Und dabei können wir völlig entspannt bleiben: Wir können das Reden Gottes nicht machen, deshalb müssen wir es auch nicht machen. Wir können nur weitergeben, was wir zuvor empfangen haben. Der Geber aber ist Gott. Es ist in keiner Weise eine Schande für mich, wenn ich sagen muss: Ich habe keinen Eindruck bekommen.

*Da antwortete Jesus: „Der Sohn kann nichts von sich aus tun; er kann nur tun, was er den Vater tun sieht." (Johannes 5,19)*

Hören auf Gott klappt am besten, wenn wir ganz entspannt sind. In der inneren Stille des wachen Nichts-Tuns ist unser Geist aktiv, er „schaltet auf Empfang". Dieses Empfangen ist eine innere Haltung, die man üben kann und üben muss.

## 4. Gottes Stimme von anderen unterscheiden

Die häufigste Frage von Menschen, die das Hören auf Gott lernen wollen, lautet: „Wie kann ich die Stimme Gottes von all den anderen Stimmen in mir unterscheiden? Woher weiß ich, ob das, was ich höre, von Gott ist?"

Unser Inneres ist wie ein Funkempfänger, der verschiedene Frequenzen auffangen kann. Das Babyphon unserer Kinder fing gelegentlich Nachrichten von CB-Funkern oder von anderen Babyphonen im näheren Umkreis auf. So ähnlich ist es beim Hören auf Gott: Das, was mir im Kopf herumgeht, kann ebenso von sehr unterschiedlichen Sendern stammen.

## Meine Seele

Es können einfach die Äußerungen meiner Seele sein, Überlegungen, Gefühle, Assoziationen. Ich höre in meinen Gedanken, wie meine Wünsche sich zu Wort melden. Ich sehe vielleicht innerlich meine Ängste real werden. Mein Wille spricht vielleicht wie ein trotziges Kind in mir. Oder mir wird beim längeren Nachdenken meine Meinung zu einem bestimmten Thema zunehmend klarer; nun suche ich nach guten Formulierungen, um das angemessen auszudrücken. Jeder von uns kennt dieses innere Reden unserer eigenen Seele. Vielleicht haben wir sogar „zwei Seelen in einer Brust" und führen innere Dialoge mit uns selbst. All das sind natürliche Vorgänge in uns, die der Klärung unserer Gedanken und Gefühle dienen sollen.

## Das eigene Selbstbild

Gerade, wenn man beginnt, sich im Hören auf Gott für sich selbst zu üben, taucht beim Gebet leicht zuerst unser *eigenes Selbstbild* auf. Nun endlich halten wir in der Geschäftigkeit unseres Lebens einmal inne, werden still. Nun endlich kann unsere Seele uns vor Augen führen, was wir über uns selbst empfinden. Zu lange haben wir diese Gefühle verdrängt und versucht, sie mit allen möglichen Ablenkungen zu übertönen.

*Yvonne sah sich in einem Bild als verkrüppelte Latschenkiefer. Als wir daraufhin noch einmal zusammen beteten, machte Gott klar: Das war nicht Ausdruck seines Redens, sondern Ausdruck ihrer eigenen Minderwertigkeitsgefühle. Da-raufhin konnten wir mit ihr um eine tiefere Selbstannahme beten.*

Es ist gut, dieses Reden unserer Seele wahrzunehmen. Dann können wir zum Beispiel unsere Angst oder unsere verletzten Gefühle vor Gott bringen und ihn um Heilung bitten. Aber es ist wichtig, dass wir verstehen, dass dieses Reden nicht die Aussagen Gottes über uns sind. In Deutschland scheinen die meisten Menschen von Natur aus ein negatives Selbstbild mitzubringen. Im Hören auf Gott für sich selber taucht das dann als erstes auf: wie wertlos, unschön und unerwünscht wir uns selber empfinden. Wenn wir nun annehmen, dass Gott es ist, der uns somit sagt: „Du bist wertlos; nichts Schönes ist an Dir; Du hast keinen Platz im Leben", dann wäre das grundfalsch! Wir würden uns abwenden und gerade Gottes heilendes Wort nicht mehr hören können.

*Katrin hatte im Gebet um Gottes Reden für sie einen wunderschönen großen Kirschbaum voller Blüten gesehen. Doch plötzlich zog ein Gewitter auf und schlug alle Blüten ab. Voll Entsetzen fragte mich Katrin, ob Gott denn vorhabe, alles Schöne aus ihrem Leben wegzunehmen. Während ich ihr zuhörte, tauchte in mir das Wort „Zukunftsangst" auf. Auf mein Nachfragen bestätigte sie mir, dass sie häufig ganz heftige Ängste vor dem hatte, was alles passieren könnte. Wir beteten zusammen um eine Antwort Gottes auf ihre Ängste. Nach wenigen Momenten sah sie auf und strahlte mich an: Wieder hatte sie den blühenden Kirschbaum gesehen. Wieder war das Gewitter aufgezogen. Aber dann sah sie plötzlich Jesus, der sich vor den Baum stellte und dem Gewitter Einhalt gebot, so dass es völlig in sich zusammenfiel. Das war die heilende Antwort*

*Gottes, die sie hören konnte, weil sie das erste Bild als das Reden ihrer Seele verstehen lernte.*

## Vorsichtsmaßnahmen zum Schutz vor Missverständnissen

Das ist ein Grund, warum wir empfehlen, das Hören *zunächst für andere* zu üben, ehe wir Gottes Reden für uns selbst suchen: Das Wegschauen von uns und das Gebet für einen anderen führt seltener dazu, dass sich unser eigenes Selbstbild einmischt.

Das ist auch der Grund, warum wir für Anfänger und in Übungssituationen (etwa auf den Seminaren) die Regel ausgeben, dass *keine negativen Eindrücke weitergegeben* werden dürfen. Um zu unterscheiden, ob etwas Negatives mein eigenes Problem ist, oder tatsächlich Reden Gottes über den anderen, brauche ich viel Erfahrung im Hören auf Gott, eine gute Wahrnehmung für meine eigenen Schwachpunkte und regelmäßige Zeiten der Stille in meinem Leben, in denen ich Gott erlaube, mit seinem Licht in die dunklen Ecken meiner Seele zu leuchten und mich zurechtzubringen und zu heilen.

*Sebastian hatte regelmäßig negative Bilder voller Angst und Probleme, wenn er für andere Menschen betete. Gemäß unseren Regeln, gab er diese Bilder nie weiter. Aber es belastete ihn sehr. Als Gott ihn im Laufe der Zeit Schritt für Schritt aus eigenen Ängsten und Zwängen heraus und in die Heilung führte, verschwanden die negativen Bilder. Sie waren Spiegel seiner Seele gewesen.*

## Mein Leib

Ich empfange auch die Signale meines Körpers. Vielleicht bin ich müde und will nicht mehr zuhören, oder ich bin ungeduldig, weil ich zu lange still gesessen habe. Es ist gut, wenn ich dann genügend Aufmerksamkeit für meine körperlichen Bedürfnisse habe, dass ich die Unruhe nicht als ein geistliches Beunruhigtsein verstehe. Vielleicht hilft es mir dann ja, wenn ich im Herumlaufen weiterbete, oder wenn ich überhaupt für heute Schluss mache und bei einem Glas Wein und einem netten Gespräch entspanne, anstatt das Gebet in die Länge zu ziehen und dabei nur Eindrücke von unendlicher Zähigkeit zu bekommen.

## Die Seele des anderen

Ebenso kommt es vor, dass ich der Seele eines anderen Menschen etwas abspüre, beispielsweise Ängste, Wünsche oder Sehnsüchte, ohne dass der andere das zur Sprache gebracht hätte. Langjährige Ehepartner verstehen sich oft ohne Worte, sie „spüren" die Stimmungen des anderen. Von manchen Menschen empfangen wir Signale wie „Bewundere mich!" oder „Bemitleide mich!" Gerade sensible Menschen tun sich leicht darin, die Stimmung oder Situation eines anderen Menschen zu spüren. Auch das ist eine kostbare menschliche Gabe, aber noch nicht Reden Gottes.

## Der Geist eines anderen Menschen

Menschen können auch von ihrem Geist zum Geist eines anderen kommunizieren. Wenn dabei positive Inhalte gesendet werden (z. B. Annahme, Interesse), ist das etwas sehr Lebensspendendes. Es kommt allerdings auch vor, dass Menschen bewusst oder unbewusst über ihren Geist anderen ihren Willen aufdrücken möchten. Manchmal wird das in die Form von „Gebeten" gekleidet.

*Mehr als einmal haben wir Frauen gesprochen, die erlebten, dass ein Mann, an dem sie kein weiteres Interesse hatten, sie auch über Distanz geradezu innerlich gebunden hielt. Diese Männer hatten intensiv dafür gebetet, dass die betreffenden Frauen eine verbindliche Beziehung mit ihnen eingehen würden. Sie glaubten, zu Gott zu beten, übten tatsächlich aber einen geistlich stark manipulativen Einfluss auf die jeweilige Frau aus. Wir mussten diese Frauen dann richtiggehend „freibeten".*

Ähnliches kann geschehen, wenn man in Konflikten die andere Partei als rebellisch oder uneinsichtig abstempelt und intensiv darum betet, dass Gott sie überführen möge – notfalls auch durch Not und Schwierigkeiten. Solche Gebete, die nicht aus dem Geist Jesu stammen, sind mit einem Fluch vergleichbar.

Gegen derartige Einflüsse wehrt man sich wie gegen einen geistlichen Angriff: Man stellt sich unter den Schutz Jesu und proklamiert, dass man seinem Willen gehorchen will und keinem anderen Einfluss, und weist die Manipulation zurück.

## Gebete richten sich an Gott, nicht an den anderen!

Mehrere solcher Erfahrungen haben uns gelehrt, dass echte Gebete in einer Haltung der Demut gesprochen werden müssen. Wir dürfen Gott um alles bitten, was wir uns wünschen. Aber wir müssen es ihm überlassen, ob und wie er unsere Bitten erfüllen will. Vielleicht sind seine Pläne völlig andere. Keinesfalls darf ich meine „innere Energie" im Gebet auf einen anderen Menschen richten. Meine Energie muss zu Gott hinfließen. Den Menschen, für den ich bete, muss ich dabei völlig freigeben und Gott überlassen. Auch wenn ich um Problembewusstsein oder Sündenerkenntnis bei einem anderen bete, muss ich ihn freigeben. Sonst drücke ich ihm womöglich geistlich Gefühle der Verdammnis auf, statt ihn der freimachenden Wahrheit Gottes anzuvertrauen.

Es gibt allerdings einen – und nur einen! – Bereich, in dem wir offensiv beten sollen: wenn es um den geoffenbarten Willen Gottes geht. Vorbild ist uns hier das Mustergebet, das Jesus uns gegeben hat, das Vaterunser. Wie wir bereits in Kapitel 3 deutlich gemacht haben , handelt es sich bei den ersten drei Anliegen, „Geheiligt werde dein Name! Dein Reich komme! Dein Wille geschehe!", nicht um „Bitten", sondern um „Proklamationen": Hier machen wir uns im Gebet eins mit Gottes Anliegen, seinen Zielen und Absichten, und proklamieren sie unter Einsatz aller unserer Kraft. Hier geht es nämlich um Gott und nicht darum, wie ich die Dinge gerne hätte. Wenn es aber um unsere Anliegen geht, verwendet das Vaterunser die Form des Bittens.

Das gilt für alle Bereiche unseres Lebens: für die leiblich-materiellen Bedürfnisse („Brot"), für die seelisch-sozialen (Heilung der Beziehungen durch Vergebung) und für die geistlichen Bedürfnisse (Standhalten in der Erprobung unseres Glaubens und Rettung vor der Macht des Bösen).[57]

### Dämonische Stimmen

Die größte Angst mancher Christen ist allerdings die, sie könnten den Einflüsterungen böser Mächte erliegen, wenn sie sich bemühen, die Stimme Gottes in ihrem Inneren zu hören. Unsere Beobachtung ist, dass es zwar sein kann, dass man solche Stimmen hört, dass sie aber sozusagen eine „Absenderangabe“ tragen. Sie besteht darin, dass solche Eindrücke uns Angst machen, Druck oder Aggressionsgefühle hervorrufen, uns unseren Wert absprechen, geistliche Verwirrung schaffen, unsere Erlösung in Frage stellen („Bist du wirklich Gottes Kind?“, vgl. Lukas 4), pervers oder obszön sind, unseren Stolz und unsere Anmaßung fördern, oder sonstwie in klarem Widerspruch zur Bibel stehen. Bei gesunden Menschen treten solche Impulse eher selten auf und sind gut erkennbar – wie wir Versuchung zur Sünde ja auch erkennen.[58]

Bei weitem die meisten nicht-geistlichen Eindrücke kommen allerdings aus menschlichen Quellen. So ist es herausfordernder, zwischen den Stimmen meiner Seele und dem Reden Gottes zu unterscheiden. Deswegen werden wir im Folgenden darauf den Schwerpunkt legen.

## 5. Die Stimme Gottes kennenlernen

### Horchen und Ge-Horchen gehören zusammen

Angesichts der Vielfalt der Stimmen in uns wäre es nun leicht, das Kind mit dem Bade auszuschütten und auf das Hören ganz zu verzichten, weil Gottes Stimme von den anderen ja doch nicht unterscheidbar ist. Tatsächlich aber ist das Erkennen von Gottes Stimme gar nicht so schwer, solange ich ehrlich zu mir selber bin und dazulernen möchte. Voraussetzung ist, dass ich mich danach sehne, mit meinem Leben Gott zu gehorchen. Wenn ich Gottes Stimme zwar hören, dann aber doch meine eigenen Pläne verfolgen möchte; wenn ich Jesus *und* dem Zeitgeist nachfolgen will; wenn ich tun will, was alle tun, dafür aber die Zustimmung Gottes und ja keine andere Meinung wünsche, dann werde ich auf Dauer meine „Antennen" für Gott verbiegen. Horchen und Ge-Horchen gehören untrennbar zusammen.

## Vertraut werden mit der Stimme Gottes

Wenn ich aber bereit bin, im Leben mit Gott zu wachsen, immer mehr zu lernen, was seine Wertmaßstäbe sind, und meinen Charakter von ihm prägen zu lassen; wenn ich Zeit mit ihm verbringe, indem ich Bibel lese, bete oder gute Predigten und Vorträge höre, dann lerne ich das Wesen Gottes immer besser kennen. Der Klang seiner Stimme wird mir vertraut wie die eines guten Freundes. Je häufiger ich mit jemandem spreche, umso leichter erkenne ich am Telefon seine Stimme.

## Üben

Hebräer 5,14 spricht von Menschen, ...

*... die durch beharrliche Übung ihr Wahrnehmungsvermögen geschärft haben, um Gut und Böse zu unterscheiden.*

In diesem Übungsprozess sind Fehler erlaubt – sie sind sogar nötig, damit ich dazulerne. Wenn ich mit dem, was ich gehört zu haben glaube, vorsichtig und demütig umgehe, kann nicht viel passieren. Andere Menschen können und dürfen mich dann korrigieren und ich habe wieder einmal eine Chance weiterzuwachsen.

## 6. Einen Eindruck prüfen

Zu dieser Ehrlichkeit im Lernprozess gehört, dass ich mir selber ein paar Fragen stelle, ehe ich davon ausgehe, dass ein Eindruck das Reden Gottes ist. Ich prüfe den Eindruck, ehe ich ihn weitergebe.

*Prophetische Rede verachtet nicht; prüft aber alles. (1. Thessalonicher 5,20f)*

Wenn ich für einen anderen Menschen bete, habe ich den Vorteil, dass ich ihm meine Eindrücke zur Prüfung vorlegen kann: „Kannst du etwas damit anfangen?" Dennoch beginnt die Aufgabe des Prüfens schon ehe ich den Eindruck weitergebe. Ein wesentlicher Teil dieses Prüfens geschieht mittels unseres *Verstandes*. Selbst, wenn ich das Reden Gottes mit meinem *Geist* empfange, brauche ich doch meinen Verstand, um auszuloten, ob es tatsächlich der Geist Gottes gewesen sein kann, der hier mit einer leisen inneren Stimme zu mir gesprochen hat.

Für mich haben sich sechs Fragen bewährt, um eine erste Prüfung durchzuführen. Was in diesem „Sieb" hängen bleibt, gebe ich nicht oder sehr viel zurückhaltender weiter. Mit diesen Fragen bekomme ich auch schon einen guten Anhaltspunkt, wie ernst ich diesen Eindruck nehmen soll.

## Erste Frage: Passt es zum Zeugnis und Geist der Bibel?

Gott widerspricht sich nicht selbst. Was er heute zu mir spricht, kann nicht im Gegensatz zu seinem in der Bibel offenbarten Willen stehen.

*Ein junger Mann erklärte mir einmal allen Ernstes, Gott hätte ihm gesagt, es wäre genug Liebe da, dass er mit zwei Frauen gleichzeitig eine intime Beziehung haben könnte. Es ist offensichtlich, dass das nicht Gottes Reden sein kann, weil im Neuen Testament die Exklusivität einer sexuellen Beziehung deutlich betont wird.*

Die Bibel macht nicht zu allem eine klare Aussage; nicht alle Fragen, die ich vielleicht habe, werden gestellt oder beantwortet. Dann ist es wichtig, gemäß dem „Geist", nicht nur den Buchstaben der Bibel zu prüfen. Schwieriger wird es dann, wo es um Fragen geht, zu denen die Bibel keine allgemeingültige Antwort gibt: Welchen Beruf soll ich ergreifen? Ist es jetzt dran, aktiv zu sein oder zu ruhen? Soll ich diese Aufgabe übernehmen oder nicht? Dann helfen vielleicht die nächsten Fragen weiter.

## Zweite Frage: Ist es natürlich ableitbar?

*Vielleicht kommt eine Grundschullehrerin zu mir und bittet mich, im Gebet zu hören, welche Berufung Gott auf ihr Leben gelegt hat. Wenn ich dann den Eindruck bekomme, ihre Gabe wäre es, mit Kindern zu arbeiten, dann ist das nicht gerade eine überraschend neue Erkenntnis für mich. Da ich um ihren Beruf weiß, kann ich mir mit meinem gesunden Menschenverstand ableiten, dass sie im Umgang mit Kindern geschickt ist und wohl auch Freude daran hat. Dieser Eindruck könnte also leicht aus meinem eigenen Vorwissen stammen.*

Wenn ich so einen Eindruck bekomme, den ich mir aus meinem Vorwissen auch selber hätte ableiten können, dann ist dennoch nicht schon gesagt, dass er nicht von Gott stammen kann. Aber ich werde sehr viel zurückhaltender formulieren, wenn ich den Eindruck weitergebe. Ich mache deutlich, dass ich mit meinem Wissen da schon vorgeprägt bin. Ich sage dann: „Du weißt ja, dass ich dich kenne und vermute, dass du gerne mit Kindern arbeitest. Dennoch habe ich so den Gedanken, dass das nicht nur dein Beruf, sondern auch deine Berufung ist." Die Lehrerin ist dann sozusagen „gewarnt". Sollte ich daneben liegen (weil sie vielleicht über ihren Beruf hinaus noch andere Gaben hat, die sich entfalten sollen), dann hat sie viel leichter die Freiheit zu sagen: „Ich denke, da hat dir dein Vorwissen einen Streich gespielt. Eigentlich sagt Gott zu mir etwas anderes als Arbeit mit Kindern. Ich merke, da ist ein tiefer Wunsch in mir, noch etwas anderes zu tun. Das wird mir jetzt, wo du das gesagt hast, immer klarer."

### Dritte Frage: Entspricht es meinen Ängsten oder Wünschen?

An Punkten, wo meine Gefühle stark engagiert sind, fällt es mir schwer, unvoreingenommen die leise Stimme Gottes zu hören. Meine Wünsche und Ängste übertönen sie sehr leicht.

*Vielleicht betet jemand für eine Freundin, die sich auf einen missionarischen Einsatz in Afrika vorbereitet. Ihn bewegen im Gebet die Ängste vor dem, was ihr dort alles passieren könnte. Außerdem spürt er schmerzhafte Verlustgefühle beim Gedanken, dass sie für so lange so weit weggehen möchte. Wenn er dann im Gebet eine Warnung Gottes zu hören meint, die Freundin solle nicht gehen, dann ist das wahrscheinlich eher die Stimme seiner Angst als die Stimme Gottes.*

Besonders tragisch ist es für Menschen, die in der schweren Krankheit eines Familienangehörigen prophetisch Heilung zugesagt bekommen haben, aber dann erleben müssen, dass er krank bleibt oder gar stirbt. Der Vorwurf „Du hast zu wenig geglaubt" missbraucht den Glauben von Menschen und macht Gott klein. Viel wahrscheinlicher ist es, dass wir hier mit diesem Prinzip zu tun haben, dass starke Wünsche die leise Stimme Gottes überlagern können.

*Als ein bekannter geistlicher Leiter überraschend an Krebs erkrankte, gab es eine spontane Gebetsbewegung in seiner Region und darüber hinaus; eine Reihe Beter empfingen prophetische Aussagen, er würde geheilt werden. Es wurde sehr viel gebetet; viele hielten „im Glauben" an den prophetischen Heilungszusagen fest und proklamierten das Eingreifen Gottes. – Aber Gott rief den Mann trotzdem zu sich. Was war nun mit all den Versprechen Gottes auf Heilung? War Gott untreu? Oder hatten die Freunde zu wenig geglaubt? Was hatte das anscheinend verheißene Wunder verhindert?*

Wir meinen, dass es nötig gewesen wäre, den Ursprung dieser Heilungsworte zu hinterfragen: War es nicht vielleicht eher menschliches Wunschdenken – oder die Fixierung auf eine bestimmte Heilungstheologie – gewesen als das Reden Gottes? Hatte die tiefe emotionale Betroffenheit, das menschliche Unverständnis dafür, dass ein gesegneter Dienst vorzeitig zu Ende gehen sollte, die Antennen für Gottes Reden verbogen?

*Interessanterweise berichtete uns eine der Beterinnen, dass sie kurz vor dem Tod dieses Leiters völlig überraschend in einer Gebetszeit das Wort aus Lukas 2,29 hatte: „Herr, nun kann dein Diener in Frieden sterben." In der allgemeinen Atmosphäre der Heilungserwartung wollte diesen Eindruck jedoch keiner hören.*

Wie bei der zweiten Frage ist auch bei starken Gefühlen meinerseits noch nicht ausgemacht, dass ein Eindruck nicht von Gott ist. Aber wiederum bin ich sehr vorsichtig. Ich darf um die Heilung beten, die ich mir so sehr wünsche. Ich darf auch dem Menschen sagen, dass ich meine, von Gott gehört zu haben, dass er ihn heilen will. Aber ich muss mir ein gesundes Misstrauen gegenüber meiner eigenen „Objektivität“ bewahren.

### Vierte Frage: Ist es etwas, was ich schon längst einmal sagen wollte ?

... aber keiner hat mir zugehört und mich ernst genommen. Jetzt endlich habe ich die Chance, es als „Wort des Herrn“ weiterzugeben. Jetzt müssen sie mich ernst nehmen!

Wenn ich diese Frage mit „Ja“ beantworten muss, dann behalte ich meinen Eindruck für mich. Zu hoch ist die Wahrscheinlichkeit, dass ich aus Bitterkeit, Frust oder Enttäuschung spreche, statt aus dem Geist Gottes. Solche „prophetischen“ Worte haben in vielen Gemeinden dazu beigetragen, dass das prophetische Reden in Misskredit geraten ist und Menschen verletzt oder manipuliert wurden. In dem Empfinden, dass die eigene Autorität nicht reicht, um gehört zu werden, haben sich Menschen die Autorität Gottes „geliehen“. Tatsächlich ist das nichts anderes als ein Missbrauch des Namens Gottes.

*Einmal sagte jemand uns zu: „Gott hat mir gezeigt, dass ihr in meinem Dienst mitarbeiten sollt!“ Die Manipulation war so offensichtlich, dass wir nur lachend erwiderten, das müsse Gott uns schon selber sagen.*

Wenn es tatsächlich etwas gibt, was ich schon längst einmal loswerden wollte, dann suche ich mir einen angemessenen Gesprächspartner und sage es als meine Gedanken, ohne irgendeinen Anspruch, das könnte das Reden Gottes sein.

### Fünfte Frage: Habe ich dem anderen etwas abgespürt?

Vor allem sensible Menschen spüren leicht, in welcher Stimmung oder Situation der andere gerade ist: Stress, Angst, Entspanntheit ... Sie empfangen leicht Signale aus der Seele des anderen. Für Beziehungen, für Seelsorger oder Menschen in sozialen Berufen ist das eine kostbare Gabe. Aber diese Sensibilität ist noch nicht Reden Gottes. Es ist die Versuchung der Feinfühligen, dass diese natürliche Gabe ihnen das Ohr verschließt für die tatsächlichen Worte Gottes zu dem anderen Menschen. Wie kann ich diese Versuchung vermeiden? Es ist hilfreich, wenn ich beim Hören auf Gott innerlich nicht auf den Menschen schaue, für den ich bete. Ich frage nicht: „Was ist mir diesem Menschen los? Was braucht er jetzt?" etc. Vielmehr schaue ich auf Gott und frage: „Was willst du, Herr, zu ihm sagen?"

### Sechste Frage: Habe ich tatsächlich empfangen oder analysiert?

Die entsprechende Versuchung der eher rational Veranlagten unter uns ist es, dass wir unsere eigenen Überlegungen für Worte Gottes halten. Menschen, die schnell eine Situation analysieren können, denen es leicht fällt, gute Ratschläge zu geben oder Zusammenhänge und Strukturen aufzeigen zu können, sind eine Gabe Gottes. In Gruppen und Projekten ist es sehr hilfreich, Menschen mit einer solchen Gabe dabei zu haben. Aber ihre Ratschläge sind in sich noch nicht Reden Gottes. Wenn ich, um einen Eindruck zu bekommen, innerlich „gearbeitet“ habe, indem ich mir Gedanken gemacht, Passendes gesucht, Erfahrungen und Gedanken dazu erwogen oder verworfen habe, dann habe ich eben nicht „empfangen“ – egal wie wertvoll und hilfreich das war.

Wir werden später sehen, dass für die Auslegung von Eindrücken dasselbe gilt. Das Ergebnis ist nicht Gottes Reden, sondern meine Gedanken, so richtig sie vielleicht auch sein mögen. Solche Gedanken gebe ich nicht als Eindruck weiter, sondern bei passender Gelegenheit – nicht in einer Zeit des Hörenden Gebets, sondern in einer Gesprächszeit – und zwar als meine Gedanken. Auch diese können wertvoll sein; auch sie können dem Willen Gottes entsprechen.

Die Hilfe, um zum Hören auf Gott zu kommen, ist die gleiche, wie bei den Sensiblen: Wegschauen von der Situation und meinen Erfahrungen, hinschauen auf Gott!

*Einmal kamen Freunde zu uns und baten uns um Hörendes Gebet für eine bestimmte Situation. Wir kannten diese Situation aus vielen Gesprächen mit ihnen und hatten eine sehr klare eigene Meinung dazu. Diese Freunde schickten wir weg mit dem Vorschlag, sich jemanden zu suchen, der von der Angelegenheit nichts wüsste.*

Wären wir die einzigen Beter weit und breit gewesen, hätten wir natürlich gebetet. Wir hätten dann mit uns und Gott gerungen, um innerlich wieder frei zu werden und wären trotzdem nicht sicher gewesen, wie gut uns das gelungen wäre. So aber konnten wir sehr einfach eine der Hauptfehlerquellen beim Hören auf Gott ausschalten.

## 7. Der Sprachstil eines Hörenden Beters

Nun habe ich also meine Eindrücke durch das „Sieb" dieser sechs Prüffragen durchgeschüttelt. Manche sind aussortiert worden; aber einige sind noch da. Sind die nun Reden Gottes? Oft bin ich mir trotzdem nicht sicher.

*Denn Stückwerk ist unser Erkennen, Stückwerk unser prophetisches Reden. (1. Korinther 13,9)*

Wir haben den Geist Gottes empfangen, er lebt in uns, spricht zu uns, schafft in uns den neuen Menschen. Aber das Wachsen des neuen Menschen und das immer mehr Im-Geist-Leben ist ein Prozess, der in diesem Leben zu keinem Abschluss kommt. Wir sind auf dieser Erde immer bis zu einem gewissen Grad alter und neuer Mensch gleichzeitig. Deswegen gibt es auch hier keine hundertprozentige Sicherheit über die Quellen meines Hörens. Immer wieder wird meine Seele die Ursache eines „Eindrucks" sein, immer wieder werde ich zwar Gottes Reden hören, es aber missverstehen. Das ist an sich kein Problem. Ich bin deswegen kein „falscher Prophet". Ich bin Mensch – gefallen, erlöst und auf dem Weg. Aber dieses Wissen um meine Fehlbarkeit macht mich demütig.

Nun kommt die nächste Runde des Prüfens: Ich muss dem anderen meinen Eindruck erzählen und sehen, ob er darin von Gott berührt wird. Ich kann Menschen das „auf der offenen Hand" anbieten, was ich gehört habe: „Ich bin mir nicht sicher. Aber hier ist mein Eindruck. Wenn du darin Gottes

Reden erkennen kannst, dann freut es mich. Wenn du darin nicht Gott hörst, dann leg es beiseite. Ich aber werde weiter üben und weiter Menschen das Gehörte anbieten und an den Rückmeldungen wachsen." Deswegen geben wir Eindrücke nicht weiter mit Worten wie „So spricht der Herr …" oder „Ich habe eine Botschaft von Gott für dich!" Wir sagen: „Ich habe den Eindruck …" oder „Ich habe ein Bild gesehen …" oder „Im Gebet kam mir der Gedanke …" oder „Ich denke, Gott möchte dir sagen …" Als Beter *bieten wir an,* benennen Möglichkeiten. Probleme mit einem falschen oder seelischen Eindruck bekommen wir nur dann, wenn wir den Anspruch erhoben haben, dies wäre das definitive Reden Gottes. Wenn wir dagegen gelassen und ohne Schuldgefühle unsere Fehlbarkeit bekennen, dann sind wir „aus dem Schneider". Wir haben nichts versprochen, was wir nicht halten können.

Ganz wichtig ist es auch, dass wir in der Art, in der wir Eindrücke weitergeben, die Liebe und die Annahme Gottes widerspiegeln. Alles, was wir sagen, muss durchdrungen sein von der absoluten Achtung vor der Persönlichkeit des anderen. „Die Würde des Menschen ist unantastbar." Das gilt auch und gerade im Hörenden Gebet. Auch im Namen Gottes darf ich nicht Druck ausüben, nicht manipulieren und nicht suggerieren, nicht bloßstellen und nicht beschämen. Was ich nicht in Liebe und Annahme und ohne Verletzung des Respekts sagen kann, sollte ich besser gar nicht sagen – auch nicht als „prophetischen Eindruck" oder seelsorgerlichen Rat. Leider gibt es ab und zu Christen, die meinen, sie seien durch göttlichen Auftrag von dieser Achtungspflicht gegenüber dem anderen ausgenommen. Sie sind es nicht. Lassen Sie uns in unserem Umfeld Zeichen setzen für ein Ausüben der Gaben Gottes in Liebe und Achtung und Respekt voreinander!

# 5. Was bedeuten die Eindrücke? – Die Auslegung

Wir rufen uns ins Gedächtnis, dass sich das prophetische Reden in drei Schritten vollzieht: Empfangen – Auslegen – Anwenden.

Nicht immer ist ein Eindruck auf den ersten Blick verständlich. Bei den biblischen Bildern (Visionen) braucht es oft eine Erklärung Gottes, was dieses Bild bedeuten soll. Das Bleilot, das Amos sieht, muss ihm erst von Gott erklärt werden, ehe es als prophetisches Reden Sinn ergibt: die Warnung Gottes, dass er das Unrecht seines Volkes nicht mehr länger übersehen würde.

*Und der Herr fragte mich: „Amos, was siehst du?" „Ein Bleilot", antwortete ich. Da sagte er: „Ich lege jetzt dieses Lot an mein Volk Israel, in Zukunft gehe ich nicht mehr über ihre Sünden hinweg". (Amos 7,8)*

Es geht uns heute nicht anders. Auch wir brauchen oft Auslegungen, um zu verstehen, was Gott mit einem Eindruck sagen will.

*Eine Beterin bekam einmal im Gebet für einen Gast ein Bild von einem Nikolaus in Indianerkleidung. Zunächst war sie versucht, das als Unsinn abzutun. Aber sie hörte doch noch einmal hin, ob Gott ihr nicht eine Auslegung schenken würde. Da bekam sie den Satz: „Du kannst nicht beides gleichzeitig sein. Entscheide dich!" Für den Gast war das dann tatsächlich ein entscheidender Hinweis – Bild und Auslegung zusammen waren ein Volltreffer!*

Manchmal ist ein Bild oder ein Wort zwar verständlich, aber es bleibt noch zu klären, welchen Bezug das für den Betroffenen hat. Es könnte eine Zustandsbeschreibung darstellen: „Genauso ist deine Situation!“ Der Sinn ändert sich beträchtlich, wenn das gleiche Bild eine Aufforderung darstellt: „Arbeite daran, dass es dazu kommt!“ Es könnte aber auch eine Warnung sein, und wieder ist der Sinn ein anderer: „Pass auf, dass es nicht so wird!“ Oder vielleicht ist es eine Verheißung: „Das wird kommen!“

## Zustandsbeschreibung oder Aufforderung?

*Ein Beter sah einmal im Gebet für Susanne einen Zug am Bahngleis stehen. Die Waggons des Zuges waren beschriftet: Liebe, Vertrauen, Offenheit. Er sah, wie Susanne immer noch am Bahnsteig stand, als der Zug schon abfuhr. Er schilderte ihr das Bild und sagte dann: „Ich denke, Gott will dir sagen: Der Zug ist ohne dich abgefahren!“ (Hier hatte der Beter gegen unsere Regel verstoßen, dass wir keine negativen Eindrücke weitergeben, wenn nicht auch klar wird, wie Gott da eingreifen will.) Susanne war völlig fertig und erzählte mir von diesem Bild. Was sollte sie nun tun? Gab es noch Hoffnung für sie? Während sie sprach, hatte ich den Impuls, dass das Bild zwar richtig, die Auslegung aber falsch sei. Die Auslegung musste lauten: „Steig jetzt ein, sonst verpasst du den Zug!“ Als ich das sagte, reagierte Susanne mit einem spontanen inneren Erkennen: „Stimmt, das ist meine Situation. Das hat Gott zu mir auch schon gesagt! Ja, ich will neu Vertrauen wagen – ich weiß schon, was er damit meint.“*

### Sündenoffenbarung oder Warnung?

*Ich selber (Ursula) hatte einmal einen Traum, in dem ich eine gravierende Sünde beging. Sehr erschrocken wachte ich auf und fragte: „Herr, wann habe ich diese Sünde begangen? Ich habe es gar nicht bemerkt.“ In mir hörte ich die Antwort: „Du hast sie nicht begangen. Aber der Satan wird dich in nächster Zeit verleiten wollen, sie zu begehen. Lass dich warnen und sei in diesem Bereich deines Lebens besonders wachsam!“*

### Verheißung oder Auftrag?

Vielleicht ist ein Eindruck aber auch ein Zuspruch Gottes, der keine eigene Aktion von mir erfordert: eine Verheißung einer Sache, die er in meinem Leben tun will. In einer anderen Situation dagegen fordert Gott mich zum Handeln auf.

Um all das zu unterscheiden, nützt mir mein Verstand nichts. Diese Erklärung kann nur Gott selber geben. Deshalb ist wichtig, auch bei der Auslegung genau hinzuhören und nicht dem spontanen eigenen Empfinden auf den Leim zu gehen!

## 1. Was ist eine Auslegung?

Um das Reden Gottes richtig zu verstehen, müssen wir ihn also selber um Erklärungen bitten. Wir brauchen eine Auslegung. Diese Auslegung wird genauso *im Geist empfangen,* wie der Eindruck selber.

*Und wenn wir davon reden, tun wir es mit Worten, die nicht menschliche Klugheit, sondern der Geist Gottes uns lehrt; wir erklären das, was Gott uns durch seinen Geist offenbart hat, mit Worten, die Gottes Geist uns eingibt. Ein Mensch, der Gottes Geist nicht hat, lehnt ab, was von Gottes Geist kommt; er hält es für Unsinn und ist nicht in der Lage, es zu verstehen, weil ihm ohne den Geist Gottes das nötige Urteilsvermögen fehlt. (1. Korinther 2,13-14)*

Es geht eben nicht darum, dass wir uns Gedanken machen, wie man das Bild denn nun verstehen könnte. Es geht weder um eine gründliche Analyse noch um spontane Assoziationen („Dazu fällt mir ein ..."), auch nicht um logische Schlussfolgerungen und erst recht nicht um meine Meinung dazu! Es macht auch keinen Sinn, in einem Handbuch biblischer Symbole nachzuschlagen, was nun wohl ein Bleilot oder ein Zug bedeuten soll; den Nikolaus und den Indianer finden wir dort sowieso nicht. Gott kann das gleiche Bild oder Wort in unterschiedlichen Zusammenhängen mit unterschiedlicher Bedeutung gebrauchen. Das ist schon in der Bibel so: Ein „Löwe" kann den „Löwen von Juda" meinen, also den königlichen Messias Jesus (Offenbarung 5,5) – oder aber den Satan, „ein brüllender Löwe, der uns verschlingen will" (1. Petrus 5,8 ). So können in unseren Bildern ähnliche Elemente auftauchen und dennoch jedesmal etwas anderes bedeuten. Was es in einer konkreten Situation bedeutet, kann uns letztlich nur Gott sagen.

Eine Parallele finden wir in der Sprachenrede mit Auslegung. Eine laut gesprochene Sprachenrede kann nicht mit dem menschlichen Verstand „übersetzt" werden – abgesehen von den seltenen Fällen, in denen der Beter eine ihm unbekannte, aber existierende Sprache spricht. Es braucht eine von Gott gegebene Erkenntnis über den Inhalt des Gesprochenen. Mit Nachdenken oder Fantasie ist da gar nichts zu machen.

Genauso verhält es sich auch mit der Auslegung von Bildern und Eindrücken. Eine Auslegung kommt als spontanes inneres Erkennen, wie ein Licht, das plötzlich ohne mein Zutun angeht. Fehlt die Leichtigkeit dabei, wird es also verkrampft oder grüblerisch, dann ist die Auslegung aller Wahrscheinlichkeit nach nicht von Gott, sondern menschlich. Die Prüffrage aus dem 4. Kapitel „Habe ich empfangen oder analysiert?" ist auch hier ein entscheidender Hinweis auf die Quelle. Viel zu oft werden Eindrücke durch Assoziationen (was mir gerade dazu einfällt) verzerrt, rational analysiert (und damit buchstäblich „aufgelöst"), oder aber in der Diskussion zerredet – und damit kaputt gemacht.

Manche scheinbar unverständlichen Eindrücke sind in besonderer Weise auf ein deutendes Wort von Gott her angewiesen. Dabei kann es auch manchmal zu für unseren modernen Geschmack „hanebüchenen" Verbindungen kommen, die man aber deswegen nicht einfach von der Hand weisen darf. Ein berühmtes Beispiel dafür findet sich beim Propheten Amos:

*Gott der Herr ließ mich ein Bild sehen: Ein Korb mit Obst stand da, das reif zur Ernte war. Und er sprach: „Was siehst du, Amos?" Ich antwortete: „Einen Korb mit Obst, reif zur Ernte." Da sprach der Herr zu mir: „Reif zum Ende ist mein Volk Israel; ich werde darüber nicht mehr hinweggehen." (Amos 8,1-2)59*

Der Übergang von der Aussage „reif zur Ernte" zu der Auslegung „reif zum Ende" allein aufgrund des ähnlichen Klangs scheint höchst willkürlich zu sein – und doch war es in diesem Fall das Reden Gottes. Hier wird deutlich, wie sehr jede Auslegungsmethodik unter Vorbehalt steht.

## 2. Wer bekommt die Auslegung?

### Der Beter

Oft erleben wir, dass der Beter selber auch die Auslegung zu seinem Eindruck empfängt. Er muss den Unterschied dann auch sprachlich deutlich machen: „Ich hatte ein Bild ... – Und ich denke, es könnte Folgendes bedeuten ..." Diese Unterscheidung ist wichtig: sie gibt dem Adressaten die Chance, beides, den Eindruck und die Auslegung, getrennt zu prüfen. Wir empfehlen durchaus, dass der Beter Gott um die Auslegung bittet. Aber nicht immer bekommt er eine.

### Ein anderer im Team

Immer wieder geben Beter einen Eindruck weiter, mit dem sie selber gar nichts anfangen können. Während sie ihn in der Gruppe erzählen, wird plötzlich einem anderen Mitbeter dieses spontane innere Verstehen geschenkt, so dass er die Auslegung anfügen kann. Oder er hat einen ergänzenden Eindruck gehabt. Gerade im hörenden Gebet in einer Gruppe kommt es zudem oft vor, dass verschiedene Eindrücke, die in der Gebetsrunde weitergegeben werden, einander gegenseitig auslegen. Im Gesamtbild wird plötzlich einleuchtend von Gott her klar, was jeder einzelne Eindruck bedeuten soll.

### Der Adressat

In vielen Fällen hat allerdings der Adressat selber die Auslegung. Wir erleben an den Gästeabenden, dass die Mitarbeiter einer Gebetsgruppe ihre Eindrücke weitergeben und selber keine Ahnung haben, wovon sie sprechen. Aber während sie reden, erscheint ein immer breiter werdendes Lächeln auf dem Gesicht des Gastes, oder die Tränen fangen an zu fließen. Denn der Gast weiß sehr wohl, was die einzelnen Bilder und Worte zu bedeuten haben. Er fühlt sich im Innersten zutiefst berührt. Er hat die Auslegung empfangen – kein Wunder, es geht schließlich um sein Leben. So erstaunt es nicht, dass Gott vor allem *ihm* erklärt, was er sagen möchte.

### Manchmal kommt die Auslegung später

Wenn wir keine Auslegung bekommen haben, dann dürfen wir Gott zunächst einmal einfach darum bitten. Deswegen bekommt bei uns jeder Gast im Hörenden Gebet alle mitgeteilten Eindrücke mitgeschrieben. So kann er selbst daheim Gott noch um Auslegungen und Erläuterungen bitten.

Aber manchmal ergibt ein Wort oder ein Bild einfach kein Sinn. Das Gebet um Auslegung bleibt unbeantwortet. Es bleibt einfach unklar. Auch kein anderer bekommt eine Erklärung. Solch einen Eindruck muss man dann „aufs Regal stellen“. Wir legen ihn beiseite – vielleicht gibt Gott später eine Erklärung. Eine Freundin bekam einmal nach acht (!) Jahren die Auslegung zu einem Wort, das sie empfangen hatte. Zum richtigen Zeitpunkt erinnerte Gott sie an den ursprünglichen Eindruck und gab ihr jetzt die Erklärung dazu.

### Unklare Eindrücke werden am besten vergessen

Oft aber werden solche unklaren Worte und Bilder mit der Zeit einfach vergessen – und das ist gut so. Sie waren unklar, weil sie mit zu viel Menschlichem vermischt waren. Sie haben keine Saite in uns angerührt, weil kein göttlicher Geist da war (oder zumindest nicht genug neben all den menschlichen Gedanken), um die Worte mit Leben zu füllen. Es ist ein gesunder Filter, der hier am Werk ist. Eindrücke, in denen Gott nicht klar genug zu mir spricht, bleiben unausgelegt, verstauben auf dem Regal und werden zu Recht vergessen.

Das ist für niemand eine Schande – für mich als Beter nicht und für den Adressaten auch nicht. Ich weiß ja, dass nicht alles, was ich „höre", geistlich ist. Und auch der Adressat ist nicht ungeistlich oder ungehorsam, wenn er Eindrücke, in denen er Gottes Reden nicht erkennt, einfach beiseite legt. Viel schlechter wäre es, wenn wir versuchen würden, mit viel Grübeln aus jedem Bild einen Sinn „herauszuquetschen" oder jedes Wort so lange zu biegen, bis es doch eine Aussage bekommt. Grübeln bringt nicht größere Klarheit, höchstens größere Verwirrung!

Da es Gottes Interesse ist, sich uns verständlich zu machen, wird er andere Wege finden, um so zu uns zu sprechen, dass wir verstehen, was er meint.

## 3. Auch der Adressat muss die Eindrücke prüfen!

Selbst, wenn wir unseren Eindruck durch das Sieb aller genannten Prüffragen[60] haben gehen lassen, können wir trotzdem immer noch nicht sicher sein, ob wir tatsächlich Gott gehört haben. Wir müssen es dann wagen, den Eindruck mitzuteilen und dem Adressaten das Prüfen zu überlassen. Manchmal bekommen wir die absurdesten oder witzigsten Bilder, von denen wir selber überzeugt sind, dass sie ganz sicher nur unser eigener Unsinn sind. Wenn wir es aber wagen, sie mitzuteilen, erleben wir immer wieder, dass unser Gast tief berührt ist, weil er die Stimme Gottes darin erkennt.

*Eine Freundin druckste einmal in einem Gebet für mich (Ursula) lange herum. Der Eindruck, den sie gerade empfangen hatte, kam ihr so peinlich und sinnlos vor. Schließlich erzählte sie mir, sie hätte innerlich ein Kinderlied gehört: „Ein Elefant, der balancierte auf einem Spinnennetz. Da rief er: Hurra, es hält! Ich hole meine Freundin jetzt. Zwei Elefanten, die balancierten ..." – Erst nach vielen Strophen reißt das Spinnennetz tatsächlich. So absurd ihr dieser Text erschien, mir war er intuitiv sofort klar: Es war die Strategie Gottes für das vor mir liegende Jahr. Nach einer langen Krisenzeit sollte ich mich nun wieder mutig neuen Herausforderungen stellen, aber dabei noch vorsichtig sein, mich nicht zu überlasten. Zwei weitere Eindrücke in dieser Gebetsrunde bestätigten die Aussage.*

Nur ich als Adressat hatte hier urteilen können, ob dieser Eindruck Gottes Reden war. Die Freundin musste das Risiko eingehen, sich damit lächerlich zu machen.

Wenn wir eine „wasserdichte" Sicherheit wollten, dass unser Eindruck von Gott ist, dann dürften wir nie etwas sagen. Und wenn ein Mensch das vollkommene Reden Gottes durch andere erwartet, dann muss er schleunigst lernen, dass wir als Menschen auf dieser Erde nie vollkommen sein werden. Deshalb muss der Adressat selber vor Gott prüfen, ob er in unseren Eindrücken das Reden Gottes erkennt. Gott hat jedem Christen die Priesterwürde verliehen, so dass er selbst für sich vor Gott stehen kann (1. Petrus 2,5). Es geht um sein Leben, für das er die Verantwortung hat. Diese Verantwortung können und dürfen wir niemandem abnehmen! Es ist an ihm zu sagen: „Ja, hier höre ich Gott!“ oder: „Nein, damit kann ich nichts anfangen.“

Deswegen endet unsere Verantwortung auch beim verständlichen Mitteilen eines Eindrucks. Es ist nicht an uns, jemanden zur Annahme des Eindrucks zu bewegen oder zu drängen. Was er nicht als Gottes Reden erkennen kann, darf, ja muss er selbstverständlich beiseite legen.

*Du bist nicht der Herr deines Mitmenschen. Mit welchem Recht willst du ihn also verurteilen? Ob er im Glauben standfest bleibt oder ob er fällt, ist eine Sache zwischen ihm und Gott, seinem Herrn. Und er wird im Glauben festbleiben, denn der Herr hält ihn. (Römer 14,4)*

Ebenso gibt Gott mir nicht das Recht, Eindrücke anderer für mich ungeprüft anzunehmen. Gott will keine Stellvertreterbeziehung zu mir (durch einen Propheten, Leiter, Seelsorger oder hörenden Beter), sondern er will mir direkt begegnen. Andere Menschen können dabei Helfer sein, raten oder das weitergeben, was sie von Gott zu hören meinen. Aber die Verantwortung für mein geistliches Leben bleibt immer bei mir selbst. Auch wenn ein großer Prophet auf einer Konferenz unter Tausenden von Leuten meinen Namen aufruft, mir Einzelheiten aus meinem Leben nennt, die er gar nicht wissen kann, und dann ein Wort Gottes für mich spricht, muss ich es prüfen! Es gibt genügend Beispiele dafür, dass auch außergewöhnlich prophetisch begabte Menschen sich verhören oder etwas missverstehen. Die Verantwortung zu prüfen darf ich niemals an andere delegieren!

## 4. Wie prüft der Adressat empfangene Eindrücke?

### Berührt mich das?

Neben der Frage nach der Übereinstimmung mit dem Zeugnis und dem Geist der Bibel bedeutet Prüfen hier vor allem die Frage: „Sagt mir das etwas? Spricht mich das in der Tiefe an?“ Wenn wirklich Gottes Geist redet, lässt mich das innerlich nicht kalt. Ich bin angerührt, bewegt, erkenne spontan; ich bin betroffen. Wie bei der Auslegung geht es nicht um Grübeln, Nachdenken und Analysieren oder wilde Assoziationen. Der menschliche Geist in mir erkennt Gottes Geist in einer inneren Intuition. Manchmal können wir das nicht gleich in Worte fassen, was uns da berührt. Wir spüren nur: Da ist etwas Lebendiges, Echtes; es macht mich betroffen. Und das suchen wir:

*Der Geist selbst bezeugt es unserm Geist ... (Römer 8,16).*

### Bestätigt Gott es?

Immer wieder wird es dann aber Situationen geben, in denen ich mich zu einem Handeln in der einen oder anderen Richtung entscheiden muss. Wie soll ich das tun, ohne wirklich sicher zu sein, ob und was Gott gesprochen hat? Oft muss ich dann einmal denjenigen Weg verfolgen, der mir (vielleicht aufgrund anderer Hinweise[61]) plausibel erscheint. Ich gehe diesen Weg dann vorsichtig, überprüfe alle paar Schritte, ob ich die Bestätigung Gottes erlebe. Wenn sich dabei herausstellt, dass ich mich geirrt habe, dann kehre ich eben um. Wenn sich zunehmend bestätigt, dass darauf der Segen

Gottes liegt, dann freue ich mich über seine Führung und gehe zuversichtlich weiter.

## Wichtige Dinge sagt Gott mehrmals!

Große Entscheidungen, die ich nicht rückgängig machen kann, darf ich daher niemals aufgrund eines einzelnen Eindruckes treffen! Wichtige Dinge sagt Gott mehrmals und gibt auch andere externe Hinweise. Dazu gehören unter anderem passende Gelegenheiten, „zufällige" Begegnungen mit den richtigen Leuten, Ratschläge weiser Christen, Freunde, die mit mir gehen wollen, und vieles andere mehr.

# 6. Zum Umgang mit Bildern und Symbolen

## 1. Warum Bilder?

### Bilder – die Sprache unserer Seele

Erfahrungsgemäß sind Bilder eine relativ häufige Form von „Eindrücken", wenn wir auf Gott hören. Das hat mehrere Gründe. Zum einen sind Bilder und Symbole die Sprache der Seele, unseres inneren Menschen, die vieles tiefer, umfassender und prägnanter zum Ausdruck bringen können, als wir es mit rationalen Begriffen und Definitionen vermöchten.[62] Das Phänomen ist uns im übrigen vertraut: die Träume, mit denen unsere Seele die Eindrücke des Tages verarbeitet, sind ja auch nichts anderes als Bilder oder kleine Filme.

Gleichzeitig ist das Empfangen, also die „feminine" Seite des Menschen, aufs Engste mit der Intuition, der Schau der gottgegebenen Wirklichkeit, verknüpft, und diese Schau vollzieht sich wesentlich in Bildern.[63]

### Bilder umgehen die Filter unseres Verstandes

Schließlich ist noch ein weiterer Aspekt von nicht geringer Bedeutung: Der Geist Gottes gebraucht oftmals Bilder und Symbole, um die manchmal geradezu tyrannische Zensur unseres rationalen Verstandes zu umgehen. Denn jeder von uns hat innere Filter für die eigene Wahrnehmung. Zunächst sind solche Filter notwendig, um die Vielfalt der auf uns einströmenden Eindrücke und Informationen auf die wesentlichen zu reduzieren. Unser Verhalten im Straßenverkehr macht es deutlich: Aus der inzwischen überbordenden Fülle von Straßenschildern nehmen wir im Allgemeinen nur noch die wahr, die für die momentane Situation relevant sind – die Parkverbotsschilder bemerken wir erst, wenn wir nach einem Parkplatz suchen.

Ganz ähnlich ist es mit der Wahrnehmung geistlicher Realitäten. Auch hier nehmen wir oft nur wahr, was wir sowieso schon wissen. Und wenn etwas unserer Theologie an einem bestimmten Punkt widerspricht, dann wird das ausgefiltert. Diese Filter funktionieren wie eine Brille: sie stellen manches scharf, aber andere Aspekte werden unscharf oder verschwimmen völlig. Deshalb gibt es höchst unterschiedliche christliche Kirchen, die sich alle auf die eine Bibel gründen, und doch zu einer unterschiedlichen Wahrnehmung der einschlägigen Stellen kommen. Da stellt sich natürlich die Frage, wie wir für Anderes, Neues vielleicht, offen werden können.

Dass nicht erst spätere Generationen Schwierigkeiten an diesem Punkt haben, sondern bereits namhafte Gestalten der Bibel, zeigt die Geschichte von Petrus in Apostelgeschichte 10 und 11. Hier sehen wir, wie Gott ein inneres Bild benutzt, um einen der zentralen Wendepunkte des Neuen Testaments herbeizuführen.

Es ging um die zentrale Frage, ob Nichtjuden einfach Christen werden können, oder ob sie nicht gleichzeitig auch Juden werden müssen. Das hätte bedeutet, dass sie die ganze Torah befolgen müssten, einschließlich der Beschneidung, den Speisegeboten, der Feier jüdischer Feste etc. Bis zu diesem Zeitpunkt war das kein Problem gewesen: alle

Jünger Jesu waren ja Juden. Ihre Sichtweise war klar: Es war undenkbar, zum Volk Gottes gehören zu wollen, ohne sich an sein gottgegebenes Gesetz, die Torah, zu halten, also Jude zu werden. Der Filter dieser vorgeprägten Theologie der Urgemeinde war so stark, dass er auf rational-argumentativem Weg offensichtlich nicht auszuhebeln war, trotz mancher Hinweise des irdischen Jesus.

In dieser Situation gebrauchte Gott eine Vision, also ein besonders intensives Bild. Petrus, der maßgebliche Mann der Urgemeinde, sah während seines Mittagsgebets ein Tuch mit unreinen Tieren vom Himmel kommen, also Tieren, die ein Jude nach der Torah nicht essen durfte. Zugleich hörte er gleich dreimal die Anweisung, „zu schlachten und zu essen". Aber das war ihm durch seine geistliche Tradition, das jüdische Gesetz, verboten.

Im gleichen Moment erhielt Petrus eine Einladung in das Haus eines – pauschal als „unrein" geltenden – Nichtjuden. Nach damaliger Überzeugung durfte ein Jude eine solche Einladung nicht annehmen. Zum einen, weil der Nichtjude fremden Göttern folgte, und deshalb unrein war. Und zum andern, weil er nicht-koschere Speisen vorsetzen würde, die man nicht ablehnen konnte, ohne die heiligen Verpflichtungen der Gastfreundschaft aufs Tiefste zu verletzen.

Trotzdem wagte Petrus diesen Schritt – das innere Bild hatte ihn darauf vorbereitet. Er hatte keine Ahnung, wie sich das weiter entwickeln würde, aber er vertraute dem Reden des Heiligen Geistes. Und dann macht er eine umstürzende Erfahrung: Der Geist Gottes erfüllte die Nichtjuden noch während seiner Ansprache und machte sie dadurch zu Jüngern Jesu. Damit war klar: Gott hatte einen neuen Weg geöffnet: Nichtjuden gehören zum Messias Jesus und damit zum Volk Gottes, ohne erst Juden werden zu müssen. Es war der entscheidende geistliche Durchbruch der Urgemeinde.

Allerdings war diese neue, revolutionäre Erkenntnis zunächst noch höchst umstritten. Petrus musste sich vor der gesamten Urgemeinde in Jerusalem rechtfertigen. So wird die ganze Geschichte gleich zweimal ausführlich geschildert (Apostelgeschichte Kapitel 10,9-20 und 11,4-12)! Auch danach gab es in der Urgemeinde noch lange hitzige Diskussionen über diesen Punkt, bis die Wende endgültig geschafft war. Ausgelöst hatte sie ein Bild.

## 2. Einige Grundregeln im Umgang mit Bildern

Die meisten Bilder, die wir beim Hören auf Gott bekommen, sind nicht gleich eindeutig; sie brauchen deshalb eine Auslegung. Im Folgenden deshalb ein paar Prinzipien, die man beherzigen sollte:

### Ganzheitlich wahrnehmen

Bei der Auslegung von Bildern braucht es einen ganzheitlichen Ansatz. Oft trifft man Menschen, die geradezu krampfhaft versuchen, ihren Bildern einen Sinn abzugewinnen, indem sie einzelne Elemente herausgreifen und zu analysieren versuchen.

*Etwa: „Die Farbe Rot, so habe ich gehört, steht für das Blut Christi, also die Erlösung. Dann muss mein Bild von dem Kind auf dem roten Bobby-Car auf dem Balkon irgendwie damit zu tun haben.*

*Also: wenn du dich auf die Erlösung Jesu einlässt, dann trägt er dich, wie ein Bobby-Car das Kind, in luftige Höhen – wegen des Balkons – …".*

Es kann auch noch erheblich seltsamer werden! Eine verantwortliche Auslegung ist das allerdings nicht, höchstens ein Stochern im Nebel, oft aber auch einfach grober Unfug.

Wir müssen uns eines klarmachen: Ein Bild ist zunächst einmal ein großes Ganzes, das man nicht in Einzelheiten zerlegen sollte. Oft hat es nur eine einzige Aussagerichtung, für die die einzelnen Züge gar nicht besonders von Belang sind. Der beste Zugang zu einer angemessenen Auslegung ist deshalb, „sich in das Bild hinein zu begeben", statt „von außen" an ihm herumzudoktern. Es geht darum, sich vom Bild erfassen zu lassen, nicht es unter Anwendung bestimmter Methoden zu interpretieren. Bei obigem Bild könnte man vielleicht ein Gefühl von Schutz und gleichzeitigem Überblick empfinden. Oder man empfindet ganz im Gegenteil das Gefühl eingesperrt zu sein.[64]

## Die Bilder Jesu haben *einen* Vergleichspunkt

Wir können uns das an den Gleichnissen deutlich machen, die Jesus den Leuten erzählt hat. Diese Gleichnisse sind ja auch eine Art „Bilder", die ausgelegt werden müssen. Eines der kürzesten Gleichnisse lautet:

*Mit dem Himmelreich ist es auch wie mit einem Kaufmann, der schöne Perlen suchte. Als er eine besonders wertvolle fand, verkaufte er alles, was er besaß, und kaufte dafür diese eine Perle. (Matthäus 13,45f)*

Hier ist sofort klar, dass es nur um eine einzige Aussage geht: Das Reich Gottes ist so unendlich kostbar, dass es sich lohnt, alles dafür herzugeben. Weder die Perle als solche noch der Kaufmann haben dabei irgendeine tiefere Bedeutung. Noch deutlicher wird das Prinzip der ganzheitlichen Auslegung am „Gleichnis von der bittenden Witwe“ bzw. „vom ungerechten Richter“ (Lukas 18,1-8). Hier erzählt Jesus von einem „ungerechten“ Richter, der nicht einmal Gott fürchtete. Er hatte keine Lust, einer hilflosen Witwe ihr Recht zu verschaffen. Die Witwe allerdings blieb hartnäckig; schließlich ging sie dem Richter so auf die Nerven, dass er nachgab und Recht sprach. Legt man dieses Gleichnis Zug für Zug aus, so gerät man sofort auf den Holzweg: Die bittende Witwe entspricht den Jüngern Jesu, den Glaubenden. Der Richter entspricht Gott – und demzufolge wäre Gott launenhaft, unberechenbar und ungerecht. Außerdem hört er nur, wenn man ihm lange genug auf die Nerven geht. Das widerspricht allem, was Jesus sonst von seinem Vater aussagt!

Die korrekte Auslegung, wie Jesus sie dann gibt, lautet: Es geht nur um das Eine, nämlich im Gebet nicht nachzulassen – dann wird Gott uns erhören. Der Charakter des Richters ist nur eine Ausschmückung, um das Bild dramatisch zuzuspitzen. Verglichen aber wird *nicht* Gott mit dem Richter, sondern die Hartnäckigkeit der Witwe mit der Ausdauer der Jünger im Gebet.

Erst wenn wir dieses Prinzip wirklich verstanden und verinnerlicht haben, können wir anfangen, auch Bilder auszulegen, die komplexer sind und mehrere Elemente enthalten. Manchmal sind das dann „Bildergeschichten“, bei denen die einzelnen Elemente sich entwickeln wie in einer Art Film. Solche Bildergeschichten gibt es auch unter den Gleichnissen Jesu, wie zum Beispiel die zehn Jungfrauen, die auf den Bräutigam warten (Matthäus 25,1-13).

Auch das „Gleichnis vom vierfachen Ackerfeld" (Matthäus 13,3-9) ist komplexer. Hier haben die einzelnen Bildelemente (die verschiedenen Bodensorten) eine jeweils eigene Bedeutung, wie Jesus selbst in seiner Auslegung erklärt (Matthäus 13,18-23).

## Auf Empfindungen achten

Eine weitere wichtige Regel für das Auslegen von Bildern lautet: Der Empfänger eines Bildes sollte darauf achten, welche Begleitempfindungen er dabei spürt. Die Art dieser Empfindungen kann einen Hinweis auf die Richtung der Auslegung geben. Nehmen wir als Beispiel das Bild eines weiten Meeres. Für viele Menschen ist es ein Bild für Urlaub und Entspannung oder Weite, Freiheit und Ungebundenheit. Für andere aber kann es das Symbol tiefster Bedrohung darstellen, ein hilfloses Ausgeliefertsein an übermächtige, bedrohliche Naturgewalten.[65] Deshalb ist es wichtig nachzufragen, welche Empfindungen der Empfänger des Bildes dabei hat: Empfindet er ein Gefühl der Freiheit, der Entspannung, oder eher das eines aufziehenden Sturms und der Bedrohung? Daran wird sich im Allgemeinen die Auslegung des Bildes zu orientieren haben. Denn die Bilder, die in uns aufsteigen, stammen meist aus dem Rohmaterial unserer Seele und werden als solche von Gott in den Dienst genommen, wie wir später noch sehen werden.

Das Fragen nach Begleitempfindungen gilt im Übrigen auch für biblische Bilder: So kann der „Löwe", das Bild herrscherlicher oder aber raubtierhafter Stärke, sowohl für den Messias, „den Löwen aus dem Stamm Juda“, stehen (Offenbarung 5,5), wie auch für den Widersacher – „ein brüllender Löwe, der uns verschlingen will“ (1. Petrus 5,8). Den Unterschied machen unsere Empfindungen: Steigt in mir panische Angst auf, wenn ich diesen Löwen betrachte? Oder empfinde ich eher Ehrfurcht, wenn auch vielleicht mit zittrigen Knien, angesichts der Macht und Majestät dieses Bildes?[66]

Im Allgemeinen gilt: Die begleitenden Empfindungen des Beters geben einen wichtigen Hinweis darauf, wie ein Bild auszulegen ist.

## 3. Geprägte Bilder: Symbole

Symbole gehören zu unserem Menschsein untrennbar dazu. Symbole sind bildhafte „Verdichtungen“ von komplexen Wahrheiten. Sie zeichnen sich oft durch eine hohe Bedeutungsdichte und differenzierte bzw. mehrschichtige Bedeutungsebenen aus. Viele dieser Symbole greifen auf tief in der Seele des Menschen liegende „Archetypen“ (eine Art „Ur-Bilder“) zurück und drücken Grunderfahrungen des Menschseins aus. Allerdings haben wir in der modernen Welt damit ein Problem: Wir haben den spontanen Zugang dazu verloren, oder unsere inneren Symbole sind oft nachhaltig verzerrt, entstellt, verwirrt worden.

### Symbolverwirrung

Symbolverwirrung oder -störung bedeutet, dass wichtige Symbole mit falschen Gefühlen, Assoziationen und vielleicht sogar Konzepten besetzt sind. Vielleicht sind in meiner konkreten Lebensgeschichte „Mutter“ und „Vater“, die Ursymbole von Annahme, Liebe und Geborgenheit, zutiefst problematisch geworden und negativ besetzt, weil meine Eltern mich vernachlässigt oder misshandelt haben. Dann werden diese Begriffe und die damit verbundenen inneren Bilder zu einem Symbol für Unsicherheit, Bedrohtsein oder Leere und sind mit Gefühlen der Angst, Ablehnung oder Kälte verknüpft. Oder nehmen wir ein anderes christliches Grundsymbol, das Kreuz. Hier können unterschiedliche Formen religiösen Missbrauchs das Symbol mit Unterdrückung, Misshandlung und Perversion identifizieren.[67]

## Die Dekonstruktion der Symbole

Zum Teil ist der Verlust von Symbolen auch ein bewusst gewollter gesellschaftlicher Prozess. In der Postmoderne werden aus ideologischen Gründen Ursymbole wie „Mann“ oder „Frau“ gezielt „uminterpretiert“, entstellt oder entwertet, weil man die darin verdichtete Realität nicht mehr akzeptieren will. Dann wird natürlich auch das Reden von Gott als „Vater“ problematisiert oder abgelehnt – und damit eine der zentralsten theologischen Aussagen überhaupt.

Auch das Symbol des „Königs“ wird als Bild für Gott problematisch, wo man die Herrschaft Gottes über unser Leben nicht akzeptieren will. Dennoch hält sich das Königtum in einigen westlichen Ländern hartnäckig als gesellschaftliche Institution, obwohl es den Steuerzahler dort teuer zu stehen kommt. Diese „Irrationalität“ ist ein Hinweis auf die starke Verwurzelung eines solchen Symbols in der kollektiven Psyche.

## Symbole der jüdisch-christlichen Tradition

Eine Reihe von Symbolen sind durch die biblischen Schriften und durch unsere Glaubenstraditionen geprägt. Sie haben in Jahrhunderten christlicher Glaubenspraxis eine Bedeutung angenommen, die dem Nicht-Glaubenden oft überhaupt nicht ersichtlich ist. Dazu gehört zum Beispiel die Ursymbolik von „Brot und Wein", die sich durch die ganze Bibel zieht[68]: Brot als Symbol der stärkenden Nahrung, Wein als Zeichen des Festes und der Freude. Folgt man den Spuren dieser Symbolik in der Bibel, so erkennt man, dass sich darin die Geschichte der konkreten, in ihrer ganzen Fülle erfahrbaren Gegenwart Gottes unter den Menschen verdichtet. Nicht umsonst wurde dieses Symbol zum Höhepunkt der Feier der Gemeinschaft mit Gott, dem „Mahl des Herrn".

Jemand, der mit der biblischen Bedeutung nicht vertraut ist, könnte bei „Brot" ein trockenes Nahrungsmittel assoziieren, das zwar den Hunger stillt, aber nicht wirklich gut schmeckt. Für so einen Menschen müsste ich ein Bild von Brot und Wein, das ich bekomme und das mir völlig klar erscheint, ausführlicher erläutern, weil er meine Assoziationen ja nicht teilen könnte.

Es gibt weitere Symbole, die bestimmte Aspekte Gottes, seines Handelns oder der Wirklichkeit allgemein „verdichten". Man denke nur an „das (geschlachtete) Lamm" oder „das Kreuz", in denen das ganze erlösende Handeln Gottes, angefangen von den alttestamentlichen Opfern eines Abraham oder den Sühneopfern im Tempel bis hin zu dem freiwilligen erlösenden Tod des Messias Jesus zusammengefasst sind.

Für diejenigen unter uns, die mit dieser Symbolik aufgewachsen sind oder sich schon länger mit der Bibel beschäftigt haben, sprechen solche Symbole unmittelbar. Es gibt aber immer mehr Menschen in unserer nachchristlichen westlichen Welt, denen der Reichtum dieser Symbole verschlossen ist. Deshalb ist es wichtig, wenn solche Symbole beim Hören für andere auftreten, sie wenigstens ansatzweise zu erklären, und gegebenenfalls auch in den biblischen Kontext zu stellen.

Darüber hinaus gibt es weitere Symbole der jüdisch-christlichen Tradition, die auch für Christen von heute nicht mehr verständlich sind, etwa die Bilder der Offenbarung, (die auf dem Hintergrund des Alten Testamentes in ihrer Zeit verstehbar waren) oder bestimmte Zahlen.[69] Andere biblische Symbole werden miss-verstanden: Das biblische Urbild des „Hirten" wird von uns heute spontan als das eines fürsorglichen, beschaulichen, helfenden, sich um alle kümmernden Mannes verstanden. Biblisch steht es aber für die Führer des Volkes, die Könige und dann neutestamentlich für Jesus als den alleinigen Herrscher.[70] Für die Auslegung solcher Bilder und Symbole braucht es eine gründliche Kenntnis der biblischen Symbolsprache.

## 4. Seelische und geistliche Komponenten

Unserer Erfahrung nach sind Bilder im Hörenden Gebet relativ häufig. Einer der Gründe dafür liegt sicherlich darin, dass sie eine Chance bieten, unsere tiefsitzenden rationalen Filter zu umgehen, die vieles gar nicht erst in unser Bewusstsein lassen würden. Wir haben gesehen, dass die Kommunikation mit Gott letztlich ein geistlicher Prozess ist. Nachdem wir aber bei solchen Prozessen immer auch als ganze Menschen beteiligt sind, müssen wir hier nach der Beteiligung der menschlichen Seele fragen. Wie verhält sie sich zur Offenbarung durch Gott?

## Bilder aus dem „Rohmaterial“ unserer Seele

In der überwiegenden Mehrzahl der Fälle haben wir es mit Bildern zu tun, bei denen die eigene Seele des Beters das „Rohmaterial“ für die Bilder liefert (z. B. eine friedliche Landschaft als Bild für den Frieden, den Gott zusagt). Solche Bilder entstammen dem Reservoir unserer Vorstellungskraft, die durch unser Leben und unsere Erfahrungen geprägt wurde. Sie werden vom Geist Gottes gebraucht, um eine bestimmte Botschaft zu vermitteln. Da solche Bilder je nach Person und Lebensgeschichte Unterschiedliches meinen können, müssen wir uns bewusst machen, welche Bedeutung sie für den jeweiligen Beter haben (etwa indem wir nach den damit verbundenen Empfindungen fragen). Solche Bilder sind „seelisch“, was ihren Bildgehalt betrifft, werden aber durch Gottes Geist hervorgeholt und in Dienst genommen und dadurch „geistlich“. Das ist der springende Punkt.

*Eine junge Frau stand kurz vor der Geburt ihres ersten Kindes. Sie machte sich große Sorgen, ob sie wohl in der Lage wäre, ihr Kind zu stillen. Sie bat eine Freundin und ihren Mann um Gebet. Die Freundin sah im Gebet einen großen See voller Milch – ein offenbar unerschöpflicher Vorrat. Ihr Mann sah einen riesigen Milchlastwagen anrollen – zweifellos ein Bild aus dem eher technisch geprägten Rohmaterial einer männlichen Seele. Ein klassisches Beispiel: dieselbe Botschaft in den Ausdrucksformen unterschiedlicher seelischer Bildwelten.*

## Bilder, die nur dem Adressaten etwas sagen

Andererseits kommt es immer wieder vor, dass man beim Gebet für eine andere Person ein Bild bekommt, mit dem man nichts anfangen kann.

*So hatte einmal ein Beter ein Bild von einem Paar Gummistiefel. Nichts weiter. Dennoch wagte er es, das Bild weiterzugeben. Derjenige, für den gebetet wurde, konnte spontan etwas damit anfangen: In einer früheren Phase seines Lebens war er beruflich viel mit Gummistiefeln unterwegs gewesen. Dieses Bild war für ihn ein klares Reden Gottes, ungeklärte Dinge aus dieser Lebensphase aufzuarbeiten.*

Hier war der Ursprung des Bildes nicht das seelische Rohmaterial des Beters, sondern das des Adressaten. Eine solche Erkenntnis in einer „Fremdsprache" kann offensichtlich nur Gott selber geben.

Zuletzt noch ein praktischer Tipp: Wenn man in einer Gruppe betet, empfiehlt es sich, einen in der Auslegung erfahrenen Beter zu haben (der die „Gabe der Unterscheidung" hat), um bei der Interpretation und Anwendung von Bildern und Eindrücken zu helfen.

## 5. Umgang mit negativen Eindrücken

Immer wieder erleben wir, dass beim Hören auf Gott auch negative Eindrücke und Bilder aufsteigen können – sowohl im Hören für mich selber als auch im Gebet für andere. Hier ist eine wichtige Regel zu beherzigen: In vielen Fällen sagen solche Bilder nichts über den anderen aus, sondern spiegeln ein Problem des Beters wider, und zwar auch dann, wenn dieser sich dessen nicht bewusst ist! Deshalb muss ich hier beim Hören für andere äußerste Vorsicht walten lassen und darf solche Eindrücke in der Regel nicht weitergeben.

Es können Bilder sein, die einen beunruhigen, vielleicht sogar erschrecken, oder deren man sich schämt. Manche haben offensichtlich nichts mit Gott zu tun. Wie kann es dazu kommen, wenn ich doch Gott hören will?

### Ein Hinweis auf eigene unbearbeitete Probleme

Wir müssen uns immer wieder vor Augen halten, dass das Innehalten und Zur-Ruhe-Kommen, das wir für das Hören auf Gott brauchen, auch einen weiteren Effekt hat. Nun können sich nämlich die sonst in der Hektik des Alltags verdrängten Nöte und Probleme Gehör verschaffen. Und das tun sie oft in Form von Bildern, denn Bilder sind die Sprache der Seele. Unser Innerstes macht uns damit auf unverarbeitete Probleme aufmerksam. Wenn das geschieht, hat es natürlich nichts mit der Person zu tun, für die ich gerade bete, auch wenn ich das glauben sollte.

Trotzdem ist es ausgesprochen hilfreich, wenn ich solche unangenehmen Bilder wahrnehme – für mich nämlich. Denn nun wird mir bewusst, dass ich bestimmten Dingen auf den Grund gehen muss, zusammen mit Gott und möglicherweise einem Seelsorger. Denn wenn Dinge in dieser Weise hochkommen, ist meist auch der rechte Zeitpunkt gekommen, sich damit auseinanderzusetzen. Also: negative Bilder sind oft ein Hinweis auf *meine eigenen* unverarbeiteten Probleme und als solche auch ein Reden Gottes: an mich.

*Eine Beterin sah im Gebet für einen Gast einen kleinen Film: Ein Kind hüpfte neben der Mutter durch die Stadt und rannte neugierig mal hierhin und mal dorthin. Die Mutter hielt das Kind zunehmend mehr fest, bis sie es strampelnd und schreiend mitziehen musste. An diesem Punkt kamen in der Mitarbeiterin starke Ängste hoch. Sie erzählte dieses Bild nicht dem Gast, sondern nach Ende des Gebetsabends mir (Ursula). Im Gespräch wurde ihr klar, dass ihre eigene Mutter große Schwierigkeiten gehabt hatte, sie loszulassen. Das enge Gehaltenwerden hatte schließlich zu einer Angst vor der Freiheit geführt – die Angst, die im Gebet aufgestiegen war. Als das klar wurde, konnten wir um Heilung dieser Angst beten. Die Beterin kann nun mit viel mehr Mut ihre Freiheit gestalten.*

### Seelisches bearbeiten

Solche Bilder, die aus der eigenen Seele kommen und einem möglicherweise Aufschluss über sich selbst geben, dürfen als Hinweise verstanden werden, sich mit den darin angesprochenen Dingen auseinanderzusetzen. Natürlich muss der Beter sie im Rahmen des Hörenden Gebets für einen anderen erst einmal beiseite legen, sollte dann aber später wieder darauf zurückkommen, etwa im Rahmen der Seelsorge.

### Nöte anderer vor Gott bringen

Negative Empfindungen können aber auch darauf zurückzuführen sein, dass wir geistlichen Einblick bekommen in die Nöte eines anderen oder einfach entsprechende Signale unseres Gegenübers „aufschnappen". Dann bitten wir Gott darum, uns eine Antwort darauf zu geben. Nur diese Antwort geben wir weiter. Ein Beispiel:

*Ich sah in einem Gebet für eine Frau eine schwere, lastende Dunkelheit über ihr. Dann hörte ich das Wort: „Der Herr wird für euch streiten und ihr werdet stille sein" (2. Mose 14,14). Ich entschloss mich, nur diesen Bibelvers weiterzugeben, denn es bestand die Möglichkeit, dass das Bild die Verzweiflung der Frau nur noch verstärkt hätte.*

Wenn ein Eindruck eine schwierige oder notvolle Situation beschreibt, dann sollte man noch in der Stille Gott darum bitten, dieses Bild weiterzuführen und seine Perspektive deutlich zu machen. Kommt dabei keine Lösung, dann sollte man solch einen Eindruck in einem Rahmen einer Hörendes-Gebet-Gruppe nicht weitergeben, sondern ihn im stillen Gebet an Jesus zurückgeben. Denn solch eine Gruppe bietet im Allgemeinen nicht den Raum für eine seelsorgerliche Bearbeitung einer Not. Zudem bräuchte es dafür geschulte Seelsorger. Sollte ein unerfahrener Beter trotz allem ein negatives Bild ohne positive Auflösung weitergegeben haben, dann muss der Gruppenleiter noch einmal dazu anleiten, um Gottes konkrete Antwort darauf zu bitten. Sonst kann diese Gebetsrunde zu einer verletzenden und bedrohlichen Erfahrung für den Gebetsempfänger werden.

## Angriffe durch geistliche negative Mächte

Doch können negative Bilder und Gedanken noch weitere Ursachen haben. Wir müssen uns klar machen, dass wir mit unserem „Geist" Zugang zum Bereich der Transzendenz (des „Übernatürlichen") haben. Das brauchen wir, um von Gott zu hören. Allerdings können uns dabei auch negative Mächte zu beeinflussen versuchen – aufgrund verschiedenster Ursachen, wie geistlicher oder seelischer Defizite, Sünde usw. Wir bekommen dann unangenehme Bilder, manche „überfallen" uns geradezu, wir haben vielleicht eine „fixe Idee" bzw.

eine Zwangsvorstellung, wir empfinden Bedrückung, Schwermut, eine innere Lähmung oder Angst usw.[71] Es handelt sich dabei vielleicht nur um einen flüchtigen Eindruck, der sich aber verstärkt, wenn man sich damit beschäftigt. Manchmal kann ein solches Bild auch eine ungeheure Wucht haben. Solche Eindrücke können einmalig oder aber immer wieder auftreten. Um offensichtlich dämonisch beeinflusste Eindrücke handelt es sich bei Horrorvorstellungen, die Schrekken, Panik, „Terror" auslösen, Obszönes, Perverses, Ekelerregendes u. ä., unter Umständen auch zwanghafte Angstvorstellungen etc. Sie stehen in einem diametralen Gegensatz zum Willen Gottes.

*... damit ihr erkennen könnt, was der Wille Gottes ist: was ihm gefällt, was gut und vollkommen ist. (Römer 12,2)*

*Richtet eure Gedanken ganz auf die Dinge, die wahr und edel, gerecht, rein und liebenswert sind und allgemeine Zustimmung verdienen; beschäftigt euch mit dem, was vorbildlich ist und zu Recht gelobt wird. (Philipper 4,8).*

Unser Geist ist viel sensibler, als unsere Seele (Verstand, Gefühle ...) und hat eine tiefe intuitive Abscheu gegen das Dämonische in jeder Form und Verkleidung.[72] Das gilt zumindest, solange wir aufrichtig und integer vor Gott leben. In der Regel können wir solche Eindrücke erkennen und als nicht von Gott kommend aussortieren.

## Dämonisches zurückweisen – Seelisches bearbeiten!

Destruktive Eindrücke, die nicht aus meinem eigenen Inneren noch aus dem  meines Gegenübers stammen, muss man zunächst einmal einfach zurückweisen; sie stammen nicht von Gott. Das gilt besonders für die offensichtlich dämonischen Bilder. Sind wir einigermaßen *geistlich* und *seelisch* heil, dann haben wir Autorität über solche Dinge. Es reicht dann, dass wir diesen Einflüssen gebieten zu verschwinden, und dann unsere Gedanken auf anderes richten. Jesus hat diese Vollmacht, die er seinen Jüngern verliehen hat, einmal mit einem Bild (!) beschrieben:

*Seht, ich habe euch die Vollmacht gegeben, auf Schlangen und Skorpione zu treten und die ganze Macht des Feindes zu überwinden. Nichts wird euch schaden können! (Lukas 10,19)*

Eine Faustregel noch, gegen die in manchen Kreisen immer wieder verstoßen wird, zum Schaden der Betroffenen: Dämonisches wird nicht angenommen (oder gar „integriert"), sondern *ausgetrieben* – Seelisches hingegen wird nicht ausgetrieben, sondern *aufgearbeitet*! Hier ist Unterscheidung von enormer Wichtigkeit. Wenn wir seelische Probleme als dämonische behandeln, können wir ungeheuren Schaden anrichten. Wir verlangen nämlich von dem Betroffenen, sich von einem, wenn auch verletzten, Teil seines Selbsts zu lösen, ihn als „feindlich" zu betrachten und „auszutreiben" – mit anderen Worten: er soll sich seelisch selbst verstümmeln. Umgekehrt gilt natürlich auch: Wo wirklich Bindungen durch von außen kommende Mächte vorliegen, braucht es eine vollmächtige Lösung davon. Versuche ich, sie stattdessen zu integrieren – etwa als „Schatten" –, hole ich mir, bildlich gesprochen, „den Teufel ins Haus".

## Sein „Haus" in Ordnung bringen

Kommen diese Eindrücke allerdings trotz unseres Gebietens immer wieder zurück, kann das ein Hinweis auf eigene tiefere Probleme in dem betreffenden Bereich sein. Wenn wir bestimmte Lebensbereiche nicht der Herrschaft Gottes unterstellt haben oder sie in Unordnung geraten sind, dann sind wir hier für solche Einflüsse offen. Wer Horror- oder Pornofilme schaut, muss sich nicht wundern, wenn er in der Stille ähnliche Bilder sieht und die Dynamik auf Dauer nicht mehr unter Kontrolle hat! Hier ist es nötig, am besten zusammen mit einem reifen Christen, die eigene Schuld vor Gott zu bekennen, sich davon loszusagen und dann die Finger davon zu lassen. Manchmal wird es, wie z.B. bei einer Porno-Sucht, einen längeren therapeutisch begleiteten Prozess brauchen, ehe die entstandenen Suchtstrukturen im Leben gebrochen und durch neue heilere Verhaltensweisen ersetzt sind.

## Heilung suchen

Allerdings können solche Einflüsse auch auf Verletzungen oder Traumata zurückgehen, an denen man selber ganz schuldlos ist.

*Auf einem Seminar erzählte eine Teilnehmerin, dass sie nicht zur Ruhe kommen könne. Denn wann immer sie still wäre und auf Jesus schauen wollte, würde sie nur Phallus-Symbole sehen. Sie hatte in ihrer Kindheit sexuellen Missbrauch erlebt.*

Hier führt der Weg zur Befreiung von diesen dämonischen Bildern über die Heilung der tiefen Wunden der eigenen Seele. Seelsorgerliche oder therapeutische Begleitung ist dabei eine große Hilfe. In den allermeisten Fällen befreit diese Heilung auch ganz unspektakulär von eventuell vorhandenen dämonischen Belastungen.

## Überführung von Sünde

Wenn es Gott ist, der durch unangenehme Erinnerungen oder Eindrücke uns ermahnt oder von Sünde überführt, dann zeichnet sich das dadurch aus, dass das immer ein konstruktiver Vorgang ist, der in einem Geist der Liebe geschieht. Ganz anders wirkt ein richtendes oder verdammendes Urteil, das nicht von Gott kommt. Ist man sich unsicher, so kann man die Testfrage stellen, ob der jeweilige Eindruck letztlich die Liebe zu Gott und seine Anbetung verhindert oder fördert. Unser Geist begrüßt Wahrheit immer, auch wenn sie uns unangenehm ist. Unsere Seele reagiert hier aber meist ganz anders, denn sie will sich dem Unangenehmen nicht stellen. Es braucht dann oftmals einen bewussten Willensakt, um sich auf die im Geist erkannte Wahrheit einzulassen.

Schon die Propheten der Bibel mussten es erleben, wie unangenehm dieser Auftrag Gottes ist, die Sünde anderer anzusprechen. Es brachte unter Umständen Leid und Not für sie selbst mit sich. Eines der drastischsten Beispiele dafür ist Jeremia, der klagt:

*Warum nur bin ich geboren? Um ein Leben zu führen, das mir nichts als Leid und Elend bringt? Um jeden Tag nur Schimpf und Schande zu ernten? (Jeremia 20,18)*

Und Jesus weiß genau, was mit seinem Ruf zur Buße auf ihn zukommen wird:

*Jerusalem! O Jerusalem! Du tötest die Propheten und erschlägst die Boten, die Gott zu dir schickt! (Matthäus 23,37)*

Heute gibt es immer wieder Menschen, die sich eigenmächtig solch einen Auftrag zur Buße zu rufen anmaßen. Sie sind aber selber nicht bereit, den Preis der absoluten Hingabe und Heiligkeit zu bezahlen. Wer seine eigene Negativität oder Unduldsamkeit für das Reden Gottes ausgibt, missbraucht den Namen Gottes!

Um in einer heiligen Weise die Umkehrbotschaft Gottes zu verkündigen, braucht es Menschen, die reif sind, Erfahrung haben mit dem Hören auf Gott, die gut unterscheiden können zwischen den richtenden Anteilen der eigenen Seele – und damit eigener Sünde! – einerseits und dem echten Auftrag Gottes zur Aufdeckung von Sünden andererseits. Regelmäßige Zeiten der eigenen Buße vor Gott sind dafür genauso eine Vorbedingung wie die Bereitschaft zur Hingabe und zur Liebe für den, dem unsere Botschaft gilt. Es braucht eine große innere Reife, um eine Bloßstellung des anderen, seelischen Druck oder hartherziges Aburteilen zu vermeiden.

In Übungsgruppen des Hörenden Gebets oder auf unseren Seminaren setzen wir diese Reife nicht einfach voraus und lassen deshalb zum Schutz der Teilnehmer grundsätzlich alle vermeintlichen Hinweise auf Sünde ungesagt. Wenn Gott hier von Sünde überführen will, dann tut er es in einer Weise, die den Betreffenden nicht bloßstellt. Wir bekommen es nicht mit – außer der Betroffene erzählt es uns aus freien Stücken. Das besagte Bild der Gummistiefel war eine solche Überführung Gottes gewesen.

## Verantwortung nehmen!

Aus dem Gesagten ergibt sich: Keinesfalls darf man solche negativen Eindrücke im Hörenden Gebet für andere weitergeben! Immer wieder wird uns dann aber das Argument entgegengehalten: „Aber wenn Gott es doch gesagt hat, dann muss ich es doch weitergeben." – „Aber wie steht es mit den alttestamentlichen Propheten? Haben sie denn nicht im Auftrag Gottes öffentlich Sünde beim Namen genannt, und zwar sehr klar?" Ja, prophetisches Reden ist gerade im Alten Testament sehr häufig dieser mahnende, überführende Anspruch Gottes. Es gibt hier aber einen gravierenden Unterschied: Die damaligen Adressaten – die Mehrheit des Volkes Israel einschließlich seiner Verantwortlichen – wollten jahrzehnte-, ja jahrhundertelang nicht auf Gott hören. Sie zogen es vor, sich in ihrer Sünde nicht stören zu lassen.[73] Diese Sünde war in den meisten Fällen für alle offensichtlich: krasser Götzendienst und himmelschreiendes soziales Unrecht. Jemand, der zum Hörenden Gebet kommt, sucht hingegen ganz bewusst das Reden Gottes – und das oft genug mit zitternden Knien. Seine innere Haltung ist also eine ganz andere. Es dürfte inzwischen deutlich geworden sein, dass eigene seelische Problematiken sich nicht selten als „geistliche" Eindrücke für den anderen verkleiden. Aber selbst, wenn unsere negativen Eindrücke wirklich die Realität des anderen widerspiegeln sollten, macht Paulus sehr deutlich, dass wir mit prophetischen Eindrükken verantwortlich umgehen müssen. Wir sind nicht willenlose Lautsprecher Gottes, und auch keine Diktiergeräte oder Videorekorder. Er macht uns zu seinen Freunden, die er sehen lässt, was sein Herz bewegt. Vieles davon aber soll nie laut ausgesprochen oder weitergegeben werden. Wir sind gefragt, damit reif, verantwortlich und der Situation angemessen umzugehen.

*Propheten stehen schließlich nicht unter dem Zwang, reden zu müssen, wenn sie eine prophetische Botschaft empfangen. Denn Gott ist nicht ein Gott der Unordnung, sondern ein Gott des Friedens. (1.Korinther 14,32)*

So wie unsere leiblichen Augen im Lauf eines Tages viele Eindrücke aufnehmen, wir aber nur auf manche davon reagieren müssen, so sehen auch unsere geistlichen Augen mehr, als wir ansprechen sollen. Manches mag uns zur gezielten Fürbitte im Stillen dienen. Manches geben wir an Jesus zurück, weil es nicht unsere Verantwortung ist.

So ist eine Übungsgruppe zum Hörenden Gebet nicht der richtige Rahmen, um negative Eindrücke weiterzugeben. Die vereinbarte Aufgabe der Gruppe ist das Üben im Hören auf Gott, nicht die Seelsorge. Wir beten oft auch in Gruppen, in denen die nötige Vertraulichkeit und Verbindlichkeit der Gruppenmitglieder gar nicht gegeben wäre.

Wir haben es immer wieder erlebt, dass Gott trotz dieser Einschränkung im Hörenden Gebet Mittel und Wege hat, den anderen auf Fehler oder Sünde aufmerksam zu machen, ohne dass die Beter das mitbekommen! Das kann beispielsweise durch Eindrücke geschehen, deren Bedeutung für den Adressaten anders ist als für den Beter, etwa weil sie bestimmte Situationen ansprechen, oder durch „harmlose" Bibelverse oder Bilder, die aber für den Adressaten unmissverständlich Gottes Überführung zum Ausdruck bringen.

*So bekam ein Beter einmal den für ihn unverständlichen Satz: „Beende das Spiel!" Der Adressat sagte nichts dazu, erzählte uns aber später im Vertrauen, dass Gott ihn dadurch zurechtgewiesen hatte, weil er dabei war, seine Ehe aufs Spiel zu setzen.*

## Negative Eindrücke in der Seelsorge

Im Rahmen einer Vertrauens- oder Seelsorgebeziehung unter vier Augen oder in einer seelsorgerlichen Gruppe kann es allerdings passend sein, mit entsprechender Feinfühligkeit und Achtung vor dem anderen auch negative Eindrücke weiterzugeben. Es braucht eine Beziehung, in der der andere mir ausdrücklich das Recht gegeben hat, auch kritisch in sein Leben hineinzusprechen. Das bedeutet z. B. auch, dass der Adressat mich kritisch hinterfragen darf, ob hier nicht eher mein eigenes Problem ans Licht kommt!

Dies vorausgesetzt kann ein Eindruck von Gott aber eine große Hilfe in der Seelsorge und Begleitung von Menschen sein. Vielleicht gibt Gott so eine Diagnose der zu heilenden Situation oder zeigt eine Sünde, die die Lösung eines Problems verhindert. Der Beter oder Seelsorger, der so einen Eindruck weitergibt, muss sich dabei sorgfältig prüfen, ob es nicht sein eigenes Problem oder seine eigene Sünde ist, die hier von Gott aufgezeigt wird.

## Warnungen

Warnende Bilder stellen eine Aufforderung durch Gott dar, uns unter seinen Schutz zu begeben und z. B. Krankheit oder Todesmächten zu widerstehen oder Irrwege zu vermeiden. Auch wenn solche Bilder Angst auslösen können (wenn man z.B. einen Unfall oder Ähnliches sieht), sind sie doch konstruktiv, da das Gesehene ja gerade durch unsere Fürbitte oder entsprechendes Verhalten verhindert werden soll.

Solche Eindrücke sollte man jedenfalls nur mit hoher Sensibilität und Vorsicht weitergeben. Sie sollen nämlich ermutigen, nicht erschrecken!

*So sah ich (Ursula) einmal, wie sich jemand mitleidsvoll bückte, um ein Tier vom Boden aufzuheben. Als er das tat, erkannte ich, dass es sich dabei um eine gefährliche Giftschlange handelte. Weitergegeben habe ich nur, dass Gott den Adressaten dringend dazu auffordert, zu prüfen, wem er sich in Mitleid zuwendet: um manche Menschen sollte er besser einen Bogen machen, da sie gefährlich sind.*

## Was ist mit dem Vorherwissen schlimmer Ereignisse?

Manche Menschen erleben es gelegentlich, dass sie einen Unfall oder Todesfall wahrnehmen, bevor dieser dann tatsächlich eintritt. Dieses Wissen ist in der Regel eine große Belastung. Es ist wichtig zu verstehen, dass das *nichts* mit einer göttlichen Offenbarung zu tun hat, sondern im Allgemeinen aus anderen, nicht-göttlichen Quellen stammt. Oft stehen okkulte Einflüsse aus der eigenen Familie, möglicherweise entsprechende Aktivitäten früherer Generationen, dahinter. Im Gebet sollte sich dieser Mensch bewusst von diesem Vorherwissen sowie von allen nichtgöttlichen Einflüssen, insbesondere aus der eigenen Familie, lossagen. Möglicherweise braucht es dazu die Hilfe eines erfahrenen Seelsorgers.

## Traumatisches von Gott transformieren lassen

Manchmal haben bestimmte Bilder in uns eine so starke Eigendynamik, dass das Zurückweisen oder Beiseitelegen nicht ausreichend funktioniert. Dann können wir Jesus bitten, diese Bilder in unserer Vorstellungskraft umzuformen. Wir werden dabei erleben, wie er das negative, zerstörerische Element verwandelt und das Bild dadurch „heilt" oder „erlöst".

*Ich (Manfred) war auf einem Seminar, als ich den Anruf eines Freundes bekam, meine Mutter sei mit dem Auto tödlich verunglückt. Sie war auf einer gut ausgebauten Landstraße in einer leichten Linkskurve unerklärlicherweise von der Straße abgekommen und hatte sich auf dem angrenzenden Feld überschlagen; das Auto war sofort in Flammen aufgegangen. Polizei und Rettungskräfte konnten nichts mehr retten. Während ich diese Schilderung hörte, brannte sich mir innerlich augenblicklich das Bild dieses in Flammen stehenden Autos in die Seele. Es war ein Bild, das etwas zutiefst Aggressives und Destruktives an sich hatte; es fühlte sich an wie eine seelische Vergewaltigung. Als ich, noch ganz benommen, wieder in den gerade stattfindenden Gottesdienst zurückging, stand mir dieses Bild immerzu quälend vor Augen. Plötzlich geschah dann etwas Unerwartetes. Ich sah innerlich während der Anbetungszeit, wie sich vom Himmel her eine große Glocke von Licht über das brennende Auto stülpte. Ohne langes Überlegen war mir intuitiv sofort klar, was das bedeutete: Jesus selbst war zugegen gewesen und hatte diese Situation in sein Licht aufgenommen. Ich empfand ein tiefes Gefühl der Gewissheit, dass er sich darum gekümmert hatte. Zugleich verlor das Bild des brennenden Autos in diesem Moment seinen traumatischen Charakter; meine Seele war wieder frei. Zwar waren viele Fragen dadurch nicht beantwortet und die Trauer blieb, aber ich hatte Frieden gefunden und eine tiefe Gewissheit der liebenden Fürsorge Gottes.*

Solch einen Prozess kann man in der Seelsorge auch bewusst einleiten, indem man ein belastendes Bild, in dem vielleicht eine reale Erinnerung hochkommt, Jesus im Gebet hinlegt, und ihn bittet, einzugreifen bzw. es umzuformen. Was dabei geschieht, ist mehr als ein rein psychologischer Prozess: Durch solch eine Schau werden uns „die Augen geöffnet" für die Wirklichkeit Gottes – egal, ob wir seine Anwesenheit in einer traumatischen Situation „sehen" oder wahrnehmen, wie er etwas Negatives zerstört.[74] Dieses Vorgehen empfiehlt sich im Übrigen auch bei der Aufarbeitung von Albträumen.

*Einmal erlebten wir, wie Jesus die Heilung eines traumatischen Bildes bewirkte, von dem die Beter gar nichts wussten. Ein Mitarbeiter sah bei dem Gebet für eine unbekannte Frau einen Menschen, der von einem hohen Gebäude heruntersprang. Unten angekommen landete er sanft vor dem Kreuz Jesu. Über die Aussage dieses Bildes war sich der Mitarbeiter so unklar, dass er es lieber nicht sagte. Aber er erzählte es später mir (Ursula). Daraufhin sprach ich mit der Frau, um vorsichtig herauszufinden, ob sie damit etwas anfangen könnte. Sie konnte: Sie erzählte, wie die Fernsehbilder vom Anschlag auf das World Trade Center am 11. September 2001 sich tief in ihre Seele eingebrannt hatten. Vor allem das Bild eines Mannes, der sich aus einem oberen Stockwerk in den Tod stürzte, ging ihr noch Monate danach oft nach. Sie fühlte dabei Panik, Horror, Verzweiflung, Fassungslosigkeit. Als ich ihr dann von diesem Bild erzählte, fand sie Frieden über diese Erinnerung!*

# 7. Was fange ich damit an? – die Anwendung

*Gesagt ist noch nicht gehört.*
*Gehört ist noch nicht verstanden.*
*Verstanden ist noch nicht einverstanden.*
*Einverstanden ist noch nicht umgesetzt.*
*(Verfasser unbekannt)*

## 1. Der Filter des Adressaten

Wir bemühen uns, Eindrücke, die wir empfangen haben, dem Adressaten möglichst klar weiterzugeben. Dennoch ist nicht gesagt, dass er sie deswegen auch richtig versteht. So sehr wir die Auslegungen respektieren, die der Mensch bekommt, für den die Eindrücke sind, so haben wir doch auch schon erlebt, dass es ganz offensichtliche Missverständnisse und problematische Umsetzungen gab.

### Ein falsches Gottesbild

*Eine Frau bekam an einem Gästeabend Ermutigung um Ermutigung zugesprochen. Es waren Worte wie: Gott liebt Dich! Er ist immer bei Dir und kennt alle deine Bedürfnisse. Er ist mit Dir in allem, was Du tust ... usw. Diese Frau war nach dem Gebet am Boden zerstört. Sie sagte sich „Was muss Schreckliches auf mich zukommen, wenn Gott es für nötig hält, mich so zu ermutigen!“*

Diese Auslegung ließen wir natürlich nicht auf sich beruhen. Wir versuchen, ihr klarzumachen, dass ihr Bild von einem missgünstigen, bedrohlichen Gott nicht dem Bild des himmlischen Vaters entspricht, den Jesus uns zeigt.

### Feste Erwartungen

*Eine andere Frau kam zum Gästeabend und erzählte, dass es ihr ganz wichtig sei, auch die negativen Eindrücke über ihr Leben von Gott zu hören. Wir erklärten ihr, dass wir es in dieser Situation, wo wir Menschen nur ein einziges Mal sehen und sie nicht weiterbegleiten können, nicht für angemessen halten, Kritisches weiterzugeben. Sie war verständnislos und enttäuscht. Die Worte und Bilder, die ihr dann im Gebet mitgeteilt wurden, sprachen durchgehend von der liebevollen Annahme Gottes, sowie von seinem Beistand und seiner Hilfe auch in Schwierigkeiten. Nach dem Gebet war sie jedoch entsetzt, wie viel Negatives Gott für ihr Leben noch bereit hielte. Sie hatte zum Beispiel statt „Hilfe in Schwierigkeiten" (in denen sie aktuell drinsteckte) nur „Schwierigkeiten" gehört und ging davon aus, dass die noch zusätzlich auf sie zukommen würden.*

Ihre Erwartung, was sie hören würde, war zum Filter geworden, der die Eindrücke verzerrte und Gegenteiliges ausblendete. Ihre Angst – vor Gott und vor dem Leben – bestätigte sich so selber.

### Wunde Punkte

*Ein anderes Mal wurde einem Gast ein Bild weitergegeben. Ein Beter sah ihn einen Berg erklimmen, aber kurz vor dem Gipfel aufgeben: Im Eindruck sprach Gott ihm aber auch die Ermutigung zu, aufzu-*

*stehen und mit seiner Hilfe die letzte Strecke anzugehen. Auf dieses Bild reagierte der Mann sehr heftig: Das sei keinesfalls das Reden Gottes! Die Beter akzeptierten natürlich seine Wertung. Anschließend kamen sie jedoch ziemlich verunsichert zu uns. Übereinstimmend hatten sie eigentlich alle innerlich das Zeugnis des Heiligen Geistes gehabt, dieses Bild sei tatsächlich das Reden Gottes. Hatten sie sich alle geirrt? Wir vermuten aufgrund der Übereinstimmung der Beter viel eher, dass das Bild einen wunden Punkt getroffen hatte, dem sich der Mann nicht stellen wollte. Diese Freiheit aber müssen wir ihm zugestehen, auch wenn es vielleicht schwer fällt.*

Wir bieten an, was wir hören. Aber der andere entscheidet, was er nimmt. Wenn er sich gegen etwas „Echtes“ entscheidet, dann wird Gott andere Wege finden, zu ihm durchzudringen. Unsere Verantwortung endet hier.

## Bewusst gewählte Sünde

*Ein weiterer für uns sehr schmerzlicher Fall war es, als eine Frau die Eindrücke aus dem Hörenden Gebet nahm, um aus ihnen – zu Unrecht – Gottes Bestätigung für die Trennung von ihrem Mann herauszulesen. Ihre Seelsorger hielten diesen Schritt für falsch; auch die Hörenden Beter hatten nicht im Entferntesten etwas derartiges angedeutet.*

Die Erfahrung zeigt: Wer schon mehrfach in seinem Leben das Reden Gottes in seinem Herzen bewusst „weggedrückt“ hat, wird ihn auch nicht in dem hören wollen oder können, was andere ihm an Eindrücken weitergeben.[75] Hören und Ge-Horchen bedingen einander. Bewusster Ungehorsam verhindert das Hören.

Hier sind die Grenzen des Hörenden Gebets in der Form, wie wir es anbieten, erreicht. Persönliche Seelsorge hingegen kann und soll Menschen weiter nachgehen und auch hartnäckiger herausfordern.

## „Gegenanzeigen"

Wenn wir von einem Menschen wissen, dass er eine deutliche psychische oder seelische Krankheit hat, dann geben wir diesem Menschen keine Gebetseindrücke weiter. Stattdessen beten wir fürbittend und segnend für den Betreffenden. Wir reden gerne mit ihm und sprechen ihm die Liebe Gottes zu. Aber wir deuten mit keiner Silbe an, dass Gott durch uns sprechen könnte. Als Hörende Beter sind wir keine therapeutischen oder psychiatrischen Fachleute. Wenn jemand sowieso schon „Stimmen" hört und lernen muss, sie nicht für real zu nehmen, wie soll er verstehen, wenn wir vom Hören auf Gott reden? Wer Zwangsvorstellungen hat, für den bedeuten unsere Bilder unter Umständen etwas ganz anderes, als wir zum Ausdruck bringen wollten. Es ist wichtig, sich hier über die Grenzen der eigenen Kompetenz klar zu sein. Gottes Segen gilt aber natürlich solchen kranken Menschen in gleicher Weise. Wir geben ihn nur in anderer, sichererer Form weiter.

## Hinweise zum richtigen Umgang

Ausgesprochen schwierige oder negative Erfahrungen sind zum Glück sehr selten. Um möglichen Problemen vorzubeugen haben wir ein Blatt mit Hinweisen entwickelt, das wir immer zusammen mit den Eindrücken weitergeben.[76] Darin fordern wir die Gäste beispielsweise auf, den Rat reifer

Christen zu suchen und keine weitreichenden Entscheidungen allein aufgrund von Eindrücken zu treffen.

## 2. Das Empfangene anwenden

Auch wenn ein Eindruck richtig gehört, ausgelegt und verstanden wurde, sind oft noch weitere Fragen in Bezug auf die konkrete Umsetzung zu klären, also beispielsweise den Zeitpunkt, die Mittel, eigene Schritte etc.

### Verheißungen Gottes nicht mit eigener Kraft erzwingen

Ein paar einfache Beispiele machen es klar: Menschen, denen eine prophetische Gabe zugesprochen wurde, können deswegen nicht morgen zu ihrem Pastor gehen und nun jeden Sonntag zehn Minuten Redezeit einfordern. Menschen mit einer Berufung zur Kinderarbeit werden dennoch erst durch eine Phase des Lernens und Übens gehen, ehe sie Verantwortung für die Kinder der Gemeinde tragen werden.

Wir tendieren dazu, Dinge selber in die Hand zu nehmen. Oft ist aber Geduld nötig, um in Gottes Tempo die Entfaltung des Verheißenen zu erleben. Bei vielen Verheißungen können wir selber wenig bis gar nichts zur Erfüllung beitragen, außer unseren Weg Tag für Tag und Schritt für Schritt im Gehorsam gegen Gott weiterzugehen.

### Ein paar Beispiele aus der Bibel:

*Mose wollte selber mit eigener Kraft die von Gott verheißene Freiheit von den Unterdrückern herbeiführen und erschlug einen Ägypter. Das brachte ihn jedoch der Erfüllung nicht näher, sondern zögerte sie vielmehr um weitere 40 Jahre hinaus (2. Mose 2).*

*Auch Jakob erreichte mit seinem Versuch, das verheißene Erstgeburtsrecht durch Betrug zu gewinnen, das Gegenteil: Er musste fliehen, der ganze Besitz des Vaters ging auf Esau über, und schließlich musste sich Jakob doch vor seinem mit Wohlstand reich gesegneten Bruder beugen (1. Mose 33). Dass Gott Jakob trotzdem segnete, ist seiner großen Gnade zuzuschreiben, die uns unsere Schuld vergibt, nicht aber dem Betrug Jakobs.*

### Prophetie bestätigt, was im Leben und in der Bewährung wächst

Auch eine Leitungsgabe wird nicht prophetisch verliehen. Vielmehr wird prophetisch bestätigt, was im Leben bereits wächst; erst wenn die Person sich bewährt hat, kann man ihr Leitungsverantwortung übertragen. Falls die Leitungsgabe für die Zukunft verheißen wird, dann liegt diese Zeit des Wachstums und der Bewährung noch vor uns (vgl 1.Timotheus 5,22). Mit einem solchen Eindruck dürfen wir niemals Hausieren gehen. Stattdessen besprechen wir ihn mit einem geistlichen Begleiter oder Mentor. Gott hat ihn uns zur Ermutigung gesagt, aber nicht, damit wir von anderen die Erfüllung einfordern!

*Josef sah in zwei prophetischen Träumen, wie seine Eltern und älteren Brüder sich vor ihm wie vor einem König verneigten (1. Mose 37). Unklugerweise erzählte er ihnen diese Träume und zog sich damit den Hass seiner Brüder zu. So verkauften sie ihn als Sklave nach Ägypten. Jahre später kam es tatsächlich so, wie Gott es in den Träumen gezeigt hatte. Josef hatte sich in schwierigsten Umständen bewährt, seine Leitungsgabe war erkannt worden, er war in Ägypten zum höchsten Regierungsbeamten nach dem Pharao aufgestiegen. Nun war er tatsächlich in einer Position, in der sich seine Brüder vor ihm verneigen mussten und er die Sippe seines Vaters retten konnte. Gott hatte seine Verheißung erfüllt! Aber das vorzeitige, unweise Aussprechen der prophetischen Verheißung hatte viel Leid und Schmerz für alle Beteiligten verursacht, auch wenn Gott daraus Gutes entstehen ließ.*

### Weises Handeln: gesunder Menschenverstand

In anderen Fällen ist jedoch auch mein Handeln gefragt. Dann muss ich Gott um Weisheit bitten, die richtigen Mittel und Wege zu wählen. Die Beratung mit anderen Christen kann da eine große Hilfe sein. Hier spielt auch der gesunde Menschenverstand eine wichtige Rolle, der sich aus Realismus und Lebenserfahrung speist.

## 3. Zuspruch

Zuspruch ist die bei weitem häufigste Form der Eindrücke in unseren Gästeabenden und Seminaren. Gott spricht uns immer wieder seine Nähe, seine Liebe, seinen Geist, seine Hilfe zu. Letztlich ist das nichts anderes als ein Ausdruck seines Segens für uns. Oft bekommen Menschen, die über ihren Wert oder ihren Weg verunsichert sind, neue Bestätigung.

*Ein Beter sah im Bild einen Gast, der sehr sorgfältig und genau ein Haus baute. Gott sagte zu ihm: „Mach weiter so. Ich bin sehr zufrieden mit dir!" Der Gast erzählte dann, dass er als Gemeindeleiter oft kritisiert würde, weil er so genau und aufs Detail bedacht seine Arbeit tat.*

*Ich (Ursula) war über einen längeren Zeitraum hinweg einmal recht beunruhigt, weil ich in der Gemeindearbeit Wege ging, die ich so noch nie gegangen war. War ich auf dem richtigen Kurs? Oder folgte ich meiner Bequemlichkeit und eigenen Ideen? In einer Mitarbeitergruppe, die von meinen Fragen nichts wusste, bekamen zwei Frauen sehr ungewöhnliche, aber fast identische Bilder für mich: Beide sahen, wie ich Schritt für Schritt auf einer Spur entlangging, die aus den Blutstropfen Jesu bestand. Damit war für mich klar, dass ich auf dem Weg Gottes für mich war.*

*Eine Frau, die fürchtete, sie könne Gottes Stimme nicht hören, bekam von einer Beterin ein Bild: Sie sah einen Pferdeschlitten mit Glöckchen an den Geschirren. Er fuhr Tag und Nacht durch das Land. Sie hatte dazu den Eindruck: „Du hast Angst, Gottes Stimme für dein Leben zu verpassen. Aber Gott will dir sagen: So wie dieser Schlitten Tag und Nacht durch das Land fährt, und du das Läuten der Glocken hörst, wirst du seine Stimme Tag und Nacht hören."*

*Nach einem Seminar erzählte eine junge Frau: „Ich bin in der Gemeinde geboren und aufgewachsen. Ich habe schon mit der Muttermilch eingesogen, dass Jesus mich liebt. Aber jetzt im Hörenden Gebet ist mir das zum ersten Mal so tief und persönlich zugesprochen worden, dass es mir vom Kopf ins Herz gerutscht ist."*

Für uns Beter ist es immer wieder bewegend, wenn wir nach dem Gebet für einen unbekannten Menschen oder eine unbekannte Situation den Hintergrund erfahren, in den hinein unsere Eindrücke sprechen, sei es als Antwort auf eine Frage, sei es als Ermutigung und Trost in einer Notlage. Wir wissen von den Gästen in der Regel nur den Namen und haben nicht die geringste Ahnung von dem, was sie bewegt. Wir hören nie auf zu staunen, wie konkret Gott durch uns immer wieder in ganz spezielle Situationen hineinspricht. Noch ein Beispiel einer Seminarteilnehmerin dafür:

*„Ich bin jetzt 65 Jahre alt, also in einem Alter, in dem man sich zur Ruhe setzt. Dabei sah es schon vor 10 Jahren so aus, als ob ich mit aller Arbeit aufhören müsste, die ich so gerne gemacht hatte: Vorträge halten, Seminare gestalten, Gottesdienste halten … Ich bekam damals eine Auto-Immunkrankheit, die mich nicht nur vollständig lahm legte, sondern auch mit unendlich viel Schmerzen verbunden war. Nach fünf sehr harten Jahren fing eine Besserung an und ich machte ganz vorsichtig wieder erste ‚Gehversuche' in Bezug auf die Arbeit.*

*Im Januar 2004 bekam ich in einer Gebetsgruppe ein sehr ermutigendes Bild gesagt: ‚Ich fahre auf einer Harley-Davidson [einem Motorrad], über mir ist ein Sonnensegel (Gott) als Schutz aufgespannt und Polizisten eskortieren mich.' Dieses Bild hat mich zutiefst erheitert, denn es erinnerte mich an eine Begebenheit aus meiner Studentenzeit: 1958 machte ich in Berlin den Führerschein Klasse 1 auf einer BMW 500 Beiwagenmaschine. Ich trug damals weder Motorradhelm noch spezielle Kleidung, war also durchaus als junge Frau erkennbar. Ich fuhr den Ku'damm Richtung Gedächtniskirche entlang. An dem Verteiler Bahnhof Zoo gab es damals keine Ampeln, sondern Polizisten, die den Verkehr regelten. Als der Polizist das junge Mädchen auf der schweren Maschine sah, salutierte er und gab die Straße frei. Alle Umstehenden lachten, applaudierten, und ich gab Gas.*

*Dass Gott mir jetzt so ein Bild geschenkt hat, bedeutet für mich, dass ich noch mal durchstarten kann, auch wenn ich schon 65 bin. In der Gebetsgruppe, in der mich niemand kannte, waren noch andere Bilder für mich, die alle diesen Tenor hatten: Gehe in die Weite – schöpfe Wasser für die Durstigen in der Wüste – sei ein Leuchtturmwärter, zeig vielen den Weg – stell dein Licht nicht unter den Scheffel – Gott will dich noch köstlichere Wege führen, und: ‚Es soll nicht durch Heer oder Kraft geschehen, sondern durch meinen Geist, spricht der Herr'. – Also dann, auf ein Neues!"*

### In Dankbarkeit Gottes Zuspruch proklamieren

Solche Ermutigungen durch Gott sind kostbar. Wir sollten sie immer wieder hervorholen, Gott dafür danken und sie proklamieren.

*Es gab Zeiten voller Schwierigkeiten, in denen ich (Ursula) mir jeden Morgen erst einmal alle Ermutigungen und Zusprüche der letzten Monate vorlas, um so die Kraft für den Tag zu bekommen.*

Dieses Proklamieren heißt nichts anderes, als sich die Worte Gottes immer wieder zuzusprechen. Und wenn wir das laut tun, dann hat es noch den zusätzlichen Effekt, dass wir es viel besser hören und erfassen, als wenn wir es nur still lesen. Auf diese Weise werden die Ermutigung und der Segen Gottes zu einem echten „Zu-Spruch" und sinken umso tiefer in uns ein.

## 4. Wegweisung

Gott zeigt uns den Weg, auf dem wir gehen sollen. In erster Linie spricht er dabei zu uns persönlich durch unser eigenes

Gebet, durch die Beschäftigung mit seinem Wort, durch Umstände, Überlegungen und den Rat von Freunden. Durch das Hörende Gebet anderer können wir wertvolle Bestätigung empfangen. Geht es um eine konkrete Entscheidung, sollte das Hörende Gebet nur einer von mehreren Faktoren sein, etwa eine Bestätigung. Es kann natürlich auch ein Impuls kommen, den eigenen Weg zu korrigieren oder einen neuen einzuschlagen. Aber das bedarf der sorgfältigen Prüfung.

## Wichtige Dinge sagt Gott mehrmals und vor allem auch zu mir selber

Bei allen Fragen der persönlichen Führung gilt die Regel: Je wichtiger die Entscheidung ist, umso breiter muss die Bestätigung sein. Ein einzelner Eindruck darf keinesfalls zur Grundlage einer weitreichenden Entscheidung gemacht werden. Insbesondere Fragen wie Eheschließung, Berufswahl, Wohnort etc. werden nicht aufgrund von Eindrücken entschieden. Dazu braucht es in der Regel einen längeren Prozess, in dem ich mit Gott gehe und alle Optionen sorgfältig erwäge. Gott will uns zu reifen Persönlichkeiten werden lassen. Dazu passt nicht ein unreifes Ausweichen vor anspruchsvollen oder schwierigen Entscheidungen, indem man sich ein „geistliches Orakel" einholt. Deshalb sind wir im Hörenden Gebet auch nicht befugt, aus unseren Eindrücken Wegweisung für den anderen abzuleiten. Wir schildern schlicht den Eindruck, das Bild, das Wort. Vielleicht stellen wir die eine oder andere Frage dazu, um dem andern zu helfen, den Eindruck besser in Beziehung zu sich setzen zu können. Und wir erinnern immer daran, dass wichtige Entscheidungen mehrfach geprüft und bestätigt werden müssen und in seiner Verantwortung liegen.

*Ein junges Ehepaar, das sich in einer Entscheidungssituation befand, war im Hauskreis von Freunden zu Besuch. Außer den Gastgebern kannte niemand die beiden, niemand wusste etwas von ihrer Situation. Der junge Mann hatte Theologie studiert; fünf Jahre danach erzählt er: „Nach meinem ersten Examen standen wir vor der Frage, ob wir den begonnenen Weg in Richtung Pfarramt weitergehen sollten oder nicht. Die Stellensituation in der Landeskirche gestaltete sich zunehmend schwierig. Kein Mensch hätte sagen können, ob es nach dem Vikariat und dem zweiten Examen eine Pfarrstelle für mich geben würde. Dann saßen wir also in diesem Hauskreis, der sich länger schon mit dem Hörenden Gebet beschäftigte, und ließen für uns beten. Es kamen zwei Eindrücke von Menschen, die nichts über uns wussten. Eine Frau sah mich am obersten Ende einer Kirchturmspitze hängen, höher ging es nicht – es war etwas auf die Spitze getrieben, und es handelte sich auch noch um die Kirche. Das Wort ‚Loslassen' stand ihr deutlich vor Augen. Hinzu kam die Zusage Gottes: ‚Ich halte dich fest in meiner Hand, du wirst nicht fallen.' Jemand anderes sah meine Frau im Auto sitzen. Sie fuhr auf einer Autobahn, ein Schild wies darauf hin, dass es sich um die A8 handelte. Da wir zu jener Zeit an der Ostseeküste lebten, war uns zunächst nicht klar, um was es ging. Bald danach aber entdeckte ich eine Stellenausschreibung eines Werkes aus Süddeutschland, die mich unruhig machte. Plötzlich passten die Eindrücke. Und das Arbeitsfeld passte zu meinen Gaben. Ich bewarb mich, bekam die Stelle, und ein halbes Jahr, nachdem für uns gebetet worden war, zogen wir um. Noch heute sind wir glücklich mit der Entscheidung, den Weg ins Pfarramt verlassen und den Sprung über 1000 Kilometer in den Süden gewagt zu haben. Wenn der Wind günstig steht, hören wir heute das Rauschen, nicht mehr des Meeres – sondern der A8, die ist nämlich nur zehn Fußminuten von unserer Wohnung entfernt."*

*Ein anderes Ehepaar schreibt: „Als wir in einer Gebetsrunde für uns beten ließen, kamen mehrere Eindrücke und Bilder. Eine Person sah ein Haus mit vier Schornsteinen, dessen einer wie eine Röhre aussah und rauchte. Eine andere Person hatte den Segensspruch bekommen: ‚Der Herr segne dieses Haus, und die da gehen ein und aus.' Mit diesen Eindrücken konnten wir und die Beter nicht viel anfangen. Aber dann eröffnete sich für uns etwa einen Monat später die finanzielle Möglichkeit zum Erwerb einer Immobilie. Bei unserer Suche stießen wir auf ein Haus mit drei Schornsteinen. Bei der Besichtigung zeigte sich, dass es im Dachboden noch einen vierten Schornstein gab (in Fachkreisen ‚Fuchsbau' genannt). Und über der Eingangstür hing der oben genannte Segensspruch! Dadurch kam das Haus für uns in die engere Auswahl; die Entscheidung zum Kauf aber hing natürlich noch von anderen wichtigen Faktoren ab. So ließen wir einen Architekten die Bausubstanz untersuchen; sie war gut. Als wir dann auch einen akzeptablen Kaufpreis aushandeln und die Finanzierung auf stabile Füße stellen konnten, haben wir das Haus erworben. Im Rahmen der nötigen Umbaumaßnahmen beschrieben wir das Bild mit der rauchenden Röhre dem Heizungsfachmann. Dadurch kam er auf eine Idee, wie sich der Einbau der Heizung optimal lösen ließ."*

Wir müssen uns immer wieder vor Augen halten, dass die Beter, die solche Eindrücke bekommen, keine außergewöhnlich begabten Menschen sind. Es sind „normale" Gemeindeglieder, die sich Gott zur Verfügung stellen. Im Fall mit dem Haus war es sogar eine Gruppe, die zum allerersten Mal das Hörende Gebet praktizierte.

## 5. Ermahnung

Ermahnung und Korrektur gehören zu den grundlegenden Funktionen des prophetischen Redens (1.Korinther 14,31). Wichtig ist, dass wir auch dabei weise und liebevoll miteinander umgehen. Paulus nennt die Öffentlichkeit des Gottesdienstes als Ort für ein solches ermahnendes prophetisches Reden (1.Korinther 14,24-25 und 31). Die Erfahrung zeigt aber, dass unsere heutigen Gemeinden dafür wenig geeignet sind, da sie weder die tiefe innere Verbundenheit und Verbindlichkeit noch den familiären Charakter neutestamentlicher Gottesdienste kennen.

### Den richtigen Rahmen suchen

Öffentliche persönliche Ermahnungen wirken so auf Menschen bloßstellend, beschämend, entwürdigend. Liegt das vielleicht auch daran, dass die Liebe untereinander und die konsequente Hingabe an Gott in unseren Gemeinden nicht so sind, wie sie sein könnten – und sollten? Mit anderen Worten: dass Richten und Überheblichkeit in solchen Worten gehört werden, weil wir den anderen nicht wirklich mit der Liebe Christi lieben?

*In unserer Gemeinde hatten wir einmal eine Versammlung mit einem außergewöhnlich prophetisch begabten Gastsprecher, der zugleich Pastor einer Gemeinde war. Fast alle seine Worte waren von atemberaubender Präzision mitten in zentrale Lebensumstände hineingesprochen. Dabei äußerte er auch einzelne Worte der Korrektur in aller Öffentlichkeit, die zwar genau ins Schwarze trafen, aber doch die Betroffenen zum Teil peinlich bloßstellten. Daraufhin beschlossen wir als Leitungsteam, persönliche Ermahnungen nur noch unter vier bis sechs Augen (in Anwesenheit eines Verantwortlichen oder Vertrauten des Adressaten) zuzulassen.*

Prophetisches Reden sollte nicht der öffentlichen Bloßstellung dienen! Allgemeine bzw. „anonyme" Ermahnungen allerdings kommen in unseren Gottesdiensten immer wieder vor und werden nach Prüfung auch öffentlich weitergegeben. Über den Platz dafür in der Seelsorge haben wir weiter oben schon geschrieben.

In den Gästeabenden geben wir überhaupt keine Ermahnungen oder Kritik weiter. Wir meinen, dass dieses Umfeld einer ja auch für den Gast anonymen Gruppe kein geeigneter Rahmen für Ermahnung oder Kritik ist. Außer in Ausnahmefällen können wir zudem die Menschen nicht weiter begleiten.– Andererseits aber ermahnt Gott manchmal durch Bilder und Eindrücke, ohne dass die Beter es merken. Nur der Gast erkennt, worauf Gott da seinen Finger legt.

### Gott ermahnt in großer Liebe und Annahme

Wenn Gott ermahnt, dann tut er es in großer Liebe und Annahme. Seine Kritik ist befreiend, wenn auch manchmal schmerzhaft. Und sie baut auf, weil sie uns weiterbringt.

*Auf einem Seminar empfing ein Teilnehmer ein Bild für sich selber: „Ein normaler Apfelbaum stand vor meinen Augen mit einzelnen, schönen Früchten. Aber am Baum war wenig Laub. Als ich fragte, warum so wenig Früchte und so wenig Laub, empfing ich den Eindruck: Das Laub ist dein Gebet, mehr Laub – mehr Früchte. Dazu musst du dich nur zur Sonne (Gott) ausstrecken, und schon wächst das Laub. Keine krampfhaften Gebetsanstrengungen. Einfach nur Zeit haben für Gott."*

Solche Ermahnung zieht uns zu Gott und ermutigt unseren Glauben.

## Zurückweisen, was Druck macht – den wahren Kern prüfen

Wir kennen aber leider auch viele Menschen, die von anderen mit „prophetischen Worten" unter Druck gebracht und verletzt worden sind. Da war nichts von der liebenden Annahme Gottes zu spüren, stattdessen Ablehnung und Verdammnis. Das ist ein Missbrauch prophetischen Redens! Solche verurteilenden, Druck erzeugenden Worte darf und soll der Adressat zurückweisen. Entweder hat der Beter einfach gar nicht Gott gehört, sondern seinen eigenen Zorn oder Frust weitergegeben. Oder er hat etwas Richtiges wahrgenommen, aber es unweise und unsensibel weitergegeben. Vielleicht hat er auch bei einem zutreffenden Eindruck seelisch „nachgeschoben". Dann müssen wir unsere Seele gegen diesen Übergriff schützen. Zugleich können wir aber Gott bitten, dass er uns das, was er sagen möchte, in einem anderen Rahmen noch einmal so sagt, dass wir es ohne Druck annehmen können. Prüfen können wir das in beiden Fällen erst, wenn wir uns innerlich von dem seelischen Druck frei gemacht und genügend emotionalen Abstand haben. Dazu braucht es die Zeit und den Schutzraum, den uns das anfängliche Zurückweisen gegeben hat. Erst dann können wir uns damit auseinandersetzen, inwieweit ein wahrer Kern in dem Gesagten enthalten war.

## 6. Warnungen

Gelegentlich warnt uns Gott. Vielleicht wachen wir nachts auf und sind beunruhigt über die Sicherheit eines Freundes in der Mission. Oder wir sehen im Gebet eine Gefahr auf uns zukommen, wenn wir einen bestimmten Dienst übernehmen. Hier müssen wir sehr genau prüfen, was Gott mit dieser Warnung tatsächlich meint. Es könnte sein, dass er sagt: „Bete und sei wachsam, dass dieses nicht geschieht, wenn du in diese Situation kommst!" oder aber „Begib dich nicht in diese Situation, sonst gerätst du in Gefahr!"

Wie ein verantwortungsvoller Umgang mit Warnungen (und mit prophetischen Eindrücken überhaupt) aussieht, können wir bei Paulus lernen.

*Als er nach Jerusalem unterwegs war, kam der Prophet Agabus zu ihm und warnte ihn davor, dass er dort in Gefangenschaft geraten würde. Seine Begleiter bestürmten ihn daraufhin, seine Pläne zu ändern – aber Paulus blieb standfest, weil er wusste, dass dies trotzdem Gottes Wille war (Apostelgeschichte 21,10-14). Prompt geriet er in Jerusalem in Gefangenschaft und blieb mehrere Jahre in Haft, bis er schließlich nach Rom gebracht wurde – und so möglicherweise sogar dem Kaiser das Evangelium bezeugen konnte (vgl. Apostelgeschichte 27,24).*

*Während Paulus dann als Gefangener nach Rom transportiert werden sollte, wusste er von Gott, dass die Schiffsreise von Kreta nach Malta „zu großen Schwierigkeiten führen wird. Sie bringt nicht nur Ladung und Schiff in Gefahr, sondern auch das Leben der Menschen an Bord" (Apostelgeschichte 27,10). Paulus riet von der Fahrt ab. Der Kapitän schlug allerdings diese Warnung in den Wind. Sicher wird Paulus nun dringend um den Schutz Gottes gebetet haben. Als Gefangener musste er ja mitreisen. Inmitten des dann ausbrechenden Sturmes erschien ihm ein Engel und gab Paulus die Verheißung, dass alle, die auf dem Schiff blieben, gerettet würden. Aufgrund dieses Wortes verhinderte der Kapitän, der inzwischen Paulus vertraute, die Flucht einiger Seeleute im Beiboot – zu ihrem eigenen Heil (Apostelgeschichte 27,22ff).*

Diese Beispiele machen deutlich: Wir müssen also Gott fragen, wie wir auf eine Warnung reagieren sollen: Gebet um Schutz, damit die Gefahr nicht eintritt? Sollen wir die Situation vermeiden? Oder sollen wir trotzdem gehen und innerlich gewappnet sein?

## Warnungen zeigen kein „Schicksal"

Die Warnungen Gottes sollen uns Wegweiser sein. Sie wollen uns wach machen, nach dem konkreten Willen Gottes in einer Situation zu fragen und sein Eingreifen zu erbitten. Sie sind keine Mitteilungen über ein unabänderliches, bereits beschlossenes Schicksal. Wichtig ist, dass wir daher nicht unter Druck kommen, sondern genau prüfen, wie wir uns nun verhalten sollen. In jedem Fall aber sollten wir uns unter den Schutz Gottes begeben.

# 8. Ein Modell – Der Gästeabend

Vor Jahren gab Gott uns eine Vision: Einmal im Monat sollte ein Abend stattfinden, an dem Christen aus dem weiteren Umkreis Hörendes Gebet in Anspruch nehmen könnten. Dieser Dienst sollte zwei wesentliche Merkmale aufweisen: die Anonymität der Gäste – sie sollten also nichts von sich erzählen müssen, und das Gebet in einer kleinen Gruppe. Der Hintergrund dafür wurde in der Einleitung dieses Buches bereits erzählt.

Um diesen Dienst einrichten zu können, mussten Mitarbeiter dazu geschult werden. Dafür entwarfen wir das Seminar „Hörendes Gebet". Tatsächlich ist dann dieser Dienst so wie in der Vision entstanden; darüber hinaus auch an einigen weiteren Orten, wo wir ein Seminar Hörendes Gebet durchgeführt haben. In der Regel sind es übergemeindliche Mitarbeiterteams, die sich einmal im Monat dazu treffen. Außerdem gibt es natürlich auch andere Gruppen, die einen ähnlichen Dienst anbieten. Hier soll von unseren Gästeabenden in der Region Nürnberg/Fürth berichtet werden. Vielleicht können sie als Modell oder Inspiration dienen.

Die Beter wie auch die Gäste kommen aus den unterschiedlichsten Gemeinden im näheren und weiteren Umkreis. Offensichtlich besteht für einen solchen Dienst ein großes Bedürfnis, denn wir erleben es seit vielen Jahren, dass die Termine für die Gästeabende oft vier bis acht Wochen im Voraus ausgebucht sind.

## 1. Anmeldung und Organisation

Wer zu einem Gästeabend kommen möchte, muss sich telefonisch einen konkreten Termin geben lassen; das ist jeweils eine halben Stunde. Bei einem Erstkontakt erläutern wir, was bei so einem Abend geschieht und fragen nach, ob der Gast Erfahrung mit dem Reden Gottes, mit Eindrücken usw. hat. Wenn nicht, bekommt er noch eine kurze Einführung in den Umgang mit Bildern und Worten. Anschließend notieren wir uns Namen, Gemeinde und Telefonnummer. Wir empfehlen dabei dem Gast, etwas früher zu erscheinen, um in einem Raum der Stille abschalten zu können und sich innerlich zu sammeln.

Die Beter haben alle ein Seminar Hörendes Gebet absolviert. Sie melden sich langfristig vorher, an welchen Abenden sie konkret mitarbeiten möchten. Bewährt hat sich dabei, einen festen Abend der Woche zu nehmen, etwa einen Montag.

Dann werden alle verfügbaren Beter eines Abends kurz vorher in Gruppen zu viert oder fünft eingeteilt; die Leitung der Gebetsgruppe wird einer Person übertragen. Ein weiterer Beter dient der Gruppe als Protokollant, der alle Eindrücke mitschreibt. Nachdem die meisten Beter im Anschluss an ihre Arbeit kommen, betet eine solche Gruppe an einem Abend nur für drei Gäste nacheinander, und zwar im 30-Minuten-Takt.

## 2. Die innere Vorbereitung auf den Abend

Zu Beginn jedes Abends nehmen wir uns als Mitarbeiter Zeit zum vorbereitenden Gebet. Das ist ganz wichtig, da die meisten einen anstrengenden Tag hinter sich haben und das alles erst einmal an Gott abgeben müssen. Dann beten wir auch um die konkrete Führung durch den Geist Gottes und um sein Reden. Immer wieder bitten wir auch um die richtige innere Haltung der Demut und des Respekts.

Wenn der Gast ankommt, erwartet ihn im Foyer als erstes ein Gästebetreuer. Der begrüßt ihn, bietet Getränke und Kekse an, erläutert noch einmal kurz den Ablauf und steht für Fragen zur Verfügung. Wer früher kommt, kann hier Zeit im Gespräch verbringen oder aber einen Stilleraum aufsuchen, um zur Ruhe zu kommen.

Zur vereinbarten Uhrzeit wird der Gast von dem Leiter seiner Gebetsgruppe abgeholt und in einen der Gebetsräume mitgenommen, wo sein Team wartet. Nach einer kurzen namentlichen Vorstellung aller Mitarbeiter und auch des Gastes erklärt der Leiter den Ablauf der nächsten halben Stunde: Stille zum Hören auf Gott, Austausch der Eindrücke mit anschließendem Feedback des Gastes (sofern der Gast das möchte), und zum Abschluss ein kurzes segnendes Gebet. So eine Runde dauert ungefähr 20 bis 30 Minuten.

## 3. Das Hörende Gebet

Der Teamleiter beginnt mit einem kurzen Gebet und leitet so eine Zeit des stillen Hörens auf Gott ein. Sieben Minuten der Stille haben sich für unsere Mitarbeiter als optimal herausgestellt; es können aber auch andere Zeittakte gewählt werden. Für den Leiter ist es wichtig, dabei auf die Uhr zu schauen, denn die 7 Minuten lassen sich nur schwer schätzen. Manche Mitarbeiter notieren sich in der Zeit die Eindrücke, die sie bekommen. Wer einen Bibelvers bekommt, schlägt in der Bibel oder Konkordanz nach, legt ein Lesezeichen ein oder schreibt sich die Stelle auf. Der Protokollant, der ja auch selbst mitbetet, schreibt seine Eindrücke bereits auf das Protokollblatt, damit er bei den Eindrücken der anderen sofort mitschreiben kann.

## 4. Austausch und Feedback

Der Leiter beendet die Stille und lädt zum Austausch ein. Alles, was gesagt wird, wird von dem Protokollanten in Stichpunkten für den Gast mitgeschrieben. Dazu verwenden wir ein Blatt, auf dessen Rückseite die „Hinweise – Wie gehe ich mit Gebetseindrücken um?“ abgedruckt sind (siehe unten).

Beim Mitteilen der Eindrücke halten sich die Mitarbeiter an einige Regeln:

- Die eigenen *Eindrücke* sollen kurz und klar beschrieben werden. Bibelverse werden ohne lange Erklärungen einfach vorgelesen. Zu den Eindrücken werden ebenfalls keine längeren Kommentare abgegeben (woran mich das erinnert ... was ich Ähnliches schon mal gehört / gelesen haben etc.)

- Wer eine *Auslegung* zu einem Bild oder Eindruck dazu empfangen hat, teilt diesen mit. Wichtig ist, das deutlich als zweiten Schritt zu markieren: durch eine Atempause oder indem er etwa sagt: „Als Auslegung hatte ich...“, „Ich glaube, das könnte Folgendes bedeuten ...“. Natürlich können aber auch Eindrücke ohne Auslegung weitergegeben werden.

- Wer gar *keinen Eindruck* hatte, darf das ganz entspannt zugeben.

- Es dürfen *keine negativen Eindrücke* weitergegeben werden, in denen das Eingreifen Gottes nicht deutlich wird.

- Auch *Kritik oder Zurechtweisung* dürfen nicht weitergegeben werden, nichts Ehrverletzendes oder Bloßstellendes.

- *Wegweisung* nur sehr vorsichtig und immer mit dem Hinweis, dass es einer Prüfung und mehrfachen externen Bestätigungen bedarf.

- Wenn ein Eindruck unklar bleibt bzw. keine Auslegung kommt: Bitte *keine Diskussionen* darüber, was er bedeuten könnte.

- Wenn jemand tief berührt ist, bitte aus Zeitgründen *keine Seelsorge* anschließen. In so einem Fall an den eigenen Seelsorger/Pastor/Therapeuten o.ä. verweisen.

- Alles geschieht in absoluter *Achtung* vor dem Gast. Alle Eindrücke werden vertraulich behandelt und später höchstens zur Intervision im Kreis der anwesenden Mitarbeiter bzw. Supervision mit der Leitung des Dienstzweiges besprochen.

Am Ende der Austauschrunde wird der Gast gefragt, ob er ein Feedback (Rückmeldung) geben möchte, mit welchen Eindrücken er etwas anfangen kann. Der Gast wird dabei ermutigt, dass er Eindrücke, die ihm nichts sagen, beiseite legt und nicht weiter darüber nachgrübelt. Bei dieser Rückmeldung geht es aber nicht um eine ausführliche Schilderung der Lebensumstände und Fragen, sondern primär um eine „Qualitätskontrolle" für die Beter; es gibt uns eine wichtige Korrektur oder Ermutigung.

## 5. Der Segen

Die Gebetsrunde schließt mit einen kurzen Segnungsgebet für den Gast. Dabei betet entweder nur einer (vielleicht der Leiter), oder es formuliert jeder seinen eigenen Eindruck in der Form eines segnenden Zuspruchs. Hier greifen wir – nur – diejenigen Eindrücke aus der Austauschrunde auf, die der Gast als zutreffend bestätigt hat, und sprechen ihm diese zu. Wir versuchen dabei in der Haltung des Segnens (Zuspruch) zu bleiben und nicht zu einer allgemeinen Fürbitte für den Gast überzugehen. Natürlich ist Fürbitte eine kostbare und wichtige Form des Gebets, aber sie ist hier meist nicht angebracht.

Wenn Gott geredet hat, dürfen wir zuversichtlich zusprechen. Wir fragen den Gast, welche Form des Segens er bevorzugt: im Stehen oder Sitzen, mit Handauflegung oder ohne. Viele werden sich eine Handauflegung wünschen; trotzdem gilt: Keinesfalls darf man einem Gast ungefragt die Hände auflegen! Das kann als Verletzung der eigenen Privatsphäre erlebt werden. Wir suchen nach einem Rahmen, in dem der Gast sich wohlfühlt.

## 6. Zum Schluss

Viele Gäste gehen nach diesem Gebet schnell nach Hause. Sie möchten die Erfahrung innerlich in Ruhe nachklingen lassen und vor Gott bewegen. Manche sprechen aber auch noch gerne mit dem Gästebetreuer und bleiben noch einige Zeit da. Am Ende eines Abends, wenn alle Gruppen mit dem Gebet für ihre Gäste fertig sind, versammeln sich die Mitarbeiter noch einmal kurz, um alle Eindrücke, alles Bewegende oder Schwere und die Verantwortung für die Gäste zurück in Gottes Hand zu legen.

Im Allgemeinen wird dabei nicht über einzelne Gäste gesprochen; die Vertraulichkeit bleibt gewahrt. Nur ungewöhnliche Vorkommnisse, Fragen zum Umgang mit bestimmten Eindrücken oder Ähnliches können anonymisiert angesprochen werden.

## 7. Wie gehe ich mit Gebetseindrücken um?

Kein Gast bekommt von uns Eindrücke mitgeteilt, ohne dass er Hinweise zum verantwortlichen Umgang damit schriftlich ausgehändigt bekommt. Deshalb notieren wir alle Eindrücke auf ein Blatt, auf dessen Rückseite die folgenden Hinweise abgedruckt sind[77]:

1. Wir versuchen, im Gebet zwischen unseren eigenen Gedanken bzw. Empfindungen und dem Reden Gottes zu unterscheiden. Das klappt nicht immer. ***Nicht alles, was wir im Gebet hören, ist Reden Gottes.***

2. Nur Sie selber können entscheiden, ob Gott durch einen Eindruck zu Ihrem Herzen spricht. Andere können Ihnen raten, aber die Entscheidung bleibt bei Ihnen. Schauen Sie, ob etwas in Ihnen spontan „Ja!“ zu dem Eindruck sagt. Vermutlich reagiert hier Ihr Geist auf Gottes Reden. ***Die Verantwortung zu prüfen kann Ihnen keiner abnehmen.***

3. Wenn Sie nicht wissen, was Sie von einem Eindruck halten sollen, bitten Sie Gott um Erklärung. Wenn der Eindruck trotzdem unklar bleibt, legen Sie ihn beiseite! Vielleicht wird Ihnen später klar, was er bedeuten soll, oder es waren zuviel menschliche Gedanken beigemischt. ***Grübeln bringt nicht größere Klarheit, nur größere Verwirrung!***

4. Wichtige Dinge sagt Gott mehrmals und macht sie Ihnen auch persönlich klar. Treffen Sie keine großen Entscheidungen (Arbeitsplatz, Partnerschaft, Wohnort etc.) auf einen einzelnen Eindruck hin. Für wichtige Entscheidungen muss vieles zusammenkommen: Ihre Berufung und Begabungen, gesunder Menschenverstand, offene Türen, Rat von Freunden oder Mentoren, ... ***Wichtige Dinge bestätigt Gott mehrmals.***

5. Wenn wir einen Eindruck im Gebet bekommen, meinen wir manchmal zu schnell, wir hätten ihn schon verstanden. Fragen Sie unbedingt Gott selber, wie er konkret auszulegen ist. Es geht nicht um ansprechende Gedanken, sondern um Gottes Willen. Und fragen Sie Gott auch, wie Sie den Eindruck dann praktisch umsetzen können. ***Fragen Sie Gott, was Sie genau mit einem Eindruck anfangen sollen (Auslegung und Anwendung).***

6. Was dem Reden Gottes in der Bibel widerspricht, kann nicht von Gott sein. Lassen Sie sich nicht darauf ein! ***Gottes Reden widerspricht nicht der Bibel!***

7. Es ist schön, wenn Gott Ihnen etwas Großes zuspricht. Wichtig ist: Sie müssen es nicht selbst herbeiführen. Ihre Aufgabe ist lediglich, jeden Tag im Glauben den nächsten Schritt zu gehen. Alles andere macht Gott. ***Nicht Sie müssen Gottes Pläne für Ihr Leben herbeiführen. Das ist seine Sache.***

8. Wenn jemand etwas als Wort Gottes an Sie weitergibt, das Ihnen Angst macht, Sie verletzt oder unter Druck setzt, dann hat er nicht richtig von Gott gehört. Vergessen Sie so einen „Eindruck“ möglichst schnell. Falls Gott Ihnen mal etwas Schwieriges sagen möchte, macht er das so, dass Sie auch in einer Ermahnung oder Warnung ermutigt werden und seine Liebe spüren. ***Lassen Sie sich nicht von anderen unter Druck setzen.***

9. Natürlich erzählen Sie die Eindrücke, die Sie bekommen haben, nicht jedem. Aber mit einem Gebetspartner, Ehepartner oder Ihrem Seelsorger oder Mentor darüber zu reden, ist sinnvoll. ***Suchen Sie den Rat reifer Christen.***

10. Halten Sie an dem fest, was Gott Ihnen Gutes zusagt. Sie sollten es sich immer wieder vor Augen führen, durchlesen, vorsingen, aufschreiben, malen – und vor allem: Gott dafür danken! ***Danken Sie Gott für sein Reden.***

# 9. Hörendes Gebet im Alltag

Vielen fällt es auf den Seminaren leicht, in den Gruppen, wo man die anderen nicht wirklich kennt (und deswegen die eigenen Gedanken nicht so leicht mit hinein mischt), in Entspannung und Ruhe in das Hören auf Gott hineinzufinden. Wie kann es aber nun daheim weitergehen? Kann man da unter ganz anderen Rahmenbedingungen Gottes Stimme ebenso leicht hören? Was ist dabei hilfreich?

## 1. Gebetskreis

Gebetskreise oder Hauskreise sind ein guter Ort, um sich im Hören auf Gott gemeinsam zu üben. Im Gebet für die Anliegen des anderen können wir erwarten, dass Gott Eindrücke gibt. Diese Eindrücke geben uns dann wieder Hinweise, wie wir für dieses Anliegen beten können. Ab und zu können wir auch füreinander hören, ohne ein konkretes Anliegen zu haben, als einfach dieses: um die Begegnung mit dem redenden Gott zu bitten und im Hören einander dazu zu dienen.

*Einige Zeit lang haben wir in unserem Hauskreis am Anfang jedes Jahres für jeden Teilnehmer hörend gebetet und die Wegweisung Gottes für das Jahr gesucht. Das nahm einige Abende in Anspruch. Bevor wir dann im nächsten Jahr wieder füreinander hörten, haben wir zuerst die Eindrücke des letzten Jahres hervorgeholt: Was hat sich bestätigt? Was ist noch offen? Was ist ganz anders erfüllt worden, als wir damals dachten? Hat sich bei dem einen oder anderen Eindruck herausgestellt, dass das wohl einfach nur ein netter menschliche Gedanke war, und nicht so klar Reden Gottes? In dieser Reflektion haben wir sehr viel gelernt.*

Wir haben aber auch die Erfahrung gemacht und von anderen berichtet bekommen, dass eine „Inflation“ des Hörenden Gebets, ein andauerndes Bestätigung-Suchen bei Gott zu zunehmend verwirrenden, unklaren oder belanglosen Eindrücken führt. Wenn man etwa an jedem Hauskreisabend des Jahres immerzu füreinander hörend betet, ohne dass es um besondere Anliegen oder Nöte geht, entsteht eine ungesunde „Inzucht“-Atmosphäre. Das Hören in der Gruppe darf nicht zum Ersatz werden für mein eigenes Hören im Alltag und mein eigenes geistliches Leben. Es darf auch nicht zum Ersatz werden für Reifeprozesse und Handeln im Vertrauen auf Gott, auch wenn nicht alles klar ist. Im Grunde ist es einfach: Hörendes Gebet wird immer dann missbraucht, wenn es letztlich nicht um die Liebe zu Gott und seine Ehre geht, sondern um unser eigenes geistliches Erleben. Dann wird es sehr schnell schal werden, weil wir das bekommen, was wir suchen: eine seelische Dynamik statt Gottes Gegenwart.

## 2. Fürbitte

Oft machen wir uns eine wichtige Wahrheit des geistlichen Lebens nicht bewusst: In der Fürbitte für andere Menschen ist das Hören auf den Willen Gottes eine entscheidende Vorbedingung für die Erhörung des Gebetes. Jesus sagt in Johannes 16,23:

*Was ihr den Vater bitten werdet in meinem Namen, wird er euch geben.*

Damit meint er nicht, dass wir die Formel „Im Namen Jesu!“ an unsere Gebete anhängen sollen, sondern dass wir das bitten, was *Jesus gemäß* ist und ihm auf dem Herzen liegt.

Dazu müssen wir hören, was er zu einer bestimmten Situation oder Person sagt und welchen Auftrag – und damit auch Vollmacht! – er uns für unser Gebet geben will.

*Eine Freundin musste ihre alte Mutter wegen zunehmender Demenz ins Heim geben. In der Fürbitte merkte sie, wie es ihr nicht gelang, ehrlichen Glauben für die Heilung von der Demenz zu entwickeln. Aber sie spürte, wie Gott sie ermutigte, dafür zu beten, dass ihre Mutter im Heim glücklich sei. Das machte sie zum Zentrum ihrer Fürbitte. Fast immer, wenn sie nun zu Besuch kommt, findet sie ihre Mutter fröhlich und zufrieden vor.*

Im Namen Jesu bitten heißt, um das zu bitten, was er uns für dieses konkrete Anliegen zeigt. Im demütigen Hören empfange ich seine Pläne, für die ich dann zuversichtlich und voller Glauben bitten kann. Das gilt für die persönliche wie für die gemeinschaftliche Fürbitte. Meist gehen wir aber anders heran: Zu gerne würden wir Gott dazu bringen, dass er unsere guten Lösungsvorschläge übernimmt.

Noch ein paar Tipps für die gemeinschaftliche Fürbitte: Es ist wichtig, bei einem Anliegen nicht gleich loszubeten, sondern erst einmal individuell hinzuhören, was Gott möchte. Im nächsten Schritt tauschen wir dann aus, was wir gehört haben; dementsprechend legen wir fest, wofür wir beten wollen. Auch im Gebet selbst ist es wichtig, auf die Gebete der anderen zu hören, sie innerlich mit zu bewegen, und nicht mit den eigenen Anliegen dazwischen zu gehen, oder nur darauf zu warten, dass man selbst an die Reihe kommt. Erst betet man ein Thema zu Ende, bevor man das nächste aufgreift. Und immer sollte man Zeit lassen, während des Gebets weiter zu hören. Manchmal schenkt Gott nämlich eine Dynamik, die die Gebete weiter trägt als vorher angenommen, und manchmal eröffnen sich dabei vielleicht ganz neue Perspektiven.

## 3. Hören für mich und Menschen, die mir nahestehen

Zurück zum individuellen Hören. Wenn ich für andere höre, die ich nicht gut kenne, gibt mir ihr Feedback Sicherheit und Korrektur: „Das berührt mich, das war wohl Gott!", „Damit kann ich nichts anfangen...". So komme ich mehr und mehr zu einer realistischen Einschätzung meiner „Trefferquote". Ich lerne besser zu unterscheiden, wie die Stimme Gottes klingt und wie die Stimme meiner Seele.

Wenn ich *für mich selber* Gottes Stimme hören will, fehlt mir natürlich erst mal dieses Feedback. Dennoch ist der Vorgang des Hörens nicht anders. Ich lege nur sehr viel bewusster meine eigenen Gedanken und Wünsche vor Gott hin und bitte ihn, sie jetzt beiseite zu stellen, damit sie mein Hören nicht beeinflussen. Dann richte ich mich bewusst auf Gott aus, denn bei allem Beten geht es letztlich um ihn. In meiner persönlichen Gebetszeit sollten grundsätzlich auch Momente der Stille sein, in denen ich vor dem Herrn meines Lebens hörend stehe. Manchmal werde ich dabei Weisung oder Korrektur oder Zuspruch erfahren, manchmal auch nur seine wortlose Gegenwart spüren.

Ebenso verfahre ich, wenn ich für *Familienmitglieder* höre oder für *gute Freunde*, über die ich viel weiß; oder wenn ich für Situationen bete, über die ich schon viel nachgedacht oder geredet habe: Ich lege gezielt mein Vorwissen vor Gott hin und bitte ihn, das jetzt zurücktreten zu lassen, damit ich seine Stimme hören kann.

## 4. Hören in der Gemeinde

Die Auswirkungen des Hörenden Gebetes, die wir im Lauf der Jahre beobachten konnten, sind vielfältig.

Wo sich viele Glaubende im Hören auf Gott üben, hebt das den „prophetischen Grundwasserspiegel" in einer Gemeinde. Immer öfter gehört es inzwischen zum selbstverständlichen Vorgehen, dass in Gebetsgemeinschaften für Einzelne oder für Anliegen der Gemeinde das Reden Gottes gesucht wird. Segnungsteams lernen, aus dem Hören auf Gott vollmächtig Segen zuzusprechen. Mitarbeiter rechnen damit, dass Gott seinen Willen für die verschiedenen Arbeitszweige offenbaren will. Ein Teamtreffen zur Jahresplanung kann Zeiten des Hörens beinhalten, in denen nach den Plänen Gottes für die Gemeinde oder den Dienstzweig gefragt wird. Gemeinden rechnen auch mit seinem Reden im Gottesdienst und schaffen dafür Raum.[78] So überrascht Gott immer wieder neu mit Zusagen, Korrekturen, Bestätigungen und viel, viel Liebe.

## 5. Ein Wachstumsmotor

Durch die Gästeabende, die wir miterleben, haben viele Menschen durch ihre Mitarbeit im Hörenden Gebet für andere große Reifeschritte gemacht. Der Dienst in einer Gruppe bietet Schutz, Korrektur und ganz allgemein ein Lernumfeld. So erleben viele, dass sie geistlich anderen etwas zu geben haben. Selbst Kinder oder ganz junge Christen können – sofern sie geschult wurden und von einem kompetenten Gruppenleiter angeleitet werden – mitarbeiten. Sie schauen von sich weg, dienen anderen, geben das kleine Bisschen, das sie haben, und erfahren, wie Gott dadurch andere segnet. Das ist ein enorm ermutigendes Erlebnis und führt Menschen aus einer Konsumhaltung in der Gemeinde heraus.

Die Gemeindeglieder lernen, dass es auf sie ankommt. Sie werden ständig erinnert, dass jeder die Verantwortung hat, Eindrücke, die für ihn gesagt werden, zu prüfen. Sie erkennen, dass niemand ihnen die Verantwortung für den eigenen geistlichen Weg abnehmen kann und darf.

Wir haben auch immer wieder erlebt, dass in den Gebeten für die Gäste Themen angeschnitten werden, die sehr tief gehen. Nun haben wir an den Gästeabenden nicht den Rahmen zu einer seelsorgerlichen Weiterbearbeitung von solchen Eindrücken, ermutigen dann aber dazu, nachfolgend Therapie oder Seelsorge zu suchen. So gibt es eine Reihe von christlichen Werken, die das Hören auf Gott bewusst in ihre Methodik integrieren.[79] Auch in unserer Gemeinde haben wir mit einen Kurs „Heilendes Gebet“ gute Erfahrungen gemacht[80], der wesentlich auf dem Hören auf Gott gründet.

# 10. Der Schritt in die Freiheit: Gottes Wahrheit über mich hören

*„Es gibt eine Schwelle, die die meisten von uns nie überschreiten.*
*Es ist die Schwelle von der Unreife – zur Reife,*
*die Schwelle vom Leben unter dem Gesetz, einem Gesetz oder vielen Gesetzen – zum Wandel im Geist,*
*die Schwelle vom Hören auf viele Stimmen: auf die in unserem ungeheilten Herzen, auf die Stimmen der Welt, des Fleisches, des Teufels – zum Hören auf Gott."* [81]

## 1. Die Stimme in uns

Wer bin ich? Diese Frage beschäftigt uns immer wieder und in vielerlei Form. Wir suchen die Rückmeldung unserer Freunde und Kollegen. Persönlichkeitstests, Gabentests und Therapiespiele finden großes Interesse.

Auch Jesus fragte seine Jünger:

*„Für wen halten die Leute den Menschensohn?" Die Jünger gaben zur Antwort: „Die einen halten dich für den wieder auferstandenen Täufer Johannes, andere halten dich für den wiedergekommenen Elija, und wieder andere meinen, du seist Jeremia oder sonst einer von den alten Propheten." „Und ihr", wollte Jesus wissen, „für wen haltet ihr mich?" Da sagte Simon Petrus: „Du bist Christus, der versprochene Retter, der Sohn des lebendigen Gottes!" (Matthäus 16,13-16).*

Die Antwort, die Jesus daraufhin dem Petrus gibt, ist für unser Thema ganz entscheidend:

*„Diese Erkenntnis hast du nicht aus dir selbst; mein Vater im Himmel hat sie dir gegeben!" (Vers 17)*

Die letzte Wahrheit über eine Person – über mich, über andere oder über Gott – erfahren wir nur durch göttliche Offenbarung. Deswegen ist es absolut wesentlich, dass ich lerne, Gottes Stimme für mein Leben zu hören. Sonst werde ich nicht in der Wahrheit, nicht im Geist leben können.

Diese Stimme Gottes spricht in uns den ganzen Tag. Gleichzeitig sprechen aber viele andere Stimmen in mir und wollen mich definieren.

## Andere Menschen

Die Menschen um mich herum definieren mich mit ihren Äußerungen und ihrem Verhalten mir gegenüber. Sie machen mir deutlich: „Ich bewundere dich!", oder: „Du bist liebenswert!", oder: „Du bist uninteressant!" Besonders stark haben wir solche Definitionen von unseren Eltern, aber auch von unseren Lehrern und der Gruppe unserer Freunde in uns aufgenommen. Kinder finden ihre erste Identität in der Liebe der Eltern. Ein Kind, das diese Liebe nicht ausreichend erfahren hat, trägt in sich eine Stimme, die sagt: „Du bist nicht liebenswert!" Lehrer, die uns unsere Unfähigkeit vor Augen geführt haben, statt an uns zu glauben und uns anzuspornen, sind die Urheber von inneren Aussagen wie: „Aus dir wird nie etwas!" oder: „Das kannst du doch nicht!" Andere, Erfolgreichere, haben Stimmen verinnerlicht, die sagen: „Wenn du Erfolg hast, lieben und beachten wir dich!“

*Eine Freundin von uns stammt aus einer Familie von Künstlern. Sie selber hat eine herausragende schriftstellerische Begabung. Nach einigen Jahren kreativer Tätigkeit erlebte sie plötzlich eine Zeit, in der ihr Schreiben wie blockiert war: „Immer, wenn ich mich an den Schreibtisch setzte, kam eine starke Lähmung über mich, ich konnte keinen klaren Gedanken fassen und geriet unter Druck. Irgendwann in diesen Monaten der frustrierenden Kämpfe wurde mir durch Gespräche mit Freundinnen bewusst, dass ich innerlich festgelegt war auf die Definition: ‚Wenn ich schreibe, dann ist alles okay, dann ist mein Leben wertvoll. Wenn ich nicht schreibe, dann ist da nichts, was ich vorzeigen kann.‘“ Sie hatte als Kind immer dann Beachtung gefunden, wenn sie eine neue Geschichte vorlegen konnte. Dann hatte sie sich als etwas Besonderes erlebt, als jemand, der wahrgenommen und geliebt wurde. So war das Schreiben zu ihrer Selbstdefinition geworden. Durch die Schreibblockade forderte Gott diese Selbstdefinition heraus und führte sie in die Freiheit, die darin besteht, dass wir unsere Definition von ihm her bekommen.*

## Das alte Ich

Das ist die Stimme der Selbstbezogenheit und des Misstrauens gegen Gott und Menschen. „Jeder muss selber sehen, dass er zu etwas kommt.“ Oder: „Ich bin doch nicht der Dumme hier, der als erster seine Fehler zugibt.“ Mit solchen Stimmen ringen wir Tag für Tag. Unser alter Mensch muss immer wieder neu abgelegt werden (Epheser 4,22-24).

## Das verletzte innere Kind

Kindheitserfahrungen prägen uns tief – sowohl Erfahrungen der Liebe und Geborgenheit, die uns Stärke und Sicherheit fürs Leben verleihen, als auch Erfahrungen der Verlassenheit, Angst oder Verletzung. Diese früher gemachten Erfahrungen übertragen wir leicht auf die Menschen um uns herum – oder auf Gott. Die Klage „Gott interessiert sich nicht für mich!" meint oft eigentlich: „Mein Vater hat sich nie für mich interessiert." Deswegen kann dieser Mensch nur schwer wahrnehmen, wie Gott wirklich ist.

## Geistliche Angriffe

Auch der Satan will zu uns sprechen, und er wird nicht umsonst als der „Vater der Lüge" bezeichnet. Er stellt unsere Erlösung in Frage („Das kann Gott dir nie vergeben!"), sät Misstrauen („Gott gibt dir nicht einfach Geschenke, da ist sicher ein Haken dabei."), verhindert, dass wir zu Gott kommen („Für dich gibt es keine Hoffnung. Hör endlich auf, zu Gott zu schreien!") und stürzt uns in Verzweiflung („Gott hat dich vergessen.").

## Die Stimmen müssen schweigen

Von allen diesen Stimmen werden wir hin- und hergetrieben, gequält, gejagt, gelenkt. Sie bestimmen unser Denken, unser Handeln, unsere Selbstwahrnehmung und unser Leben. Diese Stimmen müssen wir zum Schweigen bringen. Das tun wir am besten, indem wir sie mit Gott in ein Gespräch treten lassen.

Wir müssen es lernen, Gottes Wahrheit gegen alle Lügen in uns festzuhalten.

*Eine Freundin erzählte in der Seelsorge, wie sie als Kind mit Puppen gespielt hatte: „Wenn ich für mich alleine Schule spielte, dann schrieb ich mir und einigen ungeliebten Puppen immer die Note ‚6' in die Hefte. Mir war ja klar, dass meine Familie recht hatte, wenn sie sagte: ‚Du taugst zu nichts.'" In dem anschließenden Gebet sah sie ein Bild, wie Jesus die ‚6' in ihrem Heft durchstrich und eine große, leuchtende ‚1' darüberschrieb. In diesem Gebet empfing sie eine neue Definition ihrer Fähigkeiten und eine tiefe Annahme durch Gott.*

Nur wenn wir gelernt haben, von Gott her unsere Identität zu empfangen und zu hören, werden wir frei sein. Dadurch werden wir heil, denn er allein weiß, wozu wir erschaffen sind.

## 2. Gottes Wahrheit

Gottes Stimme ist die einzige Stimme, die immer die Wahrheit spricht. Er liebt uns unendlich, bedingungslos und tiefer, als wir es uns je vorstellen können. Er ist selber gestorben, um uns am Kreuz unsere Schuld abzunehmen. Keine Schuld ist so groß, dass sie darin nicht inbegriffen wäre. Er ist immer da und nicht zu schwach, um zu helfen. Er hat Gedanken des Friedens über uns und nicht Gedanken des Unheils (Jeremia 29,11).

Wir müssen es lernen, neu auf die Worte zu hören, mit denen er uns seine Gedanken über uns zuspricht. Nur so werden wir zu reifen, aufrechten Menschen werden, die auf Gott schauen und von ihm her leben. Das erst wird uns zur Freiheit in Christus führen.

*Ich freue mich über dein Wort wie einer, der große Beute macht! (Psalm 119,162)*

*Dein Wort ist eine Leuchte für mein Leben, es gibt mir Licht für jeden nächsten Schritt. (Psalm 119,105)*

*Wenn du zu mir sprachst, habe ich jedes Wort verschlungen. Deine Worte haben mein Herz mit Glück und Freude erfüllt, denn ich bin doch dein Eigentum, Herr, du Gott der ganzen Welt! (Jeremia 15,16)*

### Reife im Glauben braucht Hören auf Gottes Wahrheit

Viele von uns kommen nie dorthin, eine bestimmte Grenze zu überschreiten. Jenseits dieser Grenze schenken wir nicht mehr den vielen Stimmen in uns und außerhalb von uns Gehör, sondern hören allein auf die Stimme Gottes. Diesseits der Grenze aber bleiben wir immer in Unreife, Gesetzlichkeit und Fremdbestimmung gefangen.[82] Das gefährdet nicht unsere Errettung, wohl aber unser Erwachsenwerden „auf Christus hin" (Epheser 4,13.15), die *Verwirklichung* unserer Erlösung.

Es gibt keine Reife im Glauben, es gibt kein mündiges Christsein, wenn wir nicht lernen, selbst für uns von Gott zu hören und die anderen Stimmen zum Schweigen zu bringen.

## 3. Die Waffenrüstung Gottes

Ich möchte Epheser 6,11-18 einmal aus diesem Blickwinkel betrachten. Es ist eine ungewöhnliche Auslegung für den bekannten Text, macht aber vieles sehr deutlich. Der Weg zur

Reife, die aus dem Hören auf Gott kommt, geht nicht ohne Kampf ab, und wir müssen uns klarmachen, welche Waffen wir dazu benötigen.

### „Wir haben nicht mit Fleisch und Blut zu kämpfen"

Es sind nicht andere Menschen, die uns daran hindern, auf Gott hin zu wachsen. Wir sind es selber. Unser alter Mensch will nicht abgelegt werden. Lieber verstecken wir unsere inneren Verletzungen, als dass wir sie ans Licht bringen und uns von Gott heilen lassen. Seelsorge oder gar Therapie in Anspruch zu nehmen geht gegen unseren Stolz. Gegen geistliche Angriffe aufzustehen, kostet Kraft. Deshalb ist geistliche Trägheit der große Feind des Erwachsenwerdens. Wir müssen uns klar machen, dass es nicht ohne Krafteinsatz und Entschlossenheit gehen wird!

### „Gürtet euch mit Wahrheit"

Ich muss aus der Wahrheit dessen leben, was Gott über mich sagt, genauso wie aus dem, was er über sich selbst, die Menschen und die Welt sagt. Wie der Gürtel der antiken Kleidung, so gibt die Wahrheit allen Dingen in meinem Leben den richtigen Platz und hält alles zusammen. Wenn ich an der Wahrheit festhalte, dass Gott mich liebt, dann bekommen meine Einsamkeitsgefühle ihren richtigen Platz: als Ausdruck vergangener Verletzungen oder einer schwierigen gegenwärtigen Situation. Aber sie dürfen mir nicht mehr vorlügen, dass es für mich keine Liebe auf der Welt gäbe. Denn die Liebe Gottes gilt mir.

## „Zieht als Panzer die Gerechtigkeit an“

Meine Gerechtigkeit besteht darin, dass Jesus für mich gestorben ist und mich so vor Gott gerecht gemacht hat. Wenn dann Anklagen kommen, sei es aus meinem eigenen Herzen oder von anderen Menschen, so kann ich, soweit sie berechtigt sind, Gott und die betreffenden Menschen um Vergebung bitten. Damit bedecke ich mich neu mit dem Brustpanzer der Gerechtigkeit Jesu.

*Ich selber (Ursula) lebte lange in der Haltung, dass ich nur dann sicher vor Anklagen bin, wenn ich alles richtig mache. Die Erinnerung selbst an kleine Fehler quälte mich oft jahrelang. Ich schaffte es nicht, die vorwurfsvollen, verklagenden Stimmen in mir zum Schweigen zu bringen. Als ich endlich verstand, dass Jesus meine Sicherheit und meine Gerechtigkeit ist, gewann ich eine ganz neue Freiheit. Was ich jahrelang schon mit dem Kopf geglaubt hatte, nämlich dass Jesus für meine Sünden gestorben ist, wurde zur Gewissheit meines Herzens, dass das Kreuz stark genug ist, meine Gerechtigkeit zu sein. Und eine andere Gerechtigkeit brauche ich nicht. Ich muss nicht mehr fehlerfrei sein.*

In dieser Freiheit kann ich auch vor andere Menschen hintreten, um Vergebung bitten und trotzdem meine Selbstachtung bewahren. Ich bin nicht achtenswert, weil ich fehlerlos bin, sondern weil Jesus mir vergibt!

Dieser Panzer der Gerechtigkeit Gottes schützt uns auch davor, dass andere Menschen uns durch Schuldgefühle manipulieren können. Wenn ich die Wiedergutmachung geleistet habe, die Jesus mir zeigt, dann ist meine Verpflichtung beendet. Es gibt für Menschen, die sich vergeben lassen, keine ewig dauernde Schuldpflicht, die abzutragen wäre. Keiner bekommt ein Anrecht auf mein Leben, weil ich ihm etwas schuldig geblieben bin.

### „Greift zum Schild des Glaubens! Nehmt den Helm des Heils ..."

Um an dem festzuhalten, was Gott zu uns gesagt hat, müssen wir unseren Glauben einsetzen. Glauben heißt hier: eine Wahrheit festhalten gegen meine Gefühle, entgegen der äußeren Situation und entgegen den Worten anderer Menschen. In Zeiten, in denen wir Gottes Liebe und Nähe nicht spüren, ist unser Glaube gefragt. Wenn der Pfeilhagel von Entmutigung, Anklagen und Ablehnung auf mich niedergeht, dann muss ich diesen Schild des Glaubens hochhalten und meine Gedanken mit dem Helm des Heiles schützen: „Ich glaube trotzdem an die Liebe Gottes und seine Vergebung. Ich glaube trotzdem, dass mir alles zum Besten dienen wird. Ich halte trotzdem an Gottes Verheißungen für mein Leben fest."

### „ ... und das Schwert des Geistes, das ist das Wort Gottes"

Mit dem Schwert kann ich mich gegen Angriffe verteidigen. Worte Gottes sind solche Verteidigungswaffen gegen Zweifel und Entmutigung. Dieses Schwert muss ich griffbereit halten. Ich kann Bibelverse oder persönliche Zusagen, die Gott mir gegeben hat, an die Kühlschranktür oder an den Spiegel hängen. Ich kann sie mir vorsagen oder vorsingen. Gegen die inneren Stimmen, die mir Lügen einreden wollen, kann ich die Antworten Gottes dagegensetzen.

Deswegen ist es wichtig, dass wir mitschreiben, wenn Gott spricht. Sonst wird uns unser Schwert wieder gestohlen. Manche schreiben Predigten mit, um sie daheim noch einmal nachzuvollziehen. Manche schreiben mit, weil sie sich dann besser konzentrieren können. In vielen Fällen finde ich das sehr hilfreich. Aber das ist nicht jedermanns Sache. Jeder aber sollte die Dinge aufschreiben, die Gott zu ihm spricht: manchmal nur einen Satz aus einer ganzen Predigt oder einen Bibelvers aus dem Kapitel, das ich gelesen habe.

### „Hört nicht auf, zu beten"

Alles soll und darf ich ins Gebet bringen, die Ängste, die Verletzungen, die Entmutigung, aber auch den Dank für Trost und Hilfe. Im Gespräch mit Gott kommen die Stimmen in mir zur Ruhe, sie beugen sich der Wahrheit. Gott ist auch der richtige Adressat für alle meine Wünsche und Bedürfnisse.

## 4. Erwachsen werden

Die Stimmen in uns kommen dann zum Schweigen, wenn wir sie zu Jesus bringen und sie in ein Gespräch mit ihm treten lassen. Jesus wird darin zu unserem Hirten und Seelsorger. Durch den seelsorgerlichen Prozess des Hörens auf das Reden Gottes verstummt die Stimme des verletzten Kindes zusehends, weil Gottes Kraft die Verletzungen heilt.

Aussagen, die andere Menschen über mich treffen, muss ich von Gott bestätigen oder korrigieren lassen. Reife Menschen schlucken nichts, ohne eine eigene Bestätigung von Gott dafür zu haben – weder Lob („Das ist deine Gabe!") noch

Kritik („Das hast du falsch gemacht!"). Auch von Seelsorgern oder Leitern dürfen wir nicht erwarten, dass sie uns definieren, dass sie uns sagen, wer wir sind. Sie können allerdings hilfreich sein, wenn es darum geht, Bestätigung oder Korrektur für das zu bekommen, was ich von Gott zu hören meine.

Die Stimmen meines sündigen alten Menschen bringe ich nicht dadurch zum Schweigen, dass ich sie ignoriere und verdränge. Dann bekommen sie erst recht Macht über mich, weil sie unerkannt in mir flüstern können. Ich muss sie mir im Gegenteil bewusst machen, sie wahrnehmen und unter das Kreuz legen: „Herr, schon wieder bin ich neidisch auf diesen Freund. Lass meinen Neid nicht mein Handeln bestimmen und verändere mein Herz!"

Der Weg, ein erwachsener, reifer Christ zu werden, der in der Freiheit Jesu lebt und seine Stimme hört, steht jedem offen – aber ohne Kampf wird es bei keinem gehen.

Eine exzellente Hilfe auf diesem Weg bietet das Buch von Signa Bodishbaugh „Unterwegs zum neuen Menschen" (Asaph Verlag). Es ist als 40-tägiger Kurs angelegt, in dem der Leser angeleitet wird, für sich selbst auf Gott zu hören.

# 11. Wenn Gott nicht spricht

Es gibt viele unterschiedliche Vorstellungen, wenn es um das Hören der Stimme Gottes geht: Der eine denkt, dass man dazu Gott akustisch hören müsste – und das hat er nun wirklich noch nicht erlebt! Die andere ist überzeugt, dass Gott nur durch die Bibel spricht. Aber was früher so eindeutig schien, ist inzwischen nicht mehr so klar. Oder sie hört schon lange nichts mehr Neues, weil sie die Bibel inzwischen in- und auswendig kennt. Der dritte meint, Gott spricht in seinen Gefühlen, merkt aber zusehends, dass das oft willkürlich, unzusammenhängend und auf Dauer wenig tragfähig ist. Der nächste geht davon aus, dass Gott durch die Umstände spricht – aber im Tiefsten sehnt er sich doch danach, die Stimme seines himmlischen Vaters einmal persönlich zu hören. Und die meisten von uns blicken staunend oder voll Sehnsucht auf das direkte und unmittelbare Reden Gottes mit Menschen, wie es im Alten und Neuen Testament geschildert wird.

Wir sind überzeugt, dass nach dem Zeugnis der Bibel jeder Gläubige Gott hören kann, denn Jesus hat gesagt: „Meine Schafe hören meine Stimme" (Johannes 10,27). Anders wäre ja gar keine Beziehung vorstellbar! Aber wenn nur einer redet, der andere aber seine Meinung schriftlich niedergelegt hat und dem für alle Zeiten keine aktuelle Auslegung oder Anwendung oder persönlichen Trost mehr hinzufügt, dann kann das nie zu einer Freundschaft werden. Dann wäre Gott tatsächlich fern, ja abwesend – zumindest für uns. Jesus aber nennt uns seine Freunde (Johannes 15,15). Beiderseitige Kommunikation aber gehört einfach zu einer Freundschaft. Und deshalb ist die Erfahrung des persönlichen Redens Gottes kein „Orden" für besonders Heilige und auch keine Belohnung für den ganz Eifrigen. Es ist das persönliche Reden des himmlischen Vaters zu jedem einzelnen seiner näheren oder ferneren Kinder.

## 1. „Ich höre nichts!"

Dennoch begegnen uns immer wieder Menschen, die versichern, Gott noch nie persönlich gehört zu haben. Manchmal hilft ihnen auch ein Seminar Hörendes Gebet nicht weiter. Sie scheinen die Ausnahme zu sein, der einzige, zu dem Gott nicht spricht. Was ist da los? In einer Reihe von Gesprächen mit solchen Leuten sind uns ein paar Punkte aufgefallen, die jetzt kurz angesprochen werden sollen.

### Feste Erwartungen

Immer wieder haben wir bemerkt, dass manche Menschen sehr feste Erwartungen haben, wie das Reden Gottes beschaffen sein soll: deutlich, unmissverständlich, unüberhörbar, so wie eben die Propheten im Alten Testament Gottes Stimme hörten: „Und das Wort des Herrn geschah zu mir ...". Alles, was nicht so erscheint, können sie nicht als Reden Gottes identifizieren. Nun haben wir aber versucht, deutlich zu machen, dass das Reden Gottes oft sehr leise ist und wir uns deswegen meist überhaupt nicht sicher sind, ob das wirklich Gott war. Ihn zu hören erfordert Demut, Übung, die Bereitschaft Fehler zu machen, sich auf die leise Stimme einzulassen und so mit der Zeit erst zunehmend mehr Sicherheit im Unterscheiden zu bekommen. Wer erwartet, dass er schon am Anfang sich sicher sein muss, wird sich auf keinen Lernprozess einlassen und entsprechend auch nichts lernen.

Oder wir haben zu einer bestimmten Zeit tatsächlich erfahren, dass Gott zu uns gesprochen hat, etwa bei unserer Lebensübergabe. Und dann erwarten wir vielleicht, dass er immer weiter auf die gleiche Art und Weise zu uns redet. Diese Fixierung macht es uns aber zunehmend unmöglich, wirklich offen zu bleiben für Gott – denn er bleibt auch in seinem Reden schöpferisch und lässt sich einfach nicht in unsere Schubladen einsperren. Es geht uns da ein bisschen wie einem kleinen Kind: Seine Eltern werden immer weiter zu ihm reden, aber wenn es darauf besteht, nur in Babysprache angesprochen zu werden, wird es nicht verstehen, was seine Eltern ihm mitteilen. Ähnlich verhalten wir uns oft auch Gott gegenüber. Nötig ist also nicht nur die Erwartung, dass Gott zu uns spricht, sondern auch eine große innere Offenheit dafür, dass er es immer wieder neu und überraschend tut.

## Leben aus dem Empfangen

Ein anderer Typ von Mensch klagt manchmal darüber, dass er nichts hört. Dabei handelt es sich oft um fähige, kompetente Menschen, die erfolgreich sind in dem, was sie anpacken, deren Leben rund läuft, weil sie es diszipliniert angehen, die die Zügel in der Hand halten und Verantwortung für sich und andere übernehmen. Aber nun wollen sie Gott hören – und ihre Kompetenz, ihre Verantwortungsbereitschaft, ihre Disziplin und ihre Fähigkeit, den Dingen die richtige Richtung zu geben, nützt ihnen nichts: Das Reden Gottes können sie nicht machen. Sie können es nur empfangen, das heißt, sie brauchen die Demut des Nichts-Tuns, eine Haltung der offenen und leeren Hände, ja des „Arm-Seins" vor Gott. Das ist neu. Sie müssen eine Haltung entwickeln, die ihnen bisher fremd war.

*Selig, die arm sind vor Gott; denn ihnen gehört das Himmelreich. (Matthäus 5,3)*

Für manche sehr fähigen Menschen ist es ein längerer Anmarschweg, dieses Leben aus dem Empfangen zu lernen.

## 2. Das Schweigen Gottes

Ab und zu begegnet uns ein Mensch, der Gottes persönliches Reden durch die Bibel, eine Predigt oder im Gebet schon erlebt hat. Aber seit längerem erfährt er nichts mehr; da ist nur noch Schweigen. Hat er Gott verloren? Oder hat Gott das Interesse an ihm verloren? Oder hat er sich die früheren Erlebnisse nur eingebildet? Solch eine Erfahrung ist in der Regel mit tiefer Verunsicherung und großem Schmerz verbunden.

### In der Wüste

Viele geistliche Menschen der Kirchengeschichte kennen dieses Schweigen Gottes, diese Erfahrung, in einer trockenen geistlichen Wüste zu wandern. Unterschiedliche Begriffe werden dafür verwendet: Mystiker wie zum Beispiel Johannes vom Kreuz sprechen von der „dunklen Nacht der Seele". Mutter Theresa von Kalkutta schrieb in ihrem Tagebuch davon, allein in einem Tunnel zu sein, verlassen von Gott.[83] Moderne Autoren wie Peter Scazzero[84] und andere beschreiben es als ein Gefühl, als ob man vor einer Mauer steht.

So schmerzlich und manchmal schrecklich solche Zeiten sind – es sind Zeiten, in denen der Glaube in die Tiefe wächst. Das Vertrauen zu Gott kann sich dann nicht mehr an Erfahrungen seiner Nähe oder an tröstlichen oder anbetenden Gefühlen festhalten. Nun muss das Vertrauen allein auf das bauen, was Gott in der Bibel uns zugesagt hat: Dass er immer da ist; dass seine Erlösung größer ist, als alles eigene Leisten oder Erleben; dass seine Liebe bedingungslos gilt. Der Glaube wächst vom Festhalten an einer *subjektiven* Wahrheit – „es ist wahr, weil ich es erlebe" – zum Festhalten an einer *objektiven* Wahrheit: „es ist wahr, weil es Gottes Wesen entspricht, wie er es in der Bibel bezeugt hat". Nun fängt der Glaube an, sich tiefer zu gründen als auf geistliche Erfahrungen: er gründet auf der Realität Gottes.

Wenn Gott uns durch diese Herausforderung führt, ist das kein leichter Weg. Aber dennoch ist es gut, wenn wir diese Wüstenzeit willkommen heißen: Gott will uns tiefer in ihm verwurzeln und uns fester als je bisher einprägen, dass er uns liebt – absolut bedingungslos, trotz unseres kalten Herzens, trotz unseres toten Gebetslebens, trotz der Unfähigkeit geistlich irgendetwas weitergeben zu können, obwohl unsere Ohren verstopft zu sein scheinen. Trotzdem liebt er uns. Das alleine genügt!

## Glauben einsetzen

Nicht immer muss so ein Gottesschweigen eine monate- oder jahrelange Erfahrung sein. Es kommt auch immer wieder vor, dass über ein paar Tage oder Wochen das Gebet in unserer Stillen Zeit oder eine Runde Hörendes Gebet in unserem Hauskreis überhaupt keinen sinnvollen Eindruck für uns bringt. Was ist da los?

Genauso wichtig wie es ist, Gott zu hören, ist es auch, das Gehörte ernst zu nehmen und zu bewahren. Wenn Gott uns heute zusagt, dass er uns liebt und uns in der schwierigen Situation führt, dann ist es an uns, diese Zusage im Glauben festzuhalten. Es ist kein Zeichen von Vertrauen, wenn wir diese Zusage jeden Tag neu von Gott hören müssen. Ebenso brauchen wir nicht jeden Tag die Bestätigung, dass wir sein Kind und erlöst sind. Gott wird es ganz sicher so oft sagen, wie unsere Seele es braucht. Aber er wird uns nicht abnehmen, an seinen Zusagen dann auch im Glauben festzuhalten – und das auch länger als 24 Stunden oder zwei Wochen!

Das ist der Grund, warum Gruppen, die im Hörenden Gebet auf Dauer immer nur den Gruppenmitgliedern untereinander dienen, sich mit der Zeit totlaufen. Irgendwann ist es einfach Zeit, an dem Gehörten festzuhalten und im Glauben tätig zu werden.

## 3. Und meine Fragen?

Etwas anderes sind Zeiten, in denen wir vielleicht Gottes Stimme meist schon recht gut hören. Auch, wenn wir für andere beten, bekommen wir Eindrücke, die den anderen berühren. Aber nun hätten wir so gerne Gottes Antwort auf diese spezielle Frage, die uns umtreibt. Aber er sagt nichts! Oder höre ich nur nicht?

## Gott wählt das Thema

Immer wieder kommen Menschen mit speziellen Fragen in die Gästeabende. Sie erzählen uns nichts von diesen Fragen, um unser Hören nicht zu beeinflussen. Manchmal sind sie anschließend zutiefst bewegt, weil sie tatsächlich in den Eindrücken der Beter die Antwort Gottes gehört haben: „Unglaublich! Ich bin mit drei konkreten Fragen gekommen, und habe auf alle drei eine Antwort bekommen! Wie konntet ihr das wissen? Ihr kennt mich doch gar nicht! Das kann nur Gott gewesen sein!"

Andere kommen aus der Gebetsgruppe und erzählen: „Ich bin mit drei konkreten Fragen gekommen, und habe auf keine eine Antwort bekommen. Es waren lauter nette Eindrücke. Aber keiner hat etwas mit dem zu tun, was mir auf der Seele brennt!" Sie sind tief enttäuscht.

Wir haben gelernt, dass wir Gott zwar alle unsere Fragen stellen dürfen, dass wir aber *ihn* wählen lassen müssen, worüber er redet. Und anscheinend sind es nicht immer unsere Fragen, die ihm wichtig sind – denn er redet über ganz andere Themen. Ziemlich häufig erleben wir, dass Menschen eine *Weisung* in einer bestimmten Entscheidung suchen. Gott aber spricht über ihre *Beziehung* zu ihm: „Vertraue mir! Verbringe Zeit mit mir, um mir näher zu kommen. Ich habe dich immer schon geliebt, ich werde dich nicht loslassen!"

## Gott befriedigt nicht unsere Neugier

Das Hörende Gebet ist nicht dazu da, um Dinge erklärt zu bekommen, die uns nichts angehen, oder für die es noch nicht Zeit ist.

*Wie viele jungen Menschen fragte ich (Ursula) mich mit Anfang 20, wohin Gott mich in meinem Leben wohl führen wollte. Was hatte er vor? Was war sein Plan mit mir? Wo würde ich in 20 Jahre sein? Ein Beter, der nichts von diesen Fragen wusste, bekam ein Wort für mich: „Gott sagt dir jetzt nicht, was er mit dir vor hat. Denn wenn er es dir jetzt sagen würde, würdest du Nein sagen."*

*Im Nachhinein bin ich tatsächlich froh, dass ich manche Entwicklungen nicht vorher wusste! Er hat mich immer geführt, aber selten ließ er mich dabei weiter als bis zur nächsten Kurve sehen.*

## Hören und Ge-Horchen

Ein weiterer Grund dafür, dass wir Gott nicht hören, kann auch einfach darin liegen, dass Gott schon längst zu uns geredet hat, und wir das auch wissen. Wir wollen dem dann aber doch nicht Folge leisten. Denn das, was er uns sagt, ist zu unbequem, es stört unsere Pläne, es könnte peinlich werden, oder wir wollen uns bei unseren Fehlern oder Sünden einfach keinen Spiegel vorhalten lassen. Und dann verschließen wir uns bewusst oder unbewusst gegenüber der Stimme Gottes. Wir wollen eigentlich gar nicht mehr hören, was er uns sagen will, sondern nur noch das, was wir hören wollen.

Wir haben von zwei Situationen aus Gästeabenden erzählt bekommen, in denen kein einziger der Beter einen Eindruck hatte:

*Eine Frau kam zum Hörenden Gebet, aber nicht einer der Beter hörte in der Stille etwas. Natürlich fiel es den Betern nicht leicht, einer nach dem anderen zu sagen, dass sie nichts hätten. (Wie muss sich wohl der Letzte in der Runde gefühlt haben? Aber er brachte den Mut auf, sich nicht etwas aus den Fingern zu saugen, etwa einen Bibelvers, der immer stimmt!) Schließlich seufzte die Frau: „Ich weiß schon, was los ist. Gott hat mir vor drei Monaten gesagt, ich solle etwas bestimmtes tun. Aber ich will nicht."*

Wenn wir nicht bereit sind, dem zu gehorchen, was Gott bereits gesprochen hat, müssen wir uns nicht wundern, dass er nichts Neues sagt. Die zweite Situation:

*Ein Mann bekam in einer Gruppe keinen einzigen Eindruck mitgeteilt; keiner der Beter hatte etwas gehört. Daraufhin begann er zu erzählen, welche Vision er hätte und was er plante. Während des Erzählens wurde den Betern sehr klar, dass dieser Mann gar nicht wirklich an Gottes Willen interessiert war. Er wollte, dass Gott seine Pläne einfach abhakte. Aber hineinreden sollte er ihm nicht. Die Beter spürten, dass dieser Mann jeden Eindruck, den sie gesagt hätten, so umgebogen hätte, dass er zu seinen Pläne gepasst hätte. Wie gut, dass es nichts zum Verbiegen gab!*

Auf Dauer wird Gott nur zu uns sprechen, wenn wir bereit sind zu tun, was er sagt. Er hat viel Geduld mit uns, ringt und wirbt um unser Einverständnis, spricht immer wieder in anderen Worten und Weisen zu uns. Er ruft uns zurück, wenn wir in die Irre gegangen sind, vergibt uns und schenkt uns immer wieder einen neuen Anfang. Wenn wir aber auf Dauer nicht bereit sind, seinem Reden zu gehorchen, oder wenn wir von vornherein ihn nur für unsere Zwecke „benützen“ wollen, dann müssen wir uns über sein Schweigen nicht wundern.

## 4. Führung und Reifeprozesse

Aber dann gibt es auch aufrichtige Gläubige, die wirklich Gottes Willen in ihrem Leben tun wollen. Sie stehen vor einer wichtigen Entscheidung, hören aber im Gebet nicht, welchen Weg sie einschlagen sollen. Warum zeigt Gott seinen Willen nicht? Was, wenn sie sich falsch entscheiden?

### Mut zur Entscheidung

Wenn Gott in so einem Fall nicht redet, dann sagt er damit zu uns: „Entscheide du! Such du dir den Weg aus. Du lebst seit Jahren mit mir, du weißt, was mir wichtig ist, du bist ein verantwortlich handelnder Mensch. Du hast alles, um selber entscheiden zu können!“

Paulus erwähnt, dass wir in der neuen Welt Gottes die Engel richten werden (1.Korinther 6,3). Wir wissen nicht, was er mit diesem geheimnisvollen Wort letztlich meint, aber eines ist klar: wir werden Verantwortung übernehmen und Entscheidungen treffen. Johannes sieht, dass die Glaubenden über die Erde herrschen werden (Offenbarung 5,10). Diese gewaltige Verantwortung müssen wir einüben. Der erste Schritt in diese Richtung besteht darin, dass wir Verantwortung für unser eigenes Leben übernehmen. Hörendes Gebet darf nie zur Entschuldigung für Entscheidungsschwäche werden. Wenn Gott keine Weisung gibt, fordert er uns zu einer mutigen, verantwortungsvollen Entscheidung auf.

## Reifeprozesse

Gerade größere Entscheidungen brauchen oft längere Prozesse. Hier kann es nicht nur um ein Hörendes Gebet gehen. Oft geht es um die Klärung grundsätzlicher Fragen:

*Was ist mir wirklich wichtig?*
*Was wäre zwar schön, hat aber zweite Priorität?*
*Wie steht es mit meinen Gaben in dieser Hinsicht?*
*Würde ich auf diesem Weg weiter wachsen oder stehen bleiben?*
*Was würde mich dieser Weg kosten?*
*Was würde er mir bringen?*
*Was bin ich dafür bereit einzusetzen?*
*Welche Auswirkungen hätte das auf mich und meine Familie?*
*Ist es das wert?*
*Könnte ich mögliche Nachteile ertragen oder kompensieren?*
*Könnte ich die Vorteile auch auf andere Weise erreichen?*

Wir überlegen hin und her. Dabei hinterfragen wir unsere Werte, diskutieren mit uns und mit anderen. Wir sammeln Informationen und gewichten sie. Wir spielen in Gedanken verschiedene Lösungen durch. In solchen Zeiten fühlen wir uns in der Regel unsicher, vielleicht sogar elend. Wir sehen nicht klar, wir wissen nicht, wie es weiter gehen soll. Wir hängen zwischen der Gegenwart und der Zukunft und haben keinen festen Boden unter den Füßen. Warum sagt Gott bloß nichts?

Aber genau durch diesen Prozess wachsen wir in unserer Persönlichkeit. Nach einiger Zeit des Dazwischen-Hängens kommt es zu einer Klärung und Reifung. Und dann ist oft auf einmal eine innere Entscheidung da. Sie ist in diesem Prozess gewachsen. Genau an diesem Reifeprozess ist Gott interessiert – mehr noch als an dem Ergebnis. Er möchte ihn keinesfalls durch einen Eindruck im Hörenden Gebet abkürzen. Gott wird nicht reden, bis nicht die inneren Bewegungen in uns ihr Ziel erreicht haben. So werden Ehen nicht durch Gebetseindrücke geschlossen, sondern durch das Prüfen einer Beziehung im Hinblick auf gemeinsame Werte, Lebensvisionen, Konfliktfähigkeit etc. Vielleicht kommt dann am Ende ein Gebetseindruck, mit dem Gott bestätigt, dass er diese Entscheidung mittragen und segnen will. Aber eben erst am Schluss.

Führung, also die Frage, wie wir Gottes Willen für unser Leben finden, ist ein komplexes Geschehen. Viele Faktoren spielen dabei eine Rolle: die Begabungen, die Gott uns gegeben hat, die Menschen, die er uns zur Seite stellt, offene oder verschlossene Türen, unsere Ausbildung, der Rat reifer Christen, und ... und ... und... Das Hörende Gebet ist nur *ein* Element in diesem Geschehen.

# 12. Wachstum

Einerseits gilt: *Jeder* Christ kann Gottes Stimme hören, und zwar nicht nur für sich, sondern auch für andere, gelegentlich auch für die ganze Gemeinde. „Prophetie“ im engeren Sinn ist letztlich nichts anderes als eine Steigerung oder besser Verdichtung des Hörens, nicht etwas grundsätzlich anderes. Andererseits ist diese Verdichtung eben eine spezielle Geistesgabe und kann eventuell auch bis zu einem offiziellen Dienst (*„Amt“*) des Propheten hin reifen. Beim prophetischen Reden kommt allerdings noch ein weiteres Element hinzu: der *Auftrag* Gottes, das Empfangene an bestimmte Leute weiterzugeben. Vergleichen kann man das mit der Tatsache, dass jeder von uns in der Lage und gefordert ist, über seinen Glauben Rechenschaft abzulegen (1.Petrus 3,15). Menschen, die das klarer und besser können, haben eine Predigt- oder Lehrgabe bis hin zu einem offiziellen Dienst – aber prinzipiell kann jeder seinen Glauben bezeugen und dadurch Gott verkünden.

Bei aller Wertschätzung und Förderung der prophetischen Gabe darf man daher nicht vergessen, dass es Gott immer wieder gefällt, gerade durch den Neuling, den Ungeübten, den Un-„begabten“ zur Gemeinde sprechen.[85]

Dass eine Gabe der Prophetie vorhanden ist, erkennt man meist daran, dass die Person häufigere, auffallend klare, aussagekräftige Eindrücke für Einzelne oder die Gemeinde bekommt. Das wird bei der Einübung und Ausübung des Hörens auf Gott, etwa im Hörenden Gebet, zunehmend sichtbar. Deshalb ist eine der wichtigsten Voraussetzungen die beständige Übung!

Wenn wir vom „prophetischen Reden“ sprechen, dann ist damit beides gemeint: das punktuelle prophetische Reden eines Christen und das „Prophezeien“ bzw. die Prophetien eines Propheten in der Ausübung seiner Gabe.

Zunächst aber gilt es, noch ein Missverständnis aufzuklären: „Prophetie“ hat wie „prophetisches Reden“ eigentlich nichts mit einer Zukunftsvorhersage zu tun, auch wenn es im Alltagsgebrauch so verstanden wird. Bei einer Prophetie geht es in der Regel um den *aktuellen Willen Gottes für hier und heute.* Die Zukunft spielt höchst selten eine Rolle, und wenn, dann nur als Konsequenz dessen, was wir hier und heute tun oder unterlassen: „Wenn ihr (nicht) umkehrt, dann werdet ihr meine Gnade (mein Gericht) erfahren ...!“ Paulus zeigt sehr deutlich, worauf der Fokus liegt:

*Wer aber prophetisch redet, redet zu Menschen: Er baut auf, ermutigt, spendet Trost. (1. Korinther 14,3)*

„Auferbauung, Ermunterung und Trost“ – das meint zunächst die Entwicklung und das Wachstum der Gemeinde („Auferbauung“), den Ansporn zu einem christusgemäßen Leben (beides: „Ermutigung“ und „Ermahnung“!) und den „Trost“ in Krisen- und Verfolgungszeiten. Das ist der Kern aller Prophetie.

## Das Hören praktizieren

Der erste Schritt hin zum prophetischen Reden liegt darin, sich konsequent in das hörende Beten einzuüben. Mit zunehmender Erfahrung werden wir es immer besser lernen, unsere eigenen Impulse und Empfindungen von Gottes Stimme zu unterscheiden.

## Die Liebe zur Schrift vertiefen

Je mehr jemand zum prophetischen Reden berufen ist, umso wichtiger ist es, dass er sich immer tiefer mit dem geschriebenen Wort Gottes beschäftigt. Dabei geht es nicht nur darum, einen Schatz von Bibelworten zu haben, die Gottes Geist dann bei passender Gelegenheit in Erinnerung rufen kann. Es geht um Grundsätzlicheres: Je mehr ich in der Bibel lese, sie studiere und meditiere, umso stärker werde ich von ihrem Denkansatz, ihrem Wirklichkeitsverständnis und ihrem Gottes-bild geprägt. Das wiederum ist ausschlaggebend für die Beurteilung und Prüfung prophetischer Eindrücke. Es versetzt mich in die Lage, die Impulse Gottes klarer und reiner zu erfassen.

Bei dieser Beschäftigung mit der Bibel geht es einerseits um ein vertieftes Verstehen der *Inhalte und Zusammenhänge,* andererseits um die *Vertiefung meiner Hingabe und Liebe* zu dem in der Bibel sich offenbarenden Gott. Den authentischen Klang seiner Stimme lerne ich nur kennen, wenn ich ihn wieder und wieder höre: in den über die Jahrtausende hinweg durch den Heiligen Geist bestätigten Zeugnissen der Bibel. Nur durch eine immer tiefere Vertrautheit mit dem Schrift gewordenen Reden Gottes kann ich sein aktuelles Reden von anderen Stimmen unterscheiden – denn nur wer sich lange und intensiv mit dem Original beschäftigt hat, kann eine Fälschung erkennen.

## Demut einüben

Ein Charakterzug ist dabei von entscheidender Wichtigkeit: die „Demut". Demut im biblischen Sinn meint nichts anderes, als in aller Offenheit vor anderen „ich selbst" zu sein, mit all meinen Stärken und Schwächen, Gaben und Grenzen. Dazu gehört das tiefe Wissen, dass letztlich alles an Gott liegt, nicht an der eigenen Leistung – ja, dass es auf *meinen* Erfolg letztlich gar nicht ankommt. Wir müssen dann nicht „höher" oder „niedriger" von uns denken, als Gott das tut. (Beides ist übrigens ein Zeichen des Stolzes, da ich die letzte Instanz bin, die mich definiert).

Einer der besten Wege, diese Demut zu lernen, ist die Bereitschaft, Fehler zu machen und sich dankbar korrigieren zu lassen. Es ist keine Schande, Fehler zu machen; nur durch Fehler lernen wir. Deshalb ist es auch keine Schande, wenn wir im Hören auf Gottes Stimme nicht perfekt sind und sich Menschliches beimischt. Es wird nur dann peinlich, wenn wir das nicht eingestehen können. Außerdem beschleunigen Korrekturen das Lerntempo enorm. Vielleicht war das auch einer der Gründe dafür, warum es im Alten Testament „Prophetenschulen" gegeben hat.

Ein fruchtbarer prophetischer Dienst erfordert ein hohes Maß an Demut, denn die Hauptgefahr eines Propheten ist die Überheblichkeit! Oft meinen solche Leute nämlich, mehr zu wissen als andere (was durchaus stimmen kann!), und neigen deshalb zu Ungeduld gegenüber anderen, besonders der Gemeindeleitung oder der Gemeinde als Gesamtheit. Deshalb sagt Paulus angesichts seiner prophetischen Einsichten:

*Ich habe unbeschreibliche Dinge geschaut. Aber damit ich mir nichts darauf einbilde, hat Gott mir einen ‚Stachel ins Fleisch' gegeben: Ein Engel des Satans darf mich mit Fäusten schlagen, damit ich nicht überheblich werde. (2. Korinther 12,7)*

Man kann es auch so sehen: Je größer die Gabe, umso größer ist auch die Versuchung zur Sünde. Das gilt nicht nur für längst vergangene Zeiten der Kirchengeschichte. Auch heute noch haben Propheten mit der Versuchung zu theologischen Irrlehren, zu Kompromissen oder Sünde in ethischen Bereichen oder zu einem ungeordneten Leben („nur Inspiration ist wichtig!") zu kämpfen. Deshalb ist die Einbindung eines Propheten in die Gemeinde und möglichst die Begleitung durch einen persönlichen Mentor sehr wichtig. Denn er steht in einer besonderen Ver-„Antwortung".[86]

## An der Wirklichkeit überprüfen

Diese Demut fragt deshalb auch nach: „Was ist denn aus diesem Eindruck geworden? Hat er sich bestätigt?" Wenn er sich nicht bestätigt hat, ist es wichtig, das auch zu formulieren: „Da habe ich offenbar mein eigenes Wunschdenken für Gottes Reden gehalten!" Solch ein ehrliches Eingeständnis wird Gott mit einem Wachstum der prophetischen Klarheit belohnen.

Es ist erstaunlich, mit welcher Lässigkeit auch bekannte Propheten und Leiter im Leib Christi oft über unzutreffende Eindrücke hinweggehen. Ein Mensch ist nicht geheilt worden, obwohl man das als Verheißung Gottes verkündet hatte. Von der Erweckung in unserer Stadt ist bisher nichts zu sehen, obwohl seit Jahrzehnten dahingehende prophetische Eindrücke proklamiert werden. In solchen Fällen handeln viele lieber nach dem Motto: „Was soll's? Vergangen ist vergangen; Schwamm drüber. Freuen wir uns lieber über die neue Prophetie, die Gott gerade gibt!" Besonders schlimm ist es, wenn Kranken von Gott her Heilung zugesprochen wird und man sie dann im Regen stehen lässt, wenn diese nicht eintrifft. Lieber konzentriert man sich auf die (deutlich selteneren) Fälle, wo es zu einer Heilung kam; die andern werden übergangen.

*... doch ob ein Prophet wirklich vom Herrn gesandt ist, wird sich erst zeigen, wenn sein Wort Wirklichkeit wird. (Jeremia 28,9)*

Manchmal gibt man auch anderen die Schuld, dass die Verheißung nicht eingetroffen ist – sie haben eben nicht genug geglaubt oder gebetet. Oder man verschiebt die Erfüllung in eine unbestimmte Zukunft. Eine dritte Strategie besteht darin, die prophetische Aussage umzuinterpretieren (meist zu „vergeistlichen"), gegen ihren offensichtlichen Wortlaut und Sinn. Und dann gibt es Menschen, die immerzu Gericht prophezeien; aber auch sie kümmern sich nicht darum, was davon eintrifft, falls überhaupt irgendetwas.

All das ist nicht nur ein extrem unredlicher Umgang mit dem Prophetischen, es ist auch ausgesprochen kontraproduktiv – denn es verhindert die Entfaltung dieser Gabe! Noch einmal: Natürlich können und dürfen wir Fehler machen, ja wir müssen es vielleicht sogar – aber wir brauchen die Demut, dazu zu stehen und daraus zu lernen!

## Motive klären

Demut heißt auch, dass wir unsere Bestätigung von Gott erwarten. Das bedeutet, diese Bestätigung weder von der Meinung anderer Menschen abhängig zu machen noch von unserem Erfolg oder Misserfolg. Allein Gott ist die Quelle unserer Identität und unseres Seins.

So müssen wir immer wieder unsere eigentlichen Motive hinterfragen (lassen). „Will ich vielleicht doch selbst groß herauskommen – auch wenn ich nur das Anliegen habe, Gott groß zu machen oder anderen zu helfen?" „Hat prophetisches Reden für mich die Aura des Spektakulären, das ich gerne erleben möchte?" „Hoffe ich, ob bewusst oder unbewusst, Bedeutung oder Macht zu haben, wenn andere auf das hören, was ich sage?" „Ziehe ich meinen Wert und meine Selbstbestätigung aus dem, was ich tue?" Keiner von uns ist ganz frei von solchen Motiven. Wir brauchen sie nicht zu leugnen oder zu verdrängen. Wir müssen sie aber anschauen. Erst dann können wir sie vor Jesus legen und ihn um Veränderung unseres Herzens bitten.

„Große" Propheten sind oft durch eine harte Schule Gottes gegangen, bevor sie „groß" wurden – Jahre des Scheiterns und des Zerbruchs sind da nicht selten. Das wird verständlich, wenn man sich vor Augen führt, wie das Ego eines Menschen anschwellen kann, wenn er „im Namen Gottes" spricht – und Gott das dann offensichtlich auch bestätigt!

### Versagen oder Erfolg – der Lohn ist der gleiche

Einer der bekannten Propheten der Gegenwart beschreibt eindrücklich, wie Gott ihm einmal gesagt hat:

*„Failure or success – the pay is the same as long as you give everything to me" („Versagen oder Erfolg – der Lohn ist der gleiche, solange du nur alles mir gibst!").*

Wenn wir in dieser Haltung Fehler machen: kein Problem! Wir brauchen uns dann nicht Vorwürfe machen und uns vom prophetischen Reden zurückziehen, sondern dürfen unsere Fehler und unser Versagen Gott anvertrauen. Er kann ausbügeln, wo wir geirrt haben, er kann heilen, wo wir andere verletzt haben – wenn wir unser Versagen ihm geben (und uns bei den Betroffenen entschuldigen). Dann hören wir ihn sagen: „Gut gemacht, du treuer Knecht, du treue Magd!"

Das gleiche gilt, wenn wir Erfolg hatten und unsere Worte oder Bilder „voll eingeschlagen" haben. Dann bringen wir den Erfolg voller Dank zu Gott und geben alles an ihn zurück: „Danke, dass du mich gebrauchst! Danke, dass der Eindruck so präzise war! Danke für dein Reden! Ich gebe dir das alles jetzt zurück, denn es ist nicht mein Verdienst." Dann antwortet er uns: „Gut gemacht, du treuer Knecht, du treue Magd!" Wenn ich den Erfolg aber mir zurechne („Ich habe diese besondere Gabe der Prophetie, auf die der Leib Christi so angewiesen ist. So ist mein Dienst eben doch etwas Besonderes. Mit meinem Einsatz habe ich diesen Erfolg ja auch verdient ..."), dann ist unser Lohn dahin.

Wir müssen den einen, entscheidenden Gedanken verinnerlichen: Gott hat uns berufen, das zu tun, was er uns aufträgt – und nicht, Erfolg zu haben. Wir sind in dieser Hinsicht lediglich „Knechte", die den Auftrag ihres Herrn erfüllen, egal was dabei herauskommt.[87] Die Verantwortung für das Endergebnis liegt dafür auch nicht bei uns.

## Gehorsam

Wir hatten weiter oben schon gesehen, wie eng Hören, Antworten und Gehorchen zusammenhängen, wenn es um unsere Beziehung zu Gott geht.

Wollen wir im Hörenden Gebet und in prophetischen Gaben wachsen, dann ist der Gehorsam gegenüber Gott und dem, was er von uns will, unerlässlich. Das bedeutet: Wir müssen uns Zeit nehmen für ihn, für sein geschriebenes Wort, und für sein persönliches Reden. Anders ausgedrückt: Wir müssen mit Gott auf allen Ebenen kommunizieren und im Austausch stehen. Und das gelingt nur, wenn wir das, was er uns sagt, auch umsetzen!

## Heilwerden

Dazu gehört dann auch, dass wir unser Leben in Ordnung bringen. Da kann Seelsorge sehr hilfreich sein. Oft sind prophetisch begabte Menschen sehr sensibel. So ist es kein Wunder, dass sie oft auch sehr von anderen verletzt worden sind. Sie brauchen deshalb in besonderer Weise eine seelische und geistliche Stabilität, um von Gott in diesem Dienst gebraucht werden zu können. Diese Stabilität aber wächst nur in einem seelsorgerlichen Heilungsprozess. Sonst laufen sie allzu leicht Gefahr, ihre Verletzungen „prophetisch" auf andere zu projizieren. Zum anderen können Propheten sehr „kantige" Charaktere sein, mit entsprechender Lebensgeschichte und oft ungeheilten Defiziten – auch hier braucht es einen Heilungs- und Läuterungsprozess.

## Liebe

Eine Regel, die unser gesamtes Verhalten als Christen bestimmen soll, gilt in besonderer Weise auch für das Hörende Gebet:

*Weder Eigennutz noch Streben nach Ehre sollen euer Handeln bestimmen. Im Gegenteil: In Demut achtet den anderen höher als euch selbst. (Philipper 2,3)*

Prophetisches Reden muss in der Haltung einer tiefen Liebe zum anderen erfolgen, oder es ist völlig nutzlos:

*Wenn ich prophetische Eingebungen habe, wenn mir alle Geheimnisse enthüllt sind und ich alle Erkenntnis besitze, wenn mir der Glaube im höchsten nur denkbaren Maß gegeben ist, sodass ich Berge versetzen kann – wenn ich alle diese Gaben besitze, aber keine Liebe habe: dann bin ich nichts. (1. Korinther 13,2)*

Warum? Weil alles, was Gott uns gibt, der Auferbauung dienen soll – des anderen und der Gemeinde insgesamt. Die entscheidende Frage lautet also: „Geht es mir wirklich darum, dass der andere in die Fülle Christi hineinfindet? Dass er als Ebenbild Gottes respektiert und gefördert wird? Dass er sich entwickelt, heranwächst und mich im Glauben am besten übertrifft?"

# 13. Prophetisches Reden in der Gemeinde

Eine ausführliche Auseinandersetzung mit dem Thema „Prophetie in der Gemeinde“ würde den Rahmen dieses Buches sprengen. Deshalb hier nur ein paar Überlegungen, wie man aus der Praxis des Hörenden Gebets heraus weitergehen kann, um diese Impulse für das Gemeindeleben fruchtbar zu machen.

Eine Frage wird auf unseren Seminaren immer wieder gestellt: Wie kann ich denn prophetisches Reden in unsere Gemeinde einbringen? Jede Gemeinde ist anders. Die einen leben in einer Gemeinde mit einem streng geordneten liturgischen Gottesdienst, wo es außer der Predigt kaum ein „freies“ Element gibt und praktisch keinen Input von Seiten der Gemeinde. Doch haben auch solche Gemeinden mit traditioneller Liturgie oft einen zusätzlichen freien Gottesdienst, einen Lobpreisgottesdienst oder Ähnliches. Andere haben im Rahmen eines Mitarbeitertreffens Freiheiten zur Gestaltung eines Gottesdienstes. Am anderen Ende des Spektrums stehen Gemeinden, bei denen das „prophetische Reden“ im Gottesdienst zur Tradition und damit oft zur Routine geworden ist. Bei wieder anderen geht es so frei zu, dass alles relativ beliebig geworden und deshalb oft „wieder eingeschlafen“ ist; wieder andere kennen Prophetie als Domäne des begabten und „bestallten“ Propheten.

Trotz der Unterschiedlichkeit der Gemeinden haben sich einige Ansätze in verschiedenen Situationen bewährt.

## 1. Wie gebe ich ein prophetisches Wort weiter?

### Nicht alles soll gesagt werden

Längst nicht alle unsere Eindrücke sind zum Weitersagen. Wenn wir Gott näher kommen, werden oft einfach unsere „geistlichen Augen" geöffnet und wir sehen in die geistliche Wirklichkeit hinein. Dieses Sehen ist oft zweckfrei. Wir müssen nicht darauf reagieren, genau so wenig, wie wir auf jeden natürlichen Eindruck reagieren müssen, den unsere Augen sehen. Gott spricht nicht nur zu uns, wenn er Aufträge für uns hat. Er lässt uns auch einfach teilhaben an dem, was ist, ohne dass wir das dann prophetisch weitergeben müssten. Es ist ein Zeichen der wachsenden Gemeinschaft mit Gott.

### Wann gibt man einen Eindruck weiter?

Angenommen, ich soll meinen Eindruck weitersagen. Wann ist dann der richtige Zeitpunkt dafür? Rufe ich die Person an, für die der Eindruck ist? Warte ich auf einen geeigneten Moment? Oder passt das in den nächsten Gottesdienst, weil es nicht nur für eine Person, sondern für die Gemeinde ist? Da darf ich Gott um Weisheit bitten.

### Prüfen

Wenn ich im persönlichen Gebet einen Eindruck empfange, wie auch im Gottesdienst, stelle ich mir erst einmal die Prüffragen aus Kapitel 4. So kann ich beim Inhalt überlegen, ob, was und wie ich etwas weitergeben soll. „Ermutigung" ist dabei das Einfachste: sie ist fast immer passend.

Bei Korrektur und Warnung, aber auch Wegweisung und Berufung beachte ich die Hinweise aus Kapitel 6.5 und Kapitel 7 zum richtigen Rahmen (und der Beziehung in der so etwas angemessen weitergegeben werden kann). Will ich das in den Gottesdienst einbringen, ist es im Allgemeinen nötig, das vorher mit der Gottesdienst- bzw. Gemeindeleitung abzustimmen. Das gilt auch für Aussagen, die Lehrfragen berühren.[88]

## 2. Für wen ist der Eindruck?

Als erstes aber müssen wir herausfinden: „Was ist der Zweck dieses Eindrucks? Ist er für mich gedacht oder für andere, bzw. in einer Versammlung für alle Anwesenden?" Auch ein Wort, das wir im Gottesdienst empfangen, kann unterschiedliche Adressaten haben:

### Für uns persönlich

Oft übersehen wir, dass Eindrücke im Gottesdienst durchaus für uns selbst sein können. Denn Gott will uns *persönlich* ermutigen, korrigieren usw. Das sollen wir dann gar nicht an andere weitergeben, auch nicht als Beispiel („Schaut mal, was Gott zu mir gesagt hat!") Häufig fällt gerade am Anfang das, was Gott zu uns redet, in diese Kategorie. Es ist ein Irrtum, zu glauben, wenn man in einem Gottesdienst einen Eindruck bekommt, müsse das immer für die anderen sein!

So kommt es zum Beispiel häufig vor, dass Menschen während der Anbetungszeit Bilder bekommen, die das widerspiegeln, was gerade geschieht: Anbetung steigt wie eine Wolke zu Gottes Thron auf, ein Engel geht durch die Reihen und berührt die Menschen, oder Ähnliches. Würde man diese Bilder jetzt weitersagen, dann würde das die anderen in ihrer Anbetung stören. Denn sie müssten jetzt ihre Aufmerksamkeit von Gott weg auf den Sprecher und seinen Eindruck richten, statt einfach in dem zu bleiben, was sie gerade selbst mit Gott erleben. Das stört dann mehr als dass es hilft. Solche Bilder dienen deshalb der eigenen Ermutigung.

### Für die Fürbitte

Der Eindruck kann durchaus *für andere* sein. Damit ist aber noch lange nicht gesagt, dass wir ihn weitergeben sollen! Oft schenkt Gott nämlich bestimmte Eindrücke, damit wir für andere Menschen oder eine bestimmte Person Fürbitte tun! Ob dieses Wort dann später einmal weitergegeben wird oder nicht, bleibt dabei noch offen; häufig dürfte es allerdings keinen Auftrag zum Weitergeben beinhalten.

### Für einen oder mehrere Einzelne

Wenn Gott uns beauftragt, einen Eindruck für eine Person weiterzugeben, deren Namen wir wissen, dann sollten wir es persönlich weitergeben. Vielleicht empfinden wir aber nur, dass das Wort für Einzelne in der Gemeinde zutreffen kann, ohne zu wissen, um wen es sich handelt. Dann müssen wir es natürlich öffentlich weitergeben, sofern der Rahmen dafür gegeben ist, vielleicht so: „Ich habe den Eindruck, es sind heute Menschen da, die ... Gott ermutigt euch..."

### Für eine ganze Gruppe

Ist der Eindruck für die *ganze Gemeinde* bestimmt? Ist dann der Gottesdienst der rechte Ort dafür oder wäre eine interne Gemeindeversammlung besser? Oder ist er für die Gemeindeleitung? Das dürfte häufiger der Fall sein, als gedacht, vor allem wenn es um warnende, korrigierende, wegweisende Dinge für die Gemeinde insgesamt geht. Wir erlebten in Gottesdiensten immer wieder, dass grob geschätzt fünf bis zehn Prozent der Worte eigentlich für die Gemeindeleitung waren, da sie Fragen ansprachen, die wir dort intern diskutierten, die aber für die gesamte Gemeinde irrelevant oder aber noch nicht spruchreif waren. Da sind solche Eindrücke oft ausgesprochen hilfreich, weil sie Licht und Klärung bringen, uns auf Übersehenes hinweisen etc.

## 3. Kein prophetisches Reden ohne Prüfung

Wir haben über Jahre hinweg in Deutschland erlebt, dass es immer wieder Ansätze zu prophetischem Reden gegeben hat, aber diese Impulse nicht dauerhaft integriert werden konnten.

Meist sind sie nach einer gewissen Zeit einfach verflacht. Einer der Gründe dafür dürfte darin zu suchen sein, dass wir nicht verantwortlich genug damit umgegangen sind. Zu solch einem verantwortlichen Umgang gehört in jedem Fall eine verantwortliche *Prüfung durch die Adressaten* (also nicht nur die Prüfung, die der Beter vornimmt, ehe er einen Eindruck weitergibt). Zweitens braucht es meist eine *Anleitung für die Hörer,* was mit den Eindrücken zu geschehen hat, bzw. wie sie umgesetzt werden sollen.

Ein wichtiger Grundsatz lautet: Prüfung ist immer nötig. Das liegt daran, dass Prophetie implizit den Anspruch erhebt, relativ „unmittelbar" Reden Gottes zu sein und eine höhere „übernatürliche" Komponente zu haben, als das bei anderen Aussagen der Fall ist. Das führt dazu, dass viele Christen solchem Reden unkritisch oder naiv gegenüberstehen („wenn Gott das aber gesagt hat ...").[89] In Kleingruppen, in denen für individuelle Adressaten hörend gebetet wird, geschieht diese Prüfung durch ihr Feedback. Wie kann solch ein Feedback gegeben werden, wenn eine ganze Gemeinde oder Gottesdienstversammlung der Adressat ist?

## Nötige Korrektur

Inhaltlich falsches prophetisches Reden in der Öffentlichkeit muss öffentlich korrigiert werden. Das muss schon deshalb geschehen, damit wir Gottes Namen nicht verunehren – die Anweisung „Du sollst den Namen Gottes nicht missbrauchen" gehört nicht umsonst zu den Zehn Geboten! Zum anderen muss die Korrektur natürlich wegen der Gefahr der geistlichen Irreführung erfolgen, die unter Umständen zu dauerhafter geistlicher Täuschung führen kann und damit zur Sektiererei.

*Im Rahmen der Finanzkrise von 2008 und 2009 gab es eine Anzahl von angeblichen prophetischen Weisungen, sich Vorräte für drei Monate anzulegen (oder für längere Zeiträume), weil es sehr bald nicht mehr möglich sein würde, Lebensmittel zu kaufen. Krise hin oder her – soweit ist es bisher nie gekommen. Verantwortliche wären in dieser Situation gefragt gewesen, diese „prophetischen" Worte öffentlich zurückzuweisen. Mindestens wäre es nötig gewesen relativierend zu sagen: „Wir können die Richtigkeit dieses*

*Eindrucks aus unserem eigenen Hören auf Gott nicht bestätigen; es mag allerdings sein, dass wir uns irren."*

Noch klarer muss die Korrektur ausfallen, wenn Inhalte gelehrt werden, die dem Zeugnis der Bibel widersprechen[90]:

*Ein Leiter erhebt „prophetisch" den Anspruch, Gottes „Apostel für Deutschland" zu sein. Wer sich nicht ihm unterstelle, könne keinen vollen Anteil am Segen Gottes haben.*

Wichtig ist es, auch ein banales Reden im Namen Gottes zu korrigieren, ebenso wie Aussagen, die dem Geltungsbedürfnis von Einzelnen entspringen. Denn auch das stellt einen Missbrauch dar. Dabei sollten wir natürlich sensibel vorgehen, um niemand zu entmutigen oder abzuschrecken, aber wir müssen es tun. Vielleicht kann man ja bei den ersten Äußerungen eines solchen Menschen ihn hinterher unter vier Augen korrigieren. Wenn dieses Verhalten der Selbstdarstellung aber trotzdem weitergeht, ist die Verweigerung der Bühne für solche Äußerungen oder gar öffentliche Korrektur nötig.

Seien wir ehrlich: Haben wir solche Banalitäten oder Selbstdarstellungen nicht viel häufiger erlebt als falsche Prophetien? Meist wird es einfach stillschweigend übergangen, weil man sich vor einer Stellungnahme scheut oder hofft, dass irgendjemand doch etwas damit anfangen kann. Bei diesem Vorgehen besteht dann aber die Gefahr, dass die Gabe der Prophetie als irrelevant und „wertlos" erlebt wird. Dann wird es nicht mehr lange dauern, bis sie in der Gemeinde zurückgeht.

## Wer sollte prüfen?

Da gibt es verschiedene Möglichkeiten. Einen Hinweis bietet Paulus in 1. Korinther 14,29:

*Auch zwei oder drei Propheten sollen zu Wort kommen; die anderen sollen urteilen.*

Es stellt sich natürlich sofort die Frage, wer mit den „anderen" gemeint ist – die anderen Propheten[91] oder die anderen Gemeindemitglieder[92]? Vermutlich eher die ersteren, aber im Grunde ist das kein wirklicher Gegensatz. Denn es geht darum, dass der „Leib Christi" prüft, und zwar gemeinsam. Zuerst sind da diejenigen Gemeindeglieder gefragt, die selber stärker *prophetisch begabt* sind. Aber ebenso sind *alle Gemeindeglieder* angesprochen, denn sie haben „den Sinn Christi", wie Paulus in 1. Korinther 2,16 betont. Deswegen ist auch grundsätzlich jeder gefordert, für sich zu prüfen, ob er in dem Gesagten die Anrede Gottes an sich hört. Dazu muss Raum gegeben werden, etwa indem man nach zwei oder drei Eindrücken einige Zeit der Stille lässt: „Lasst uns jetzt Gott fragen, wie wir darauf reagieren sollen!"

Eine weitere Ebene wird in Römer 12 sichtbar, wo beim prophetischen Reden auf die „Übereinstimmung mit dem Glauben" (Römer 12,6) Wert gelegt wird: Hier sind die geistlichen *Lehrer* gefragt, die die Aussagen dann in den größeren Zusammenhang einordnen können.

Diese öffentliche Seite des Prüfens (als Ergänzung zum privaten Prüfen durch jeden) übernimmt in der Praxis eines Gottesdienstes also am besten eine kleine Gruppe von zwei oder drei prophetisch begabten Leuten und geistbegabten Lehrern. Sie brauchen Wertschätzung für das Prophetische und *Verständnis* für den angemessenen Umgang damit. Außerdem brauchen sie auch den Mut, Dingen, die nicht vom Geist Gottes oder nicht am rechten Platz sind, entgegenzutreten. Erforderlich ist auch eine gehörige Portion Demut, um für ungewöhnliche Personen und ungewöhnliches Reden Gottes offen zu sein, statt es zu blockieren.

## Einen Lernraum eröffnen

Bei allem Streben nach einem verantwortlichen Umgang mit prophetischem Reden in der Öffentlichkeit dürfen wir aber nicht gleich auf der anderen Seite vom Pferd fallen und restriktiv kontrollieren. Wir müssen einen Weg finden, der andere *ermutigt,* Eindrücke zu empfangen, weiterzugeben und sich dabei zu exponieren. Das bedeutet, Raum für Fehler zu schaffen, und Menschen, die dieses Risiko eingehen, zu fördern. Der Schlüssel liegt wie so oft in der inneren Haltung, die im vorigen Kapitel beschrieben wurde – und zwar auf beiden Seiten: des „Propheten" wie des Prüfers! Unsere Erfahrung ist, dass dort, wo verantwortlich geprüft wird, der Missbrauch des prophetischen Redens stark zurückgeht und andererseits auch eher zurückhaltende Leute sich ermutigt fühlen, ihre Eindrücke weiterzugeben, da die Verantwortung nicht allein auf ihren Schultern liegt. Letztlich bietet der Raum eines Gottesdienstes oder einer ähnlichen Veranstaltung die große Chance, dass die Berufungen und Begabungen einzelner zum prophetischen Dienst sichtbar werden und wachsen können, wenn sie durch angemessenes Prüfen sinnvoll begleitet und gecoacht werden.

Für das Prüfen selbst gibt es zwei grundlegende Modelle, die man beliebig variieren kann: das Prüfen *vor* der öffentlichen Weitergabe eines Wortes, oder die Prüfung *danach*. Beide haben Vor- und Nachteile.

## 4. Prüfung vorher: Die „Freigabe"

Wer einen Eindruck bekommen hat, geht zu einem Verantwortlichen (oder den zwei oder drei dafür eingesetzten Prüfern) und erzählt, was er gehört oder gesehen hat. Das geschieht entweder vor der Veranstaltung oder während der Veranstaltung. Vom Verantwortlichen erhält er die Freigabe, seinen Eindruck öffentlich zu sagen. Dieses Modell ist sinnvoll, wenn es sich um eine Veranstaltung mit einer breiten Öffentlichkeit handelt (z. B. den Sonntagsgottesdienst), man also nicht „unter sich" ist. So können Fehler, die sonst problematisch würden, schon vorher abgefangen werden. Im „familiären" Rahmen einer internen Gemeindeveranstaltung ist das nicht unbedingt nötig.

### Chance zur Klärung

Einer der Hauptgründe, sich für eine vorhergehende Prüfung zu entscheiden, liegt natürlich darin, dass man nur banale, oberflächliche, unpassende oder problematische Botschaften *aussortieren* kann, ohne dass es deswegen zu peinlichen Situationen kommt oder gar zu einer Bloßstellung des Betreffenden. Und man kann auch einem eventuellen Missbrauch des prophetischen Redens, etwa durch unbekannte Gäste, vorbeugen.

Vielleicht entscheiden die Prüfer über die *Zeit im Gottesdienst,* die sich besonders für die Weitergabe eines bestimmten Eindrucks eignet: beispielsweise die Zeit nach der Anbetung, oder die Zeit vor oder nach der Feier der besonderen Nähe Gottes im Abendmahl. Manchmal passt das Wort auch als Vorbereitung auf die Predigt; manchmal als Antwort darauf etc.

Bei diesem Modell lassen sich die unterschiedlichen Eindrücke mehrerer Personen *sortieren und bündeln.* Aussagen, die in die gleiche Richtung gehen, können dann miteinander weitergegeben werden. Dadurch wird das Reden Gottes eindringlicher wahrgenommen, als wenn ähnliche Eindrücke verstreut im Laufe des Gottesdienstes kommen oder durch andere unterbrochen werden.

## Chance zur Begleitung

Dieses Modell der Prüfung bietet noch eine zusätzliche Chance: die *Begleitung* und Schulung potentieller Propheten. Natürlich kann man auch hinterher mit dem Betreffenden reden – aber bei dem Modell der vorherigen Prüfung hat man viel mehr unmittelbare Steuerungsmöglichkeiten. So kann der Prüfer die Rolle eines Coaches einnehmen und schon vor der Weitergabe eines Eindrucks reflektieren, ermutigen und korrigieren: „Ist der Eindruck wirklich für die Gemeinde? Ist er nicht vielmehr für dich persönlich?“ oder: „Lass doch deine Erklärung zu dem Bibelvers weg. Der Vers allein ist klar genug.“ Oder der Prüfer kann nachfragen: „Wie ist das genau? Was genau ist dein Empfinden? Was soll deiner Meinung nach der Eindruck bedeuten?“ So lässt sich der Eindruck klarer erfassen, falls er noch unscharf oder unausgegoren ist. Zudem kann man Eindruck und Auslegung besser unterscheiden und die

Frage nach der konkreten Anwendung besser klären. („Wollen wir jetzt gleich auf diesen Aufruf zur Fürbitte reagieren? Oder nimmt das jeder mit heim?") Der Coach/Prüfer kann zudem Vielrednern nahelegen, sich knapp zu fassen.

Auf diese Weise lassen sich zurückhaltende Personen viel leichter ermutigen: „Ja, der Eindruck ist gut. Sag ihn ruhig!" Oder man kann ihnen vorschlagen, den Eindruck aufzuschreiben und vorzulesen – oder auf ihre Bitten hin selbst den Eindruck an ihrer Stelle weitergeben. Gerade sensible Menschen hören oft leichter von Gott, würden sich aber nie im Gottesdienst vor die versammelte Gemeinde stellen und ihren Eindruck laut sagen. Mit der Möglichkeit des Weitergebens durch die Prüfer wird so ein Mensch entlastet, und seine Eindrücke kommen dennoch der Gemeinde zu Gehör.

Was aber ebenso wichtig ist: Liegt der „Prophet" mit seinem Eindruck daneben, wird eine Bloßstellung vermieden, und auch die unpassenden oder „falschen" Botschaften können ihm dienen, um konstruktiv daraus zu lernen. Der Coach/Prüfer bespricht das Problem mit dem Betreffenden und hilft ihm so, die Spreu vom Weizen zu trennen und sich weiterzuentwickeln.

Mit anderen Worten: Die Begleitung, Ermutigung und Schulung von (potentiellen) „Propheten" wie von Gemeindegliedern, die einfach nur gehorsam das weitergeben wollen, was sie empfangen haben, wird einfacher und entspannter. Sie findet ganz natürlich und in einem geschützten Rahmen, nämlich unter vier Augen und nicht in der Gemeindeöffentlichkeit statt.

## Gefahr der Einengung

Nun bringt dieses Modell leider auch eine Reihe von Nachteilen mit sich, die man sich vor Augen halten muss:

Manche Leute tun sich schwer, ihren geistlichen Eindruck erst mal vor jemand anderem auszubreiten, der dann „prüfend" herangeht – solche Prüfungssituationen werden oft als unangenehm erlebt. Andere wollen ungern ihren Eindruck einer Prüfung aussetzen, weil sie befürchten, dass Geistliches hier seelisch-analytisch zensiert wird.

Ein offensichtlicher Nachteil besteht darin, dass durch das vorherige Prüfen die prophetische Dynamik während einer Versammlung stark gebremst werden kann – man fährt dann sozusagen mit „angezogener Handbremse". Die Erfahrung zeigt, dass es manchmal Momente gibt, in denen die Gegenwart des Geistes Gottes besonders dicht ist. Dann kommen nicht nur spontan viele Impulse, sondern es entstehen geradezu ein Rhythmus und ein Fluss des gegenseitigen Hörens und Weitergebens, der vom Geist Gottes selbst orchestriert ist. So etwas ist besonders kostbar. Wer solche Momente einmal erlebt hat, dem bleiben sie unvergesslich. Aber durch die Verzögerung, die eine vorherige Prüfung mit sich bringt, werden sie behindert.

*So haben wir es in der Gemeinde schon erlebt, dass in einem Moment besonders dichten geistlichen Geschehens plötzlich sechs Menschen beim Prüfer Schlange standen. Da blieb nur, das Mikro dem ersten zu geben und dann ungeprüft einen nach dem anderen reden zu lassen (und hinterher abzuwägen, was da gesagt wurde). Wohl dem „Prüfer", der so einen Moment erkennen und alles aus der Hand geben kann!*

## Manches Hören geschieht erst im Moment des Redens

Menschen sind sehr unterschiedlich. Die einen empfangen einen „abgeschlossenen" Eindruck, den sie auch so wiedergeben können. Andere funktionieren ganz anders. Sie bekommen in ihrem Geist nur eine Art „offenen" Impuls, den sie nicht groß in Worte fassen können; vielleicht handelt es sich sogar nur um den Anfang eines Satzes. Bildlich gesprochen: Der Prophet bekommt den Anfang eines Wollknäuels in die Hand gedrückt; abwickeln lässt es sich aber erst, wenn er aufsteht und „den Mund aufmacht". So jemand kann seinen Eindruck vorher nicht einmal richtig beschreiben; bestenfalls kann er eine allgemeine Richtung angeben. Erst beim Weitergeben entfaltet sich das Wort; manchmal ändert es dabei auch seine Richtung. Dabei besteht natürlich die Gefahr, dass es sprunghaft oder chaotisch wird. Wenn aber eine solche Botschaft vom Geist Gottes inspiriert ist, entfaltet sie einen ungeheuren Nachdruck. Eine vorherige Prüfung kann dem praktisch nicht gerecht werden. Solchen Menschen kann man als Verantwortlicher einfach nur einen Vertrauensvorschuss einräumen. Dazu muss man sie natürlich kennen; und gegebenenfalls muss man ihren Eindruck hinterher mit ihnen besprechen.

## Die Begrenztheit der Prüfer

Ein weiterer Nachteil des vorherigen Prüfens besteht darin, dass natürlich auch die Prüfer Fehler machen und das Reden Gottes abblocken können. Auch sie sind nur Menschen, und haben das Wirken Gottes nicht im Griff, von dem es heißt:

*So hoch der Himmel über der Erde ist, so weit reichen meine Gedanken hinaus über alles, was ihr euch ausdenkt, und so weit übertreffen meine Möglichkeiten alles, was ihr für möglich haltet. (Jesaja 55,9)*

So kann natürlich einer, dessen Eindruck aussortiert wurde, nochmals auf den Prüfer zugehen und die Sache mit ihm besprechen.

## Ein Geist der Kontrolle?

Das letzte Problem, das dieses Modell in sich birgt, ist das gewichtigste. Durch das vorherige Prüfen kann sich allmählich ein Geist der Kontrolle breit machen, der das Reden Gottes domestizieren will. Prophetisches Reden ist immer potentiell „gefährlich", denn Gott hält sich nicht notwendigerweise an *unsere* geistliche Agenda. Vielleicht haben wir uns einfach gemütlich eingerichtet und wehren uns deshalb gegen eine kreative Unruhe, gegen den Wind des Neuen, der unsere Verkrustungen aufbrechen will! Vielleicht will er Nöte und Schwierigkeiten aufdecken, unsere Bequemlichkeit in Frage stellen, unseren Mangel an Liebe sichtbar machen, oder unseren Stolz auf uns und unsere Gemeinde korrigieren. Solche Dinge wollen wir oft am liebsten gar nicht wahrhaben. Das trifft natürlich auch auf die Prüfer zu, besonders wenn sie in Leitungsverantwortung für die Gemeinde stehen. Deshalb ist es so wichtig, dass sie selbst im Hören auf Gott leben und von einer tiefen Wertschätzung des Prophetischen geprägt sind. Denn wenn Gott unangenehme Dinge anspricht, liegt sonst die Versuchung ganz nahe, solche Worte erst einmal zu zensieren und schließlich zu vergessen. Vermutlich war das auch der Punkt, an dem in der Alten Kirche das Feuer der Prophetie erloschen ist.

## 5. Prüfung nachher: Die Stellungnahme

Bei diesem Modell, das auch im Neuen Testament sichtbar wird, werden Eindrücke zunächst ungeprüft öffentlich weitergeben. Anschließend werden sie dann ebenso öffentlich, z.B. durch die Gottesdienstleitung oder eine Prüfer-Gruppe, in irgendeiner Weise bestätigt, korrigiert oder verworfen: „Hier spüren wir, dass Gott uns als Gemeinde meint. Lasst uns darauf reagieren, indem wir ..." – „Dieser Eindruck ist für einige unter uns relevant. Prüft doch bitte, ob Ihr damit gemeint seid!" – Dieses Bild ist wichtig. Aber es bedeutet vermutlich eher ..." – „Prüfe doch bitte, ob dieser Eindruck nicht doch eher für dich selber ist als für die Gemeinde. Denn Gott legt für uns alle den Akzent gerade auf etwas anderes, nämlich ..."

Hier zwei praktische Tipps, um dieses Modell zu handhaben:

### Nicht zu viel auf einmal

Nehmen wir uns die Anweisungen von Paulus in 1.Korinther 14 zu Herzen: Es sollten jeweils nur zwei oder drei Personen ihren Eindruck weitergeben, dann sollte die Prüfung erfolgen und – ganz wichtig – der Gemeinde Zeit gegeben werden, die Eindrücke aufzunehmen, zu verarbeiten und gegebenenfalls darauf zu reagieren.

Tut man das nicht, dann kann es sein, dass die Fülle der wahrscheinlich sogar unterschiedlichen Botschaften die Zuhörer erschlägt. Man weiß dann am Schluss nicht mehr, worum es bei den ersten Eindrücken ging. Oder jeder pickt sich etwas anderes heraus; dann gibt es keine „Botschaft an die Gemeinde“ mehr. Denn oftmals sind nicht alle Eindrücke auf einer gemeinsamen Linie, sondern sprechen verschiedene Themen und Bereiche an; manchmal erfordern sie auch ganz unterschiedliche Reaktionen: Es kann dann so richtig chaotisch werden, wenn der erste zur Buße auffordert, der zweite zum Lobpreis, der dritte zur Fürbitte und der vierte den Eindruck hat, dass Gott jetzt heilen möchte!

### Die geistliche Linie fördern

Deshalb der zweite Tipp: Nach einem Eindruck sollten sich zunächst solche Leute melden, die eine ähnliche Botschaft haben. Das hilft, Gottes Reden klarer und deutlicher wahrzunehmen. Man wird dann nicht ständig zwischen verschiedenen Themen hin- und hergerissen. Wenn ein Thema abgeschlossen ist, und man die Aussagen eingeordnet und kommentiert hat, kann man zum Nächsten übergehen.

### Öffentlich kommentieren

In jedem Fall braucht es aber eine öffentliche Kommentierung. Sie muss klarstellen, was die Gemeinde mit den Äußerungen anfangen kann bzw. soll. Der Verantwortliche muss dabei eine Gewichtung vornehmen: Was ist für jetzt und heute dran? Was gilt für später? Betreffen die Aussagen die ganze Gemeinde oder nur Einzelne? Was ist jetzt zu tun oder zu lassen?

Falsche Elemente müssen dabei korrigiert werden! Die Gefahr des Missbrauchs ist größer. Es kann leicht vorkommen, dass das prophetische Reden zur Selbstdarstellung benutzt wird. Schlimm ist es, wenn offensichtlich falsche Prophetien gegeben werden. In solchen Fällen muss die Leitung klare Grenzen setzen und problematische Dinge ungeschminkt beim Namen nennen. Ansonsten kann regelrecht eine negative Dynamik im Gottesdienst entstehen, die man dann erst einmal auffangen und bearbeiten muss.

### Freiheit und Mündigkeit

Dieses Modell hat den Vorteil, dass es eine größere geistliche Dynamik möglich macht. Es schafft insgesamt eine größere Freiheit für das Reden Gottes; die Gefahr des Abblockens und des Kontrollierens ist entsprechend geringer.

Ein weiterer Vorteil dieses Modells: Es fordert stärker die Mündigkeit der Gemeinde, denn sie bekommt die Eindrücke ungefiltert präsentiert. Bei einem transparenten, gut kommentierenden Umgang von Seiten der Leitung können die Gemeindeglieder dabei viel für den verantwortlichen Umgang mit prophetischen Eindrücken lernen.

### Weniger Klarheit

Allerdings liegen auch die Nachteile klar auf der Hand: Sind Eindrücke unklar oder wirr, dann erzeugen sie zunächst einmal eher Unsicherheit in der Gemeinde. Für die Prüfer ist es dann immer eine schwierige Frage, bis zu welcher Grenze man das Gesagte noch tolerieren soll (um nicht zu sehr zu entmutigen und das Gefühl einer restriktiven Leitung aufkommen zu lassen), bzw. ab wann man korrigierend eingreifen muss.

### Peinliche Situationen

Nicht zu übersehen ist auch der seelsorgerliche Aspekt: Öffentliche Korrektur kann für den Korrigierten peinlich sein. So überlegt es sich jemand dann zweimal, ob er solch ein Risiko noch einmal eingeht, oder in Zukunft lieber schweigt. Damit kann dieses Modell letztlich zur Entmutigung potentieller Propheten beitragen.

### Den Modus des Prüfens klar kommunizieren

Eine letzte Anmerkung noch: In manchen Gemeinden, bei denen es so aussieht, als würden prophetische Worte völlig frei weitergegeben, gibt es dennoch eine unausgesprochene Regel: Nur diejenigen, die das Vertrauen der Gemeindeleitung besitzen, dürfen sich prophetisch äußern. Diese Regel wird aber nicht offen kommuniziert (das wäre in Ordnung), sondern nur unterschwellig von allen gespürt. Hier braucht es eine klare Darlegung, wie und in welchem Umfeld ein Einüben der prophetischen Gabe geschehen kann, so dass man sich dieses Vertrauen der Gemeindeleitung erwerben könnte.

Jede Gemeinde muss das für sie passende Modell je nach Umständen und äußerem Rahmen wählen; dabei kann man durchaus auch abwechseln. Für einen öffentlichen Gottesdienst dürfte in vielen Fällen das erste Modell besser geeignet sein, in einer familiären Umgebung (interne Gemeindeveranstaltung, Hauskreis usw.), sowie wenn es einen reifen, prophetischen Dienst in der Gemeinde gibt, lohnt es sich, das zweite Modell zu wagen.

## 6. Die Rolle des Propheten in der Gemeinde

### Propheten im Neuen Testament

*Gott hat in der Gemeinde allen eine bestimmte Aufgabe zugewiesen. An erster Stelle sind die Apostel zu nennen, an zweiter die Propheten, an dritter die Lehrer. Weiter gibt es die, die dazu befähigt sind, Wunder zu tun, oder denen die Gabe des Heilens geschenkt ist, oder die imstande sind, praktische Hilfe zu leisten, oder Leitungsaufgaben zu übernehmen, oder die in Sprachen reden können, die von Gott eingegeben sind. (1.Korinther 12,28)*

Bei der Auflistung der Gaben fällt zunächst eine Tatsache besonders auf: Paulus unterteilt die verschiedenen Charismen in höchst interessanter Weise. Zum einen gibt es drei Gaben, die voranstehen und der Bedeutung nach von 1 bis 3 durchnummeriert werden; danach werden weitere, ganz unterschiedliche Gaben aufgezählt, deren Liste bei weitem nicht vollständig ist. Bei der ersten Gruppe handelt es sich offensichtlich um Charismen (genauer: Personen), die mit der Weitergabe des „Wortes“ zu tun haben, nämlich Apostel, Propheten und Lehrer. Diejenigen, „die das Wort sagen“, sind offensichtlich besonders wichtig, weil sie mit den Fundamenten der Gemeinde zu tun haben: die Apostel legen die Fundamente[93], die Propheten aktualisieren sie für die jeweilige Situation, und die Lehrer bewahren sie und geben sie weiter. In der bekannten Stelle Epheser 4,11 wird dieser Ansatz dann nur modifiziert, nicht geändert:

*Und auch die versprochenen Gaben hat er ausgeteilt: Er hat die einen zu Aposteln gemacht, andere zu Propheten, andere zu Evangelisten, wieder andere zu Hirten und Lehrern. (Epheser 4,11)*

Hier kommen noch die Evangelisten hinzu, die einen Aspekt des Dienstes der Apostel weiterführen. Bei den Lehrern wird der Schutzaspekt der Lehre betont, der aufgrund vieler neuer Irrlehren am Lebensende des Paulus wichtig geworden ist (deshalb hier der Begriff *„Hirten und Lehrer"*).

Wichtig ist vor allem, dass solche Propheten bei den ersten Christen nicht nur zu den grundlegenden Personen einer Gemeinde zählen; sie sind auch regelmäßig im Leitungsteam der Gemeinde zu finden. So wird die nach Jerusalem wichtigste Gemeinde der Urchristenheit, nämlich Antiochia, von „Propheten und Lehrern" geleitet (Apostelgeschichte 13,1). In Jerusalem waren „führende Männer" (heute würde man „Leiter" sagen) zugleich „Propheten" (vgl. Apostelgeschichte 15,22 mit 15,32). Es sind also Personen, die sowohl eine ausgeprägte prophetische Gabe wie auch auch Leitungsgaben hatten.[94] Diese Personen wurden mit zentralen Aufgaben betraut, wie aus dem Kontext der genannten Stellen sichtbar wird. Offensichtlich war es für die beiden größten Gemeinden wichtig, Propheten in ihrer Leitung zu haben! Wenn aber im Neuen Testament Propheten in der Gemeindeleitung so wichtig sind – können wir heute dann auf sie einfach verzichten?

Dabei muss man mit Paulus festhalten: Grundsätzlich können alle, die den Geist Gottes haben, prophetisch reden.[95] Es hängt nur davon ab, ob der Geist Gottes sie in diesem Moment dazu inspiriert oder nicht. Diese Dimension dürfen wir nie geringschätzen, auch wenn wir „richtige Propheten" haben sollten, die eine besondere Berufung haben. Gott hat das im Leib Christi so eingerichtet, damit wir trotz herausgehobener Gaben aufeinander angewiesen bleiben.

### Prophetisch Reden: Gemeindebau, Christusnachfolge und Zuspruch

Der Grund für die Wichtigkeit des prophetischen Redens und der Propheten wird verständlich, wenn wir uns anschauen, welche Aufgaben damit verbunden sind. Paulus bestimmt in 1. Korinther 14,3 die Funktion von Prophetie folgendermaßen:

*Wer aber prophetisch redet, redet zu Menschen: Er baut auf, ermutigt, spendet Trost. (1. Korinther 14,3)*

Der Begriff *oikodomé*, „Erbauung", bedeutet dabei nicht nur persönliche „Erbauung" in unserem Sinn, sondern vor allem Gemeindebau.[96] Dabei ist an prophetische Anweisungen Gottes gedacht, wie die jeweiligen Gemeinden zu entwickeln und zu leiten sind. Die persönliche Erbauung ist aus neutestamentlicher Sicht lediglich eine Konsequenz dessen.

Der Begriff „Ermutigung" (*paráklesis*) ist breiter als im Deutschen; er umfasst „Ermutigung" ebenso wie „Ermahnung". Es geht hier um die Unterweisung für ein Leben, das die Liebe und Heiligkeit Gottes in der Nachfolge Christi zum Ausdruck bringt – also um einen christusgemäßen Lebensstil.[97]

Der letzte Begriff, „Trost" (*paramythía*), schließlich bedeutet den Zuspruch der Liebe Gottes – besonders in schwierigen

Situationen wie Bedrängnis und Verfolgung, die für die Urchristenheit zum Alltag zählten.

Damit haben wir den Rahmen für Prophetie abgesteckt: es geht um Gemeindebau, Christusnachfolge und Zuspruch der rettenden und helfenden Nähe Gottes. In diesem von 1.Korinther 14,3 gesteckten Rahmen sollte sich auch unsere Prophetie bewegen.[98] Und dann wird auch sofort ersichtlich, dass sie unverzichtbar ist.

## Geistliches Frühwarnsystem

Zwei Aspekte des prophetischen Redens sind uns in der Praxis besonders wichtig: Prophetie kann eine Art geistliches Frühwarnsystem darstellen, durch das Gott uns auf Untiefen und Probleme aufmerksam macht, bevor wir hineinschlittern. Man kann das vielleicht an dem folgenden Bild deutlich machen: Die Segelschiffe hatten früher einen Ausguck auf dem höchsten Mast. Eine der wichtigsten Aufgaben des Mannes dort oben war es, Hindernisse so früh zu erkennen, dass das Schiff sie vermeiden konnte. So wichtig dieser Mann im Ausguck war – er war weder der Kapitän noch der Steuermann. Seine Aufgabe war lediglich der „Weitblick". Im Unterschied dazu hat der Kapitän aber noch mehr Informationen zu verarbeiten, wie Strömung, Wind, Wellengang, die speziellen Schiffseigenschaften usw. So wird auch das Handeln der Gemeindeleitung von zusätzlichen Faktoren beeinflusst, was bei einem „Propheten" oftmals Frust erzeugen kann, da er das Gefühl hat, man gehe nicht oder zu wenig auf seine Botschaft ein.

Trotzdem besteht eine wichtige Funktion von Prophetie im Richtung-Geben und in der Wegweisung. Ein Prophet kann wie eine Art Navigator im Flugzeug sein, der die Karten (Gottes Pläne und Vorhaben) liest und dem Flugzeugführer weitergibt. Wohl gemerkt: Er steuert nicht selbst das Flugzeug, aber er ist zuständig für die Orientierung am Ziel.

## Korrektiv gegen Betriebsblindheit

Wenn Gott uns an seiner Sicht unserer Gemeinde Anteil gibt, dann stellt Prophetie ein wichtiges Korrektiv gegen Betriebsblindheit dar und liefert manchmal eine Art Röntgenbild des Gemeindekörpers mit seinen Schwächen, Verletzungen aber auch Stärken.[99]

So ist der Dienst der Propheten für eine Gemeinde von unschätzbarem Wert! Deshalb fordert Paulus selbst eine Gemeinde wie Korinth, in der es offensichtlich jede Menge prophetisch begabter Christen gab, dazu auf, sich besonders um diese Gabe zu bemühen (1.Korinther 14,1). Wir müssen darum beten, dass in unserer Gemeinde solche Gaben und Personen gefunden, freigesetzt und nach Kräften gefördert (und gefordert) werden!

# Anmerkungen

**1** Mit diesen Begriffen „up and out" beschreibt Leanne Payne die gesunde, für alle persönliche Heilung nötige Blickrichtung: „up" = hinauf zu Gott; „out" = heraus, weg von mir selber.

**2** Auch das ein von Leanne Payne geprägter Begriff.

**3** Josef Pieper, Über die Liebe, in: Lieben, Hoffen, Glauben, München 1986, S.44f.

**4** Richtiger „Spätschriften des AT": Schriften, die bis zur Reformation Teil des Alten Testaments waren und heute noch in katholischen und orthodoxen Bibeln dazu gehören.

**5** Klassisch bringen das schon die Bezeichnungen der drei Personen zum Ausdruck: Der „Vater" ist nur durch das Dasein des „Sohnes" überhaupt Vater, und der „Geist" (in den Sprachen der Bibel bedeutet das Wort zunächst „Atem, Hauch, Wind") ist der „Hauch", mit dem das „Wort" ausgesprochen wird. So geben diese bildhaften Bezeichnungen eine erste Ahnung von dem Geheimnis Gottes.

**6** Das sehen wir in der Bibel überall. Nehmen wir beispielsweise die Schöpfung. Sie wird klassisch dem „Vater" zugeordnet, der deswegen als Schöpfer bezeichnet wird. Aber schon in 1.Mose 1 wird von der mitwirkenden Anwesenheit des Geistes gesprochen. Und dass die Schöpfung durch Gottes „Wort" geschieht, haben wir bereits gesehen. Deshalb sagt dann das Neue Testament über den Sohn aus, dass „in ihm und durch ihn alle Dinge geschaffen sind" (siehe Kolosser 1,15-20, v.a. V.16f). Entsprechendes gilt für alles Wirken Gottes.

**7** Als Atmungsorgan: Jeremia 2,24, 15,9; 1.Mose 35,18; als Organ der Nahrungsaufnahme: Jesaja 5,14; Habakuk 2,5; Psalm 107,5.9.

**8** Das zugehörige Tätigkeitswort nafásch bedeutet „atmen, aufatmen".

**9** Z.B. Sprüche 13,2, wo die sonst sehr wortgetreue Elberfelder Bibel gleich mit „Begehren" übersetzt.

**10** Z.B. Psalm 6,3; 42,6f.12; 31,8 usw.

**11** So etwa in dem bekannten Vers Lk 17,33: „Wer seine Seele zu retten sucht, wird sie verlieren; und wer sie verliert, wird sie erhalten."

**12** In der Theologie wird hier vom „trichotomischen", d.h. „dreigeteilten" Ansatz gesprochen, im Unterschied zum „dichotomischen", dem „zweigeteilten". Diese Begriffe führen aber nur allzu schnell zu einem Stufendenken, das den Menschen in höhere und niedere Anteile zerlegt, was dem biblischen Denken völlig fremd ist. Deshalb sprechen wir im Folgenden lieber vom „dreidimensionalen" (bzw. zweidimensionalen) Modell. Manche sprechen auch von einem „trinitarischen" Modell des Menschen (so z.B. der Klassiker von Dennis und Rita Bennett, Die Trinität des Menschen, Erzhausen 1980); die ostkirchliche Theologie hat hier durchaus Entsprechungen gesehen, auch wenn sie den Begriff vermieden hat.

**13** Im Anschluss etwa an Tom Marshall, Free Indeed, Chichester 1983, S. 133-198; ders., Understanding Leadership, Chichester 1991, S.100-113.

**14** Vgl. Gordon Fee, God's Empowering Presence, Peabody: Henrickson 1994. S. 63ff. Paulus sieht den „Geist" des Menschen als eigenen Aspekt gegenüber der Seele.

**15** Das hat nichts mit „Werkgerechtigkeit" zu tun: der Mensch kann sich seine Gerechtigkeit und sein Heil nicht verdienen, sie werden ihm geschenkt (Römer 5). Allerdings soll er sie dann „verwirklichen" (Römer 6).

**16** Vgl. beispielsweise 1.Mose 6,3; Hiob 33,4; 34,14f; Jesaja 42,5.

**17** Siehe etwa Richter 3,10; 6,34; 11,29; 14,6; 15,14; Apostelgeschichte 8,39; 13,8-12.

**18** Vergleiche dazu Johannes 3,8, wo die Aspekte von Wind und Geist zusammenkommen.

**19** Beispielsweise 2.Mose 31,2-5; Epheser 5,19.

**20** Beispielsweise 1.Samuel 10,6.10; Jesaja 11,2; Hesekiel 3,12.

**21** Beispielsweise Hesekiel 36,25-29; 37,1-14; Matthäus 10,8; Markus 16,17-18; Johannes 3,3-8; 20,22; Apostelgeschichte 2,1-4; 1.Korinther 12,4-11; Galater 5,22-23.

**22** Vgl. die Formulierung des Paulus in Römer 8,16.

**23** Der Begriff „übernatürlich" ist missverständlich: Sofern „natürlich" gleichbedeutend ist mit „geschaffen", ist Gott das einzig „Übernatürliche"; die geistliche(n) Dimension(en) gehör(t)en ebenso zur Schöpfung Gottes wie die materielle. Hier wird der Begriff aber umgangssprachlich verwendet im Sinn von transzendent bzw. die physisch-psychische Ebene überschreitend.

**24** So unterstreicht Hans Walter Wolff bei der Untersuchung des Begriffs „ruach" („Geist") in seinem Fazit, „wie sehr der Mensch als r.[=ruach] nur aus der Kommunikation Gottes mit ihm recht verstanden werden kann ... Daß ein Mensch als r. lebendig ist, das Gute will und in Vollmacht wirkt, kommt nicht aus ihm selbst" (H. W. Wolff, Anthropologie des Alten Testaments, München 1984/4, S. 67).

**25** Zu den aktiven Funktionen des Geistes vgl. unten Kapitel 3.

**26** Das hat nicht zuletzt mit der Entwicklung der westlichen Philosophie seit der Aufklärung zu tun. In den östlichen Philosophien des Hinduismus und Buddhismus hingegen gilt dies von jeher als die zentrale Form des Erkennens. Deshalb sind sie heute in der westlichen Welt so attraktiv, weil der Mensch sich hier wieder einen Zugang zu Bereichen seines Wesens erhofft, die ihm jahrhundertelang versperrt waren.

**27** Wie eine Reihe anderer Begriffe ist auch dieses Wort eine Neuschöpfung der geistlichen Mystik des Mittelalters, die für die Beschreibung ihrer geistlichen Erfahrungen neue Worte finden musste.

**28** So wird beispielsweise das Verschmelzen in der ehelichen Gemeinschaft im biblischen Hebräisch als „Erkennen" bezeichnet, vgl. z.B. 1.Mose 4,1.

**29** Vgl. auch 2. Korinther 5,11, wo für Geist der Begriff „Gewissen" steht (siehe dazu den nächsten Abschnitt): „Gott aber sind wir offenbar geworden; ich hoffe aber, auch in euren Gewissen offenbar zu sein" (ELB).

**30** Eines der berühmtesten Beispiele im Bereich der Mathematik ist der geniale Mathematiker Srinivasa Ramanujan (1887-1920). Seine Entdeckungen halten die Fachwelt bis heute in Atem; sie stammten „wie er betonte, ... aus einer unbestimmten Quelle der Intuition weit jenseits des Bereichs der bewussten Forschung". (http://gierhardt.de/mathematik/ramanujantxt.html, zuletzt abgerufen am 24.1.2015)

**31** Leserbrief Professor Dr. Dieter Dieterich, FAZ vom 23.03.2004, Nr. 70 / Seite 9.

**32** Vgl. beispielsweise 1.Korinther 8,7!

**33** Erst unsere postmoderne westliche Kultur versucht, solche allgemeinen Grundüberzeugungen abzustreiten und abzuschaffen, wird aber scheitern - oder sich selbst abschaffen.

**34** Hier spielt es auch keine Rolle, ob man in „freien" Formen, liturgisch oder im Schweigen anbetet. Allerdings wird solch eine Anbetung in der einen oder anderen Form zu einer „Äußerung" hindrängen, denn sie ist das genaue Gegenteil von Selbstversenkung.

**35** Weil wir im Folgenden nicht mehr darauf eingehen, sei hier der Vollständigkeit halber erwähnt, dass auch der Leib des Menschen durch den Fall schwer geschädigt ist - durch Schmerzen, Behinderungen und Krankheiten bis hin zum physischen Tod. Entsprechendes gilt für die Seele in allen ihren Dimensionen, einschließlich des Verstandes.

**36** Diese Gesetzlichkeit ist meilenweit von biblischer „Heiligung" entfernt. Letztere bedeutet, sich ganz dem Geist Gottes zu überlassen, statt aus eigener Kraft Leistung zu erbringen (vgl. Römer 8,14: „Denn alle, die sich vom Geist Gottes leiten lassen, sind Gottes Kinder.").

**37** Vgl. etwa Kolosser 2,16-23; 1.Timotheus 4,3; 1.Korinther 5. 6,12-19; Offenbarung 2,6.14-15.

**38** „Gnosis", vgl.: 1.Timotheus 6,20.

**39** Der Zusammenhang ist hier interessanterweise die Prophetie, also das Hören auf Gott!

**40** Das *ánothen gennethénai* in Johannes 3 heißt beides: „von oben (= von Gott) geboren werden" und „wieder (= von neuem) geboren werden".

**41** Vgl. die Bezeichnungen für die sogenannten „Charismen“ in 1.Korinther 12,1-3: „Gnadengaben“, „Dienste“, „Kräfte“.

**42** Denn anders als in der zweiten Erzählung von der Erschaffung des Menschen ist hier nicht von „Mann“ (isch) und „Frau“ (ischáh) die Rede (1.Mose 2,22-24), sondern eben von männlich (sachár) und weiblich (neqebáh).

**43** Das wird etwa an den beiden Polen „(Lebens-)Kraft“ und „Erkennen / Kommunikation“ deutlich.

**44** Siehe Richter 4-5; Römer 16,7 (Junia gibt es nur als Frauennamen; sie dürfte zusammen mit ihrem Mann Andronikus zu den ersten Auferstehungszeugen Jesu gehören). Bei dem apostolisch-missionarischen Unternehmerehepaar „Priska und Aquila“ (Römer 16,3) war die Frau, Priska, offensichtlich die Bedeutendere, weshalb ihr Name auch voransteht.

**45** Man denke nur an Johannes, dessen Evangelium die tiefsten Einsichten in das Wesen Gottes bietet, und seine emotionale Nähe zu Jesus. In seinen Briefen wird - trotz mancher Konfrontationen - eine sehr fürsorgliche Haltung sichtbar. Und die Offenbarung ist das am stärksten vom Hören und Schauen her geprägte Buch des Neuen Testaments.

**46** Johannes 14,9.

**47** Das wird auch sprachlich deutlich: bei den drei Proklamationen steht im griechischen Original das Verb in der dritten Person voran (Geheiligt werden soll ... Kommen soll ... Geschehen soll ...) und das „ich“ bzw. „wir“ des Beters taucht dabei gar nicht auf. Die folgenden drei Bitten stehen in der bittenden Anrede (Gib uns ... vergib uns, führe uns nicht, erlöse uns) und konzentrieren sich auf „uns“.

**48** Vergleiche nur die Aussage in Markus 1,22; Matthäus 7,28f.

**49** Vergleiche die gebietenden Heilungsworte beispielsweise in Lukas 4,39; Markus 2,11; 3,5; 5,41 (hier wird die lebensschaffende Kraft des Geistes buchstäblich deutlich!); 7,34; Johannes 5,8; 11,43; Apostelgeschichte 3,6; 9,40; 14,10.

**50** Vergleiche die Aussage von Lukas 4,6; siehe z.B. Markus 1,25.41; 3,12; 5,8; 9,25; Apostelgeschichte 13,11; 16,18.

**51** Etwa Johannes 5,19.30; 8,38; 14,24.

**52** Oft wird diese Form des Eindrucks nach 1. Korinther 12,8 als „Wort der Erkenntnis“ bezeichnet; solch ein Eindruck ist aber nach biblischem Sprachgebrauch vermutlich einfach eine Form der Prophetie. Mit „Wort der Erkenntnis“ meint Paulus ähnlich dem „Wort der Weisheit“ eher eine „Erkenntnisrede“- eine Predigt, die eine tiefere Erkenntnis Gottes vermittelt. Vgl. 1. Korinther 2,6ff; Epheser 3.3ff.

**53** Für die Kinder steht ein eigener Maltisch zur Verfügung, an dem sie sich beschäftigen können, wenn es ihnen langweilig wird.

**54** Z.B. der Traum Jakobs von der Himmelsleiter, 1. Mose 31, oder der Traum Josefs von der Flucht nach Ägypten, Matthäus 2,13.

**55** Problematischer ist es natürlich, wenn der Mensch auf uns spontan irgendwie unsympathisch wirkt. Gerade dann müssen wir uns diszipliniert an diese Verhaltensregel halten.

**56** Das ist zugleich ein Tipp, wenn man sich schwer tut, Bilder zu empfangen. Mit diesem Schritt richten wir unsere innere Vorstellungskraft nämlich auf ihre Quelle hin aus: auf Gott. Wichtig ist dann aber auch der Akt des Loslassens, sonst enden wir bei einer „gelenkten Fantasie“, die mit dem Hören auf Gott nichts zu tun hat.

**57** Der Grundirrtum mancher Formen der sogenannten „Glaubensbewegung“, vor allem der „Name it and claim it“-Theologie (etwa: „Beanspruche im Glauben was du willst, dann bekommst du es auch!“), liegt darin, diese beiden Bereiche (Gottes Anliegen und unsere) zu verwechseln.

**58** Weiteres dazu siehe „Umgang mit negativen Bildern“ in Kapitel 6.

**59** Die Übersetzung versucht, die im Hebräischen nahezu gleichlautenden Worte qájiz – qez („Sommerobst“ – „Ende“) auch im Deutschen als Wortspiel wiederzugeben.

**60** Kapitel 4, Abschnitt 4.6.

**61** Siehe dazu auch Kapitel 7.

**62** Genaugenommen ist auch unsere Sprache selbst ein System von Symbolen, mit denen wir versuchen, die Wirklichkeit zu erfassen.

**63** Siehe dazu auch das Heft „Gott schauen", Ursula Schmidt, Verlag Gottfried Bernard, Solingen 2014.

**64** Siehe dazu weiter unten unter „Auf Empfindungen achten".

**65** Das ist übrigens im Alten Testament meist der Fall, wenn bildlich-symbolisch vom Meer geredet wird: es steht für die Macht des zerstörerischen Chaos, das die Schöpfung bedroht und von Gott gebändigt werden muss (Hier tritt dann manchmal an die Stelle des Meeres ein zweites Symbol, das Meerungeheuer, das von Gott besiegt wird). In dem großen Panorama der neuen Schöpfung im Buch der Offenbarung findet sich aus diesem Grund ausdrücklich die Aussage: „und das Meer ist nicht mehr" (Offenbarung 21,1).

**66** Vgl. die Darstellung des Löwen Aslan in den Narnia-Märchen von C.S. Lewis.

**67** Das wird im satanistisch-rituellen Missbrauch gezielt und exzessiv durchgeführt.

**68** Angefangen von 1.Mose 14,18-20 über Sprüche 9,5, Jesaja 25,6-8, Lukas 13,23-30, Johannes 6,26-59 und 1.Korinther 10,16f; 11,23-29 bis hin zum Hochzeitsmahl des Lammes in der Offenbarung. Oft sind die beiden Elemente Teil eines festlichen Mahls.

**69** Die wichtigsten sind die 3 (Zahl der höheren, integrierenden Einheit), die 7 (Zahl der Fülle und Vollendung), die 12 (Zahl des Volkes Gottes) und die 40 (Zahl einer inhaltlich gefüllten, abgeschlossenen Zeitspanne). Aber auch die 4 (4 Himmelsrichtungen, die Zahl der irdisch-materiellen Schöpfung, der Welt des Menschen) oder die 6 (4 Himmelsrichtungen + oben und unten, die Zahl der irdischen und der transzendenten Schöpfung: alles außer Gott), sowie die 1000 (Symbol der großen Menge) spielen eine Rolle.

**70** Außer im buchstäblichen Sinn wird der Begriff „Hirte" (poimén) zwölfmal für Jesus verwendet (Matthäus 9,36; 25,32; 26,31; Markus 6,34; 14,27; Johannes 10,2.11.12.14.16; 1.Petrus 2,25; Hebräer 13,20), nur ein einziges Mal summarisch für Menschen (Epheser 4,11). Im Alten Testament wurde er häufig auch auf den König und die Leiter des Volks angewendet, aber sie missbrauchten praktisch immer ihre Macht für egoistische Zwecke, statt ihrer eigentlichen Aufgabe gerecht zu werden, der schützenden Fürsorge für das Volk. Deshalb macht Gott am Ende des Alten Testaments dem menschlichen „Hirtentum" eine Ende und kündigt an, selbst in Gestalt des „einzigen Hirten" – des Messias – „seine Schafe" weiden zu wollen (vgl. das „Hirtenkapitel" Hesekiel 34; Hesekiel 37,24; Sacharja 10;11; 13,7ff).

**71** Der Übergang zu der vorherigen Kategorie seelischer Probleme ist dabei fließend. Meist greifen die Bereiche ineinander oder bedingen einander.

**72** Unter „dämonisch" werden hier Dynamiken und Kräfte verstanden, die von außen kommen und den Menschen zerstören wollen. Oft ist der Betreffende zu schwach, sich ausreichend dagegen zur Wehr zu setzen. Im Allgemeinen liegt dabei ein Wechselspiel mit psychischen und physischen (neuronalen, biologischen etc.) Faktoren vor.

**73** Vgl. z. B. Hesekiel 2,1-7.

**74** Beispielsweise sehen oft Menschen bei dämonisch verursachten Vorstellungen, wie diese Bilder bzw. deren Inhalte im reinigenden Feuer des Geistes Gottes verbrennen.

**75** Vermutlich ist das die Wahrheit hinter dem, was die Bibel „Verstockung" nennt.

**76** Abgedruckt im Kapitel 8; dort finden Sie auch die Webadresse zum Download des Blattes

**77** Download dieses Blattes auf unserer Webseite www.hoerendes-gebet.de unter Materialien / Downloads

**78** Mehr dazu siehe Kapitel 13.

**79** Dazu gehören beispielsweise Werke, die von PCM (Leanne Payne) her beeinflusst sind, wie ConVita und Eikon, NIS (Netzwerk Inkarnatorische Seelsorge), Living Waters, Ignis, LebensRäume Hirschaid und andere.

**80** Das Format sieht etwa so aus: Eine feste Gruppe trifft sich über 10 Wochen hinweg, hört kurze Impulsvorträge zu grundlegenden seelsorgerlichen Themen und betet dann in kleinen Gruppen ausführlich für die Belange der Teilnehmer, und zwar schwerpunktmäßig anhand von Eindrücken.

**81** Nach: Leanne Payne, Verändernde Gegenwart, Asaph-Verlag, 1998, S. 29f.

**82** Siehe das Zitat von Leanne Payne am Anfang des Kapitels.

**83** http://www.zeit.de/2007/38/ST-Mutter-Theresa; abgerufen am 19.1.2015

**84** Peter Scazzero, Glaubensriesen - Seelenzwerge, 6. Auflage 2014, Brunnen-Verlag Gießen, Kapitel 6.

**85** Ganz in diesem Sinn ermahnt die Ordensregel der Benediktiner, dass auch die Jüngeren im Rat der Brüder zu hören sind (Kap.3); http://bit.ly/1C16M8o, abgerufen am 22.1.15.

**86** Das gilt natürlich auch für alle anderen Gaben, auch und gerade für die der Leitung.

**87** Vergleiche Lukas 17,7-10; Auch viele andere Gleichnisse Jesu sollten wir vielleicht mehr mit dem Blick auf unsere Rolle als Knechte lesen (z. B. Matthäus 18,23ff; 20,26ff; 21,33ff; 22,2ff; 24,45ff; 25,14ff; Lukas 12,35ff.42ff).

**88** Schon im NT sind „Propheten" und „Lehrer" zwei deutlich unterschiedene Berufungen.

**89** Natürlich müssen wir auch andere öffentliche Äußerungen im Namen Gottes prüfen, etwa die Predigt. Das geschieht in vielen Fällen auch („Damit kann ich nichts anfangen", „Das sehe ich anders" usw.). Ebenso wenig wie den Propheten sollte man den Prediger geistlich überhöhen.

**90** Zum folgenden (realen) Beispiel bezeugt die Bibel z.B.: Es gibt nur einen Mittler: 1.Timotheus 2,5; Vielfalt und Pluralität der Leitungsgaben: 1.Korinther 12,28-31; Epheser 4,11ff; Philipper 1,1; Titus 1,5.

**91** So versteht es die Gute Nachricht: „Auch von denen, die prophetische Weisungen verkünden können, sollen nur zwei oder drei sprechen. Die andern, die diese Fähigkeit haben, sollen das Gesagte beurteilen."

**92** Dafür spricht der Gedanke von Vers 31: „Einer nach dem andern könnt ihr alle prophetisch reden. So lernen alle etwas und alle werden ermutigt".

**93** Im Neuen Testament gibt es unterschiedliche Bedeutungen des Begriffs „Apostel" (Apostel heißt „Gesandter"): Zum einen „Gesandte", denen der Auferstandene leibhaftig erschienen war (nicht nur in einer Vision), und die er als seine Zeugen ausgesandt hatte. Diese Rolle ist auf die Zeit des NT beschränkt (deswegen kommt der Begriff in der 2. Generation auch nicht mehr vor). Die Zahl dieser Apostel war allerdings weitaus größer als nur die Zwölf (die eine spezielle Sendung an Israel hatten) und Paulus; auch einige Frauen waren darunter. Daneben gab es noch den alltäglichen, „säkularen" Gebrauch im Sinne von „Abgesandter" etwa einer Gemeinde. Und schließlich gab es eine Reihe „Über-Apostel" und „Pseudo-Apostel" (Falschapostel).

**94** In manchen Kreisen herrscht aufgrund aktueller Erfahrungen mit heutigen Propheten das Bild vor, dass ein großer Prophet aufgrund seiner spezifischen Gabe typischerweise ein kantiger Einzelgänger und deshalb für andere Aufgaben wie Lehre und Seelsorge nicht geeignet ist. Vom Neuen Testament her ist das aber eher als charakterliches Defizit zu bewerten. Man denke nur an Paulus und Johannes, aber auch die erwähnten Judas und Silas aus Apostelgeschichte 15, die mit einer schwierigen Vermittlungsmission beauftragt waren.

**95** Das ergibt sich aus der grundsätzlichen Überlegung, dass Gott Kommunikation ist und im Geist in uns lebt; vgl. auch Joel 3,1f; Apostelgeschichte 2,17f. Das ist unabhängig davon, ob 1.Korinther 14,31 dies aussagt, oder nur meint, dass alle, die inspiriert sind, auch sprechen können sollen.

**96** Das macht der nächste Vers klar. Paulus verwendet das Bild des Hausbaus ständig, wenn es um die Gemeinde geht. Letztlich ist es aber Christus bzw. der Heilige Geist selbst, der das „Haus" bzw. den „Tempel" der Gemeinde baut. Vgl. Matthäus 16,18; 27,40; Apostelgeschichte 20,32; Römer 14,19; 15,2.20; 1.Korinther 3,9; Epheser 2,21; 4,12.16; 1.Petrus 2,5.

**97** So leitet Paulus den zweiten Teil seiner Briefe, in dem es um konkrete Verhaltensregeln der Christen geht, mit dem entsprechenden Verb ein: „Ich ermahne / ermutige euch (parakaló) nun ..." (z.B. Römer 12,1). Diese Ermutigung ist wesentlich Werk des Heiligen Geistes, der deshalb der „Paraklet" genannt wird – der Ermutiger, Beistand, Helfer, Mahner und Tröster. Prophetisches Reden ist sein Werk und bildet ihn ab.

**98** Übrigens tut das über weite Strecken auch die alttestamentliche Prophetie sowie das Buch der Offenbarung. Ihr Hauptzweck ist nicht Enthüllung verborgener Zukunftsereignisse, sondern Gottes Zuspruch und Anspruch für sein Volk in dessen konkreter (meist schwieriger) Lage.

**99** Vergleiche die sieben Sendschreiben in der Offenbarung (Kapitel 2-3).

# Anhang

## Verwendete Bibelübersetzungen

Einheitsübersetzung
Gute Nachricht Bibel
Hoffnung für alle
Lutherbibel 1984
Neue Genfer Übersetzung
Revidierte Elberfelder Übersetzung 1985
eigene Übersetzung

## Griechische und hebräische Begriffe

Bei griechischen und hebräischen Begriffen wurde eine Schreibweise gewählt, die eine einigermaßen korrekte Aussprache gewährleisten soll. Dazu dient auch der Akzent, der die korrekte Betonung angibt.

## Informationen und Kontakt

Website: www.hoerendes-gebet.de
Kontakt: info@hoerendes-gebet.de

Auf der Webseite finden sich aktuelle Informationen über aktuelle Seminartermine, Gästeabende Hörendes Gebet, Downloads und Feedbacks.

## Audio-CD

Es steht eine MP3-CD mit allen Vorträgen eines Seminars „Hörendes Gebet“ zur Verfügung (nähere Informationen auf der Webseite).

# Die Autoren

Ursula Schmidt ist in einem gläubigen Elternhaus aufgewachsen. Das Hören auf Gott war natürlicher Teil des Glaubens in ihrer Familie. Neben dem konkreten Reden Gottes schätzt sie vor allem ein stilles Sitzen in seiner Gegenwart, ganz ohne Worte, wo sie die Nähe Gottes genießt: „Kommunikation" auf einer anderen Ebene als der sprachlichen. Manfred Schmidt hat bei Jugend mit einer Mission wesentliche Impulse bekommen und das Hören auf Gott als wertvollen Teil seines Glaubens entdeckt. Heute erlebt er in besonderer Weise die Nähe Gottes beim Studium der Bibel. Beim intellektuellen Reflektieren leuchten geistliche Zusammenhänge auf und Gott wird in und hinter dem Geschriebenen tiefer sichtbar. Beide sind als Theologiestudenten von der charismatischen Bewegung, insbesondere der GGE, geprägt worden. Nach dem Studium waren beide rund zwanzig Jahre lang in freikirchlichen Gemeinden leitend tätig.

Neben dem Hörenden Gebet sind weitere Seminare und Dienste entstanden, darunter das Axis-Bibelstudium, ein Internet-basierter Fernkurs für Gemeindemitarbeiter und -verantwortliche. Auch Seminare zu verschiedenen Themen des geistlichen Wachstums, Mitarbeit bei Seelsorgetagungen sowie Grundlagenseminare zum Heiligen Geist gehören zu ihrem Dienstspektrum. Seit 2010 leben sie in einem vollzeitlichen Lehr- und Reisedienst und engagieren sich in Gemeinden unterschiedlichster Richtungen. Sie erleben dabei mit innerer Bewegtheit die Realität von Epheser 4,4+5: *Ein* Leib, *Ein* Geist, *Ein* Herr und *Ein* Glaube.

Näheres unter: www.axis-web.de, info@axis-web.de

# GGE AKTUELL

## GGE-Newsletter

Der GGE-Newsletter „SPIRIT“ erscheint etwa 10-mal im Jahr mit Nachrichten aus der GGE und unseren Schwesterbewegungen. **Bestellen Sie ihn einfach mit einer Mail an das GGE-Büro in Hannoversch Münden: info@gge-deutschland.de**

GGE Deutschland – Infos & Inspiration

## GGE-Blog

Immer donnerstags aktuelle Meinungen und Kommentare von GGE-Autoren und Gastautoren zu Gegenwartsfragen. Die Kommentarfunktion bietet die Möglichkeit zu spannenden Diskussionen mit den Autoren und anderen Lesern: **www.gge-blog.de**

## GGE-App

Der einfachste, schnellste und direkteste Weg zur GGE. Alle wesentlichen Infos und News auf einen Klick. **Laden Sie die GGE-App jetzt auf Ihr Mobilgerät:**

**Im Google Play Store für Android:**

**Im Apple Store für Mac iOs:**

**Geistliche Gemeinde-Erneuerung in der Evangelischen Kirche e.V.**
**Schlesierplatz 16, 34346 Hannoversch Münden**
**Tel. (05541) 954 68 61, info@gge-deutschland.de**
**www.gge-deutschland.de**